中国政法大学
ZHI行中国
社会实践大思政课工作纪实

主　编◎孙　璐
副主编◎赵中名　黄天浩　孙宏毅

中国政法大学出版社
2024·北京

声　　明　　1. 版权所有，侵权必究。

　　　　　　2. 如有缺页、倒装问题，由出版社负责退换。

图书在版编目（CIP）数据

中国政法大学 ZHI 行中国社会实践大思政课工作纪实 / 孙璐主编. -- 北京：中国政法大学出版社，2024.8. -- ISBN 978-7-5764-1700-5

Ⅰ．G641

中国国家版本馆 CIP 数据核字第 2024UG4275 号

出 版 者	中国政法大学出版社
地　　址	北京市海淀区西土城路 25 号
邮寄地址	北京 100088 信箱 8034 分箱　邮编 100088
网　　址	http://www.cuplpress.com（网络实名：中国政法大学出版社）
电　　话	010-58908285(总编室) 58908433（编辑部）58908334(邮购部)
承　　印	固安华明印业有限公司
开　　本	720mm×960mm　1/16
印　　张	17.75
字　　数	290 千字
版　　次	2024 年 8 月第 1 版
印　　次	2024 年 8 月第 1 次印刷
定　　价	82.00 元

主　　编：孙　璐
副 主 编：赵中名　黄天浩　孙宏毅
编辑团队：

梁支区	李冠甫	王谊涵	林乐姗	祝嘉欣
洪培峰	毛韵然	麦尔哈巴·土尔地		刘言旭
张铭垚	朱　帅	周　琦	苏　琦	郭祎敏
刘　博	史天宜	李凯渊	周静瑶	王若曦
李天泽	杨　昊	陈烁绵	张　慧	李梦娜
张师嘉	田凯豪	杨茜羽	卫昱璇	陈鑫淼
何曼静				

序 言

党的二十大报告中指出,当代中国青年生逢其时,施展才干的舞台无比广阔,实现梦想的前景无比光明。社会实践是连接学校和社会的重要桥梁,为青年学生了解国情民意、施展才华抱负提供了重要平台。中国政法大学启动"ZHI行中国"社会实践大思政课以来,学校积极鼓励青年学生深入基层一线,接受思想洗礼和实践锻造,组建了一批具有较高青年代表性与社会美誉度的社会实践团队,在补充教育教学工作力量、做好青少年思想政治引领、助力基层治理能力提升、开展法治文化宣传普及、营造崇法向善社会风尚等方面积极作为、挺膺担当,贡献着法大青年学子的智慧与力量。

社会实践大思政课建设不仅搭建了青年服务国家建设的平台,也有效嵌入了学校育人的整体工作格局,学校历来高度重视社会实践大思政课建设,高标准做好方向引导、团队遴选、成员培训、成果转化等工作,花大气力擦亮这块思政育人的"金字招牌"。

在社会实践中,要注重引导青年坚定理想、长见识,做新时代的勇毅笃行者。鼓励青年在社会实践中践行社会主义核心价值观,在深学细悟中学习新思想新理论,赓续精神血脉,自觉做有理想,敢担当,能吃苦,肯奋斗的新时代好青年;注重引导青年脚踏实地长才干,做新时代的砥砺奋进者。鼓励青年带着问题调研、带着思考实践,用脚步丈量祖国大地,用眼睛发现中国精神,用耳朵倾听人民呼声,用内心感应时代脉搏,努力将知识积累、社会观察等成果转化为实实在在的建设性意见和举措;注重引导青年创新求索做贡献，做新时代的挺膺担当者。鼓励青年将所学理论知识与生活实际相结合，掌握客观的数据资料，形成科学理性的认知判断，同时积极运用自身所学，发挥学校人文社科类专业优势，为经济社会发展建言献策。

希望更多的青年学子通过参与社会实践加深对"小我融入大我"的体会与理解，将"强国志"转化为"报国行"，展现中国政法大学青年的强国担当，在祖国需要的地方践行初心、施展才干、成就梦想。

孙 璐

2024 年 4 月

三强化 三结合 打造思政引领宽矩阵
做贡献 长才干 拓展实践育人新路径

中国政法大学"ZHI行中国"社会实践大思政课简介

树立"志"向理想
践行"知"行合一
发挥"智"慧才干
培育"致"公情怀

为深入学习贯彻习近平新时代中国特色社会主义思想和党的二十大精神，贯彻落实习近平总书记关于青年工作的重要思想和习近平总书记考察中国政法大学重要讲话精神和勉励语精神，引领广大团员青年坚定听党话、跟党走，中国政法大学启动"ZHI行中国"社会实践大思政课建设工作，课程建设以助力青年树立"志"向理想、践行"知"行合一、发挥"智"慧才干、培育"致"公情怀为目标，以社会实践项目为主要载体，创设理论与实践相统一、学习与服务相促进、成长与奉献相结合的社会实践育人模式。

一、强化"大思政课"意识，凝练立德树人与时代特征相结合的育人理念

大思政课下设"三下乡""返家乡"等专项实践模块，同时开设"法治中国青春行""国家宪法日"实践等专项实践项目，配套设置"志源法大"理想信仰课组、"知在法大"实践能力课组、"智汇法大"学术研究

课组、"致公法大"国情感知课组四个思政课组,开设"信仰公开课""写在祖国大地上的思想汇报""学术型社会实践的养成之路"等20余门思政课程,为青年上好坚定信念的党团课、扎根大地的国情课、躬身实践的成长课、展现风采的实践课。

二、强化专业能力建设,打造思政教育与学科特点相结合的育人模式

为促进青年学生将所学知识与中国实际相结合,把论文写在祖国大地上,大思政课开设"实践数据的价值挖掘与可视化呈现""社会实践选题与文献综述技巧"等培训课程,结合实践调研一手资料,各实践团队形成《能人型治理的动力机制、结构困境及应对策略——基于国家与社会关系角度的再思考》等学术论文。同时,大思政课开设社会调研报告专项培训环节,鼓励实践团队将调研结果形成具有现实意义的咨政报告,助力调研地基层社会治理与经济发展建设。

三、强化主流价值引领,营造社会实践与青年特质相结合的育人氛围

为充分发挥团组织的思政引领优势,社会实践团队实现建团全覆盖,各社会实践功能型团支部围绕"让青春在党和人民最需要的地方绽放绚丽之花"等主题开展"青年红色逐梦之旅"主题团日,校院联动常态化接收实践成员入党申请书、入团申请书与思想汇报。同时,大思政课实践环节以"党的二十大精神学习项目""发展成就观察项目""法律普及实践项目""经济发展调研项目""基层治理共建项目""乡村振兴助力项目"等为主题,引导青年深入基层一线,感悟国家发展成就,在社会实践中"受教育、长才干、做贡献"。

目 录

第一章　树立志向理想——"为你讲述我的实践故事" …………（001）
　在吕梁的那33天／李群英………………………………………（003）
　在泥土的芬芳中寻求青春底色／李彦威…………………………（007）
　到有风的地方去／王　珊…………………………………………（011）
　在亭自庄学校传递法律温度／杜婷婷……………………………（016）
　多走走，路上风景挺美的／尤嘉文…………………………………（021）
　我们和高原牧区的孩子们／肖宇多………………………………（025）
　打卡别样的乡村调研行／苏嵘钰…………………………………（030）
　步履不停，春芳终可歇／王春晓　王金玉…………………………（032）
　做求真力行的法律人／蒋晓茨……………………………………（036）
　在静宁县人民检察院的故事／柴莉莉……………………………（040）

第二章　践行知行合一——"把论文写在祖国大地上" …………（045）
　赌博成瘾社区矫正的基层治理共建／邢文清……………………（047）
　红色教育研学实践实施现状与建议／任凯鑫……………………（055）
　共同富裕先行地多产业发展的现状和
　　思考／张　冉　彭卓尔　马昕怡　陈美晴　冯千源 ……………（063）
　新中国成立前后北京市蔬菜供销工作／王子彧…………………（070）
　探究确定遗失物拾得人报酬请求权的合理性／郭　蕊……………（077）

浅析"知假买假"案件中惩罚性赔偿制度的适用 / 李彦威 …………（084）
浅析受职业教育群体的劳动权益保障问题 / 张晨睿 …………（094）
"固本"与"培元"：探索大学生短期支教效果优化之道 / 冀浩政 ……（100）

第三章 发挥智慧才干——"用青年视角发现问题" …………（107）

关于"双减"政策在地方小学落实现状分析的调研
　报告 / 荣振铎　司默涵 …………………………………（109）
关于"一社四联"模式化经营的调研
　报告 / 薛嘉乐　荣蓉　马琳捷　展润杨　宁宇乾 …………（117）
关于东贾村、东卜村乡村振兴发展模式的调研报告 / 朱永强 ……（125）
关于传统手工艺文化中蜡染的传承与推广策略研究的调研
　报告 / 王富毅　傅璐茜　江秋儒　孙一凡　王舒琦 ………（132）
习近平法治思想下基层法治建设的现状、困境与出路 / 李群英 …（140）
关于家庭结构对小学生综合素质影响的调研报告 / 张聪琦 ……（149）
关于密云区北庄镇旅游开发状况的调研报告 / 邓毅琳 …………（156）
无锡市老年助餐服务运营分析及优化路径 / 陈晓桐　盛明茗　吴宇婷 …（162）
东北乡村振兴背景下农民专业合作社在推进农村农业现代化进程中的
　实践探究 / 张洛宾　王增　杜睿思　史达菲　史雨渐　李雪薇 …（171）
乡村振兴要求下基层治理的困境及疏纾路径 / 李群英　李畅 …（182）
基层治理视阈下养老诈骗犯罪惩治及防控
　研究 / 蒋文超　张晓玉　赵婉雯 …………………………（189）
乡村公共法律服务调研报告 / 王春晓、王金玉 …………………（196）
关于仙人洞村公共法律服务体系建设的
　调研报告 / 葛思彤　丁威　段云鹤　刘畅　万姝彤　张瑞 …（207）

第四章 培育致公精神——"奏响新征程的青春之歌" …………（219）

举时代之炬，燃法治之火 / 王婧祺 ………………………………（221）
言律检析 / 滕梓棋　林嘉慧　王秀宁　徐熙蕾 …………………（225）

维护旅客权益,疏解航客矛盾 / 李沼成 …………………………………（230）

一个法学生的实习之路 / 薛键民 ………………………………………（233）

我和旅居养老有个约 / 韩张蕊　程嘉一　李懿城　刘春晖　罗士翔 …（236）

打捞时光深处的非遗之美 / 李　豪 ……………………………………（241）

凛凛千秋意,晋华忆夙昔 / 李佳凝 ……………………………………（246）

月花公益 / 吴奕霏　陈丹娜　柳浩然　姚欣言　陈伟嘉 ……………（250）

"桉柠小屋" / 罗晶晶 ……………………………………………………（254）

关于"法小询"项目的开发历程及感想 / 伍悠祉 ………………………（258）

"古彝新韵"创业之路:探索、挑战与成长 / 李紫薇 …………………（261）

凝创业之ZHI,寻指尖正义 / 那仁托娅 ………………………………（266）

"桑榆行"公益创业项目"法创"有感 / 秦思涵 ………………………（271）

第一章

树立志向理想

"为你讲述我的实践故事"

本章节为"ZHI 行中国"社会实践大思政课中"志源法大"理想信仰课组课程成果,共摘编 10 篇实践感悟。

"志源法大"理想信仰课组开设"写在祖国大地上的思想汇报""'青年红色筑梦之旅'主题团日""'我的基层工作故事'信仰公开课"等思政课程,引导实践成员结合社会实践经历,树立正确的入党动机和入团动机,鼓励成员及时向党团组织汇报思想情况,常态化接收入党申请书、入团申请书与思想汇报材料。

在吕梁的那 33 天

刑事司法学院 2022 级硕士研究生　李群英

"去哪里？去吕梁！"

2023 年第一学期即将结束时，学校发布一则鼓励同学们暑期到山西吕梁、四川成都、云南普洱等地开展实训的通知，我随即上网查询各实践地的历史与现状，确认自己的实践目的地。当了解到吕梁在革命战争年代对革命成功作出的巨大贡献、在革命发展史上的意义重大，加之其如今虽然实现经济脱贫，但思想建设、法治建设仍任重而道远时，我立即提交了报名表，目的地不是发达城市、不是安逸老家，而是革命老区——吕梁。随后，共青团中央开展"法治中国青春行"专项实践活动，鼓励同学们开展普法教育和实践调研等活动，我与一同要去吕梁实训的伙伴们一拍即合，期望在吕梁实习实践的同时去基层进行普法宣传和实践调研活动，为革命老区奉献我们自己的青春力量。所以学校课程一结束，我们一行六人就背上行囊，从北京赶到吕梁，用我们的脚步丈量这片无数革命先烈曾经艰苦奋斗的黄土大地，让我们的青春之花在这里绚丽绽放！

"为学之实，固在践履"，法学是一门实践性极强的学科，常年"封闭"在校园的我们只有走出去、弯下腰，到司法机关和其他基层机关单位去，以实践为师、向群众学习，才是真正"受教育""长才干"。在吕梁的33天，我在法院、检察院、公安局进行轮岗实训，从查封冻结资产、提讯被告人，到旁听庭审、旁听审委会讨论，再到与前辈们交流意见、撰写案件报告……我真正参与到司法实务中，在真实案例中检验自己的所学所知，也正是在这个过程中，一直挂在我嘴边的公平正义终于落地生根，让我看到了学习法律的真正意义。

同时，我与实践队成员深入吕梁各区县开展普法宣传和实践调研活动，我们踏遍吕梁下辖的5个市区县、到访20余家机关单位开展形式多样的普法宣传工作，总结基层普法、全民普法的难点和重点并提出对策，力求为全民普法工作和法治中国建设贡献青春力量。在石楼县，为了以最快速度了解当地状况、最高效地开展普法教育活动，我们确定了以司法运行反射基层法治建设状况的基本调研思路，首先与县法院、检察院、人社局、总工会等机关单位开展座谈会，在了解到当地青少年犯罪问题突出、离婚案件数量较大、涉案企业合规案件较多、外出务工人员较多等特点后，便决定分别对乡村社区、青少年、中小企业和外出务工人员展开有针对性的普法宣传和调研活动。我们深入村镇社区开展以"反电信网络诈骗""合同法律知识""农村土地承包经营权"等为主题的普法宣讲，为群众一对一答疑解惑，助力基层矛盾纠纷化解、促进和谐乡村社区建设；我们在凤山高级中学开展"反校园霸凌"普法教育、在石楼县法院面向以"童心港湾"留守儿童为主的青少年儿童开展模拟法庭活动等普法宣传活动，帮助青少年树立法治信仰；我们与山西树德农业科技股份有限公司开展座谈会，深入山西青创农业科技有限公司调研，为其提供法律援助和探讨企业发展对策，力图实现法治护航经济长效发展。33天时间，我们走过吕梁的26个地方，开展21次专题活动，发放法律知识手册1200份，活动惠及数千人。

在这段珍贵的人生旅途里,让我永远不会忘记的,不仅是一个个与星星相伴、熬夜准备普法资料的夜晚,不仅是一次次跋山涉水到农产品工厂调研的场景,也不仅是顶着烈日一遍遍告诫大家"提高反诈意识,不要信、不要点"的场面,还是王营庄村的刘阿姨在听完反诈宣讲后掩面而泣道:"要是你们早点来就好了,早点知道这些法律常识,我就不会把身份证给工厂老板而导致自己平白背了三十多万的贷款了";是正在奋战高考的欣悦妹妹说:"群英姐姐,我感觉法律好有用啊,我上大学也想学法律";是和出租车大叔聊起我们的普法活动时,他急切地说:"你们来了可就好了,我加盟快递站失败产生了合同纠纷,想寻求你们的帮助!"他们的每一次掌声鼓励、每一句话语肯定以及提出的每一个法律问题,都让我们看到了自己在法治建设中的价值,让我们明白青年法律人的法治使命,这就是我们理想中青春最美的样子!

为什么选择到吕梁、到吕梁做什么?——法律需要实践,吕梁需要法治,所以我奔向吕梁。从学生化身为"老师",我将所学法律知识融会贯通,再以更加直白的方式进行宣讲,帮助民众树立法律意识;我用心倾听民众的呼声与求助,利用所学知识分析案件、提供法律帮助;我深入实践、走在一线,切实了解纸面上的法条和制度在司法实务中的运用状况……这时,我才真正理解"实践育人"四个字的内涵与力量,我才切实感受到法治精神在与群众切身相关的每一个案件、每一件小事中体现出来的力量。

星光不负赶路人,江海眷顾奋楫者,积极投身于基层法治建设,在实践中受教育、长才干,不仅增长了我的知识和技能,让我明确了青年法学生该有的时代担当,还让我对"自己能为社会做什么、怎么做"的问题有了更切实的答案。未来,我将坚持践行"知行合一、服务社会"的初心使命,用实际行动写下自己"读书所为何事"的青春回答!

"薪法相传"是我们实践队的队名，意指虽然柴火烧尽但法治精神代代相传，我们在吕梁山点燃了法治星火，其必定会形成燎原之势，照亮吕梁山的千家万户！吕梁的故事暂告一段落，但正如我们结束此行时大家不约而同地说出的那句"石楼再见，我们还会再回来的！"，法治建设的路上我们永不停歇，还有下一站，还有很多站。需要法治的地方，就有我们！

在泥土的芬芳中寻求青春底色

民商经济法学院 2023 级硕士研究生　李彦威

"脚下沾有多少泥土，心中就沉淀多少真情。"2023 年暑期，我们组建了"挖掘首都乡土文化 服务首都乡村振兴"实践团，前往北京市平谷区熊儿寨乡南岔村开展暑期社会实践工作，投入乡村振兴的大舞台。转眼驻村实践工作已经结束，回首在南岔村驻村实践的点滴故事，充实的"甜"味一直在回味。

在村史村情基础上做调查研究

南岔村，一个曾历经艰苦岁月，终于挣脱贫困，走向富裕的村落。站在这里，仿佛可以听到那句"跟天斗要水，跟地斗要粮"的豪言壮语，感受到几代村民不屈不挠、艰苦奋斗的精神。

为了深入了解这个村子的变迁和发展，我们踏上了调研之旅。2 周的时间，我们走进南岔村的每一个角落，与 50 余户家庭亲切交谈，聆听 80 余位村民的心声。我们穿过桃林果园，感受着大自然的馈赠；品尝了"蘑菇品尝体验区"的美味，体验着农业转型的硕果。此外，我们还参观了附近的王辛庄镇太后村、熊儿寨村等产业发展较好的村庄，对比中更加凸显了南岔村的

特色和优势。每一次访谈，每一次体验，都让我们对南岔村有了更深入的了解和认识。在这个过程中，我们不仅形成了比较完善的调研报告，更与南岔村产生了深厚的情感纽带。走村串巷，与村民同吃同住同劳动，我们仿佛已经成了这个大家庭的一员，与南岔村紧密相连，休戚与共。

在"枫桥经验"模式里学基层治理

中国政法大学是一所以法学学科为特色和优势的学校，矛盾纠纷多元化解是我们课堂内常讲的内容。在深入学习和实践"枫桥经验"的过程中，我们更深感其基层治理的智慧和力量。

在地方政府的精心指导下，我们参与了一次村内土地确权案件的分析会。会上，我们深入了解了土地纠纷的复杂性和多元性，以及如何通过调解和协商找到双方都能接受的解决方案。此外，我们还深入探访了村内存在纠纷的群众，入户8次，与当事人面对面沟通数十次。在村委会的大力支持下，我们耐心解释法律条文，努力减少他们的不满情绪，尝试化解12345诉求难题。在助力三四轮电动车综合治理方面，我们同样积极发挥专业优势，开展了4场《道路交通安全法》[1]等为主题的普法讲座。我们将课堂上学到的知识融入现实生活中，用生动的案例和贴近民生的语言，为村民们普及法律知识，引导他们遵法守法，实现了知识的"活学活用"。

---

[1] 全称为《中华人民共和国道路交通安全法》。

在党团支部建设中做理论学习

在学校和地方的紧密合作与细致筹划下，我们成立了功能型团支部，并与村委携手，推进党团支部共建，让青春的热血在广阔的乡村大地上流淌。

为了确保理论学习的深入和持久，我们与村干部共同商定，形成了每周一次的理论学习会制度。这一制度让我们与村干部有了更多的交流机会，同时也让我们在学习中找到了共同的目标和方向。在学习会上，由实践团队的成员轮流担任领学人，提前搜集大量的学习资料，精心准备，确保每一次的学习都能为大家带来新的思考和启示。在实践期内，我们一起深入研读了习近平总书记的《论"三农"工作》，形成了4份读书报告和4份会议记录。这些宝贵的资料不仅记录了我们的学习轨迹，更见证了我们的成长和进步。在实践中进行理论延伸，让我们深刻感受到理论与实践相结合的力量，这给我们带来了莫大的启发和无穷的动力。

在汛情突袭情况下当先锋力量

2023年7月底，台风"杜苏芮"给北京带来了连续强降雨和汛情威胁。29日起，平谷区开始下起大雨，我们驻扎的南岔村地处山区，属于易发泥石流危险地区，各级领导对村里的防汛工作高度重视。大雨持续到31日仍不见减小，并且根据天气预报，31日晚间平谷区会有特大暴雨，极易引发山洪。

在这危急时刻，区里和乡里的领导们决定，为了确保南岔村全体村民的生命财产安全，在31日下午将村民转移至熊儿寨中心小学安置点进行安置。

转移期间，雨势依然猛烈，但工作刻不容缓。村干部为了保护驻村实践的大学生，特意将我们接到村委会等待第一批转移。我坐在村委会办公室里，眼前的景象让我深感震撼。乡干部和村干部们身披雨衣、脚穿雨靴，忙碌地转移群众，他们的身影在雨中显得坚定而有力；他们耐心地安抚着村民的情绪，声音中充满了温暖和力量。我们被这一幕深深触动，随即也披着雨衣主动参加转移工作，协助村民登车、登记，做好村内158户、353人防汛转移。工作微不足道，但经此一役，党员就是要"关键时刻站得出来、危急关头豁得出来"这句话在我们心里刻下更深的烙印。我想，把村民记在心上的时候，会自觉地在关键时刻、危急关头毫不犹豫地站出来、冲上去，这不仅仅是对党员的要求，更是我们每一个年轻人应该拥有的坚定和朝气。

习近平总书记曾勉励青年，情有所归，方能心有所寄、身有所往。在驻村的日子里，我们深入了解了乡村的风土人情，与乡亲们建立了深厚的情感纽带。这份宝贵的经历，使我们更加珍视与乡村的纽带，并深刻认识到自身所肩负的责任与使命。情应归于泥土，心要寄于乡亲，身当往于祖国最需要的地方，这是我寻找到的青春底色。

到有风的地方去

民商经济法学院 2022 级本科生　王　珊

俯下身子聆听，祖国的脉搏呼吸。

从脱贫攻坚到乡村振兴，这些都是国家发展的重大战略，可是对于我们自身而言，乡村振兴的落脚点是什么？现状又是怎样？还存在哪些不足？一位师兄告诉我，要想真正看到祖国大地上的脉搏跳动就要俯下身子、深入乡村、躬身入局、置身事内。带着对乡村振兴的憧憬与好奇，我和团队成员在 2023 年 7 月下旬前往了湖南省怀化市通道县古伦村——一个坐落于湘西十万大山深处的侗族自治村。

离开北京的我们坐了一天一夜的火车才抵达通道县，拎着行李走下车时发现下起了阴蒙蒙的小雨，顺着箭头指引我们顺利出站——所谓的出站口只是火车轨道外孤零零的一栋房子与一面墙。作为一个北方人，在走出出站口

的一刹那便被精巧别致的房屋设计深深吸引：通道县属于侗族自治县，房屋大多为两层或是三层的吊脚楼，房顶密布着层层片瓦，飞檐翘角，极富神韵。淅沥沥的小雨敲打在瓦片上，汇聚成涓涓水流顺着瓦片在檐角落下，让我们不禁暗叹古人的杰出智慧。

　　在通道县城稍作休整后，我们包车前往古伦村，司机师傅驾车在山间的公路上驰骋，时不时地转过几个急弯，不敢入睡的我们透过车窗观察着细雨中的村寨，正值午饭时分，本该袅袅升起的炊烟被细雨打散，远处散落着三三两两的侗家吊脚楼，路旁时不时出现一两幢尚未竣工的坏房。经过了两个小时左右的车程我们终于抵达了古伦村，翻过一架横亘在田野中的小石桥，我们仿佛看到了一个陶渊明笔下的世外桃源——经过雨水冲刷的小路干干净净，即便是赤脚走在上面也不会沾染灰尘，路边村民自家院前的自留地种着应季的果蔬，就连空气也带着宁静的气息，夹杂着众多芬芳，瞬间淹没来自城市的喧嚣与浮躁。

　　一下车映入眼帘的便是在村广场一侧的"侗见"空间——一所由涓流基金和乡兴社共同筹建的乡村图书馆，在当地村干部灯哥的带领下我们安顿好了行李，随后便随他参观了"侗见"空间。上下两层分布的空间功能明确，一层主要为孩子们开展各种活动，二层则整齐摆放着来自各方捐赠的近万本图书。我们一方面欣喜孩子们能在如此偏僻的村落中获得这么丰富的教育资源，另一方面也对自己接下来活动的开展感到迷茫，我们千里迢迢赶来能否真正对孩子们产生一定的影响？这些答案都尚未可知。

　　晚上，灯哥下厨为我们准备了丰盛的晚餐，饭吃到一半，灯哥的儿子突然从外面跑了进来找灯哥要手机，灯哥本已经准备把手机拿给他，却被饭桌上图书馆的志愿者郝姐拦住问拿手机做什么，他说要打游戏，郝姐又问为什么要打游戏，突然间他的眼里闪过了迷茫和无助，他就静静地靠在门框的一边，双手向前够着门框的另一边，沉默了两秒后他说："我也不知道为什么"，然后又忽然跑出了屋子，一直到晚饭结束也没有回来。后来，我们和灯哥了解到，由于大部分当地的孩子都是留守儿童，家里面的大人们都外出务工，只有春节期间才可能回来，因此家里只有老人在带孩子，他们很难管得住孩子们玩手机，尤其是男孩子们渐渐地把手机、游戏当作一种攀比的工具。

万万没想到的是，第二天我们又被打了一记"闷棍"。我们在和孩子们上课聊天的时候突然被他们口中蹦出来的"鸡你太美""老师，报giao""你这个老六"弄得无所适从。听着一些网络上的"烂梗热词"从这些偏远山村孩子的口中一个个地蹦出，不免在心底升起一种莫名的悲凉。我们总是说互联网的发展让教育资源得到了丰富与共享，让每一个偏远的乡村孩子都能够通过网络接触到最为优质的教育资源。可是在实践中我们渐渐发现，对于他们来说资源就在手边，可是却很少有正确的"引路人"带领他们正确利用。我们致力于的数字中国、共享资源建设绝不是为了让孩子们整天抱着手机刷短视频、打游戏，在大数据的精准推送下逐渐被网络垃圾文化所淹没，而是要先引导孩子们通过手机看到外面的世界，在他们心中播下一颗小小的种子，再一步步灌溉呵护，最终引导他们真正地走出山村。在乡村振兴这个宏大叙事里，我们应该关注的不能只是一串串经济增长的数据，还要看到代际传承之间的教育问题以及下一代所接受到的价值观念树立。

接下来的几天时间里我们尝试着慢慢引导孩子们从手机中走出来，我们利用白天的时间和孩子们相约来图书馆里做活动：画画、打球、扔沙包，也在天气炎热的午后陪着孩子们一起去村后的小溪里玩水，在陪伴的过程中我们也渐渐发现对于部分孩子来说他们并不是有所谓的"网瘾"无法自拔，而是在成长的过程中缺乏一份引导和陪伴。

在一次活动中，我们为孩子们设计了心愿档案卡，想把他们的心愿一一记录下来。可是在我们整理卡片的时候忽然发现好多孩子的心愿卡上都写着暑假想去广州、深圳，灯哥向一头雾水的我们解释道，孩子们的父母大多都在广州、深圳务工，他们只想能在假期的时候去父母身边度过一个有父母陪伴的暑假，这是孩子们的小小心愿。而这些资料和现状我们很难在图书馆、在课堂上见到，只有在土地上一步步用脚印丈量，我们才能见到最为真实的乡土中国。

  灯哥，因为他的名字里面有一个"灯"字，所以我们都喊他灯哥，而他也为古伦村的孩子擎起一盏灯。他既是两个孩子的父亲，也是村里留守儿童的"大家长"。一人承担起图书馆的运营、管理工作，我们在村里借宿的将近半个月里，每天都能看到灯哥忙碌的身影：一方面他要和家长们沟通想让更多的小孩来图书馆看书，另一方面他又要承担起监护责任，为孩子们的安全管理负责。一次饭后，灯哥向我们讲起他的辛酸不易。图书馆的建设并不是一帆风顺的，其间也遇到了很多艰难曲折。可即便是在图书馆建成后村里还是有部分人不理解，觉得灯哥之所以想让更多的孩子去到图书馆里读书是为了自己的利益。在传统教育观念的影响下大部分的村民觉得孩子读书成绩的好坏是天生的，很多家长觉得孩子成绩不好是因为"脑子笨""不是这块料儿"，而很少去反思在教育模式与教育观念上的问题。对于这些情况，灯哥也表示有些时候真的很无能为力，但还是坚守着自己的初心。看到灯哥在群里一条条地发着每天的活动安排，并叮嘱在外打工的家长们给孩子打电话的时候多关注他们学业，我仿佛看到他在坎坷崎岖的山路上为孩子们擎着一盏灯，微弱的光指引着他们缓缓前行。时间终将证明，前行的路上并没有什么不可翻越的障碍，遥远的角落终将被照亮。

  冀以尘雾之微补益山海，萤烛末光增辉日月。曾国藩说过，天下事，在局外呐喊议论，总是无益，必须躬身入局，挺膺负责，乃有成事之可冀。

作为新时代建设者的我们，不仅要在图书馆里、在课堂上学习相关理论知识，更要躬身入局、置身事内，到有风的地方感受祖国大地的脉搏呼吸，聆听来自华夏大地上最真实的声音。感谢这次实践让我有机会走进湘西大地，情有所归，情有所触，更感谢在这次活动中为我提供了很大帮助的前辈、老师以及团队的同学们，在他们身上我也获益良多。纸上得来终觉浅，绝知此事要躬行。愿我们都将在实践中收获意想不到的宁静和感动。

在亭自庄学校传递法律温度

刑事司法学院 2023 级本科生　杜婷婷

创造规则是人类理性的最高表现，是文化自信的重要标志。在我国，宪法无疑是彰显法治智慧、体现文化自信的重要精神财富。在 2023 年国家宪法日到来之际，我与志同道合的伙伴共同参加了中国政法大学团委举办的宪法日宣讲活动。在学校的大力支持下，我们成功与昌平区亭自庄学校的负责人对接，协商宣讲事宜。

以行普法·寓教于乐

"天太冷了，你们赶过来辛苦啦！"亭自庄学校的负责人黄颖老师热情地把我们迎进了学校的多媒体教室。在这里，我和实践队成员们分工明确，从布置教室、拷贝幻灯片，到上台介绍、宣讲宪法……每一步，都按照我们的预想有条不紊地进行着。

期间，谈起我国的宪法，在场的小朋友们都争先恐后地发表了自己的观点——"是我国的根本法！""具有最高法律效力！"……一声声稚嫩的童音背后，体现的是我国法律常识日益普及的法治现状。我愈发感慨，党和国家依法治国的方针理念正真真切切地落实在社会的每一个小角落，从昌平区亭自庄学校70余名五年级的学生身上就可见一斑。

除了常规的知识宣讲，还有什么方式能够更好、更自然地讲述法律知识，激发同学们对法律的兴趣呢？我和实践队的成员们不约而同地给出了一个答案——模拟法庭！

为了更好地向小朋友们普及法律知识，我们实践小队设计举行了一场模拟法庭演绎，用"赵某故意伤人致死案"带领全场的小朋友体会庭审流程、感受法律与情感之间的碰撞。而且，为了达到最好的演绎效果，我们实践队创新了模拟法庭的形式，不再只是单纯地"演给小朋友们看"，而是邀请了10余名小朋友全程参与演绎，扮演书记员等可以切实感受法庭氛围的角色，沉浸式体验。在活动结束后，我们还留下了多份标记好的剧本，便于他们在日常的活动中自行开展模拟法庭，用我们的绵薄力量，帮助亭自庄学校把法治主题教育融入学生的学习日常。

"作为辩护人要珍惜法律赋予我们辩护的权力,立足事实,掌握真相,不让每一位当事人蒙受冤屈,维护当事人的合法权益,维护法律的公平正义……"

坐在"辩护人席位"上,我握着剧本纸稿的手在微微发抖。不仅仅是因为紧张,更是因为内心的激动。和常规的模拟法庭表演不同,由于观众只是一群五年级的学生,我在剧本选择、内容打磨上下了很大功夫,力求将知识普及和常规的庭审流程结合,使这场法庭的呈现兼具规范性和科普性。

以"辩护人"的立场展现一个案情,和扮演"公诉人"的实践队伙伴共同演绎一场绘声绘色的庭审,良好的效果同样离不开小朋友们出色的配合。在模拟法庭结束后,我和实践队成员依次和同学们分享了自己的心得感悟,并真诚地表扬了在模拟法庭中扮演所有角色的同学。

最后,我用问答环节帮助同学们回顾了所学的法律知识。看着小朋友们自信又准确地说出了一个个问题的答案,我的心中也溢满感动和骄傲。此外,我还从他们感兴趣的推理案件入手,设计了"我是校园审判官"等游戏环节,邀请小朋友们亲自上台观察细节、引导同学们从不同角度思考法律问题。亭自庄学校的小朋友们十分配合,一拥而上围住了讲台,兴高采烈地给我指出了他们发现的"证据"。我一边笑着肯定他们,一边带领他们走进我所设计的情境中。室外是白雪皑皑的冬天,室内却是如火如荼的推理问答——推理是讲求逻辑之美的,审判是带有内在法律之美的。在我心中,台下脚不沾地配合维持秩序、发放奖励的实践队伙伴同样也是美的。

以物抒情·寓法于物

孩子是祖国的花朵、未来的民族脊梁。回想当初,我们小队之所以选择"大中小思政一体化"专题,就是出于这样的考量。我相信,通过在中小学宣讲,可以把法治的种子播撒在小朋友的心中,结合学校课堂的浇灌,有朝一日,一定会结出饱满丰硕的法治之果。

在这次宣讲实践活动中,我和实践队成员都希望不仅给孩子们留下一些"记忆",更能够给这群可爱的孩子留下些特别的"纪念"。因此,我和实践队伙伴杜阳灿共同设计并制作了一套"律师形象"的卡通书签,赠送给在实践宣讲中表现优异的小朋友们。从制作初稿、完善细节到彩印打孔、批量穿环……我们共同摸索、及时发现问题并找到了克服的办法,最终成功制作出了一套实体书签。同时,在书签之外,我和实践队成员还精心挑选了印有法大校园的明信片数十张,在上面书写了我们的寄语赠送给小朋友们。记忆或许会褪色,但我相信这些"特别的纪念",可以帮助小朋友常怀对法律的兴趣与敬畏之心。

在写给小朋友的明信片里,我写道:"律者定分止争,法者迁善远罪。谨记心中呼唤的正义、眸底渴求的尊重,永葆和困境中的人们共情的能力……这是姐姐作为一名法学生的毕生信仰和崇高追求,望你也能发现自己的热爱、选择自己的道路,为之倾山覆海、不懈奋斗,走出自己的精彩!只要你们的心中永远存有良善和敬畏,永远存有坚持和温暖,国家的法治就一定有未来,祖国的建设就一定有希望。"

这既是我内心自我勉励的话语,同样也是我对亭自庄学校学生的美好祝福。在他们生动可爱的笑脸中,我愈发庆幸自己参加了这样一场实践活动,能够用自己的努力,为学校的法律实践增添些许色彩。

以身感受·寓思于文

如果说法律有温度，我在传递温暖的同时，自己也对法律条文有了更加深刻的体会，切实感受到了法律条文在制定、修改、应用的背后所蕴含的人性温暖。我相信文字有力量，在活动结束后，我积极与负责宣讲活动的黄颖老师交流感悟、总结经验，呈现在笔端。我们实践小队得到了黄颖老师的高度认可并收到了学校和老师个人送出的感谢信。这既是对我们多日以来认真筹备的肯定，同样也是一种激励，促使我们更加认真学习并把所学知识用于实践。

就像我们实践小队的队名一样——法治青年行。作为立志投身于我国法治事业的新时代青年，我们实践小队以青春为名片、奋斗为底色、实践为路径，书写了我们在亨自庄学校的实践故事，留下了许多美好的瞬间。在未来，我们依然会不忘初心砥砺前行，以尘雾之微补益山海、萤烛末光增辉日月，继续传递法律的严肃与正义、温暖与美好。

多走走，路上风景挺美的

法学院 2023 级本科生　尤嘉文

2023 年的夏天，燥热而深沉。我在蝉鸣临了之际进入中国政法大学，成为一名法科生。在数月的法学理论学习中，我在课堂上了解了严谨规制的法律，接受了深闳缤纷的思想，却仍有一种伸不开手脚的束缚感，有万般想法却没法向大众宣讲介绍，也挺憋得慌。临近 12 月，恰好赶上学校以国家宪法日为主题专项举办的社会实践思政课活动。我和学院的几位朋友在一位师兄的带领下决定精心准备参加招募，以获得宝贵的实践机会。

正如我们一位老师所说，准备的过程恰恰就是提高的过程。只接触法学寥寥数月，老实说，我对宪法的了解和大多数人一样，只停留在初高中的通识课上；对宪法日的理解，更是只停留在一串数字。在那段日子里，我们总聚在逸夫楼或是图书馆的研修间准备材料，吸收了不少知识：我查阅了与宪法日形成历史相关的报道，学习了以宪法内容为主题的论文，也了解了不少社会组织进行普法实践的经验与创新之处。之后，我们以普法讲稿、幻灯片、知识问答等形式准备了一些宣讲用的材料。不论我们的策划能否通过学校的审核，一番准备过后宪法知识也已烂熟于心，算是值了。

经过学校层层把关，我们的方案通过了。短暂的兴奋过后，压力又重回我们身上，我们的材料够用吗？如何才能将我们的材料讲好用透，呈现给群众呢？又是个问题。对学校负责、对群众负责、对自己负责一直是我们深谙的道理，也是我们不断润色材料、优化方案的内生动力。我在准备材料的时候总在想：讲到这段，说到这句话的时候，下面的观众会是什么表情？究竟作何感想？想到这儿，我既紧张又期待，一定不能给自己和学校"跌份儿"。我们组的其他成员一定也是这么想的，直到出发前几天，组长还在微信里和我们交流讲稿内容、精简宣讲材料。

是日，天朗气清，我们驱车前往城南街道，期末复习的倦意在我们几个人身上荡然无存。我是一个土生土长的北京人，之前总想着，怎么为这座城市做点儿贡献？其实答案没准儿就在这一笔一画里。城南街道景致靓丽，村口的土坡绵延无尘，院内的砖路干净平整，无愧于"北京后花园"之称。走进小区，我们先行进入活动室与居委会对接，进行一些准备工作。活动室宽敞明亮，不时吸纳些天光，书柜上放了不少法律书籍，红色的宪法文本与其他法律文本很耀眼，给我一种保驾护航的安全感。

参加活动的街坊们陆续到达，有三四十位。简单开场后，我便开始宣讲，我负责介绍开篇与宪法日有关的内容和最后的知识问答环节。老实说，开篇的宣讲我很紧张，总是出现口误或是磕巴，宣讲内容也有些缩水。好在街坊们投以鼓励的目光，好似无声的鼓励。当我提到一些理论或观点时，几位老者总是和我点头呼应，这让我得以进入状态，之前紧张的我变得越来越放松。后面是其他组员们介绍关于消费者权益保护、婚姻问题、自甘风险的内容，我在台下为他们拍照录像的同时也有所感慨：这些都是我先前未曾涉足但生活中常用的知识领域，今日听君一席话，如红炉点雪般收获满满。

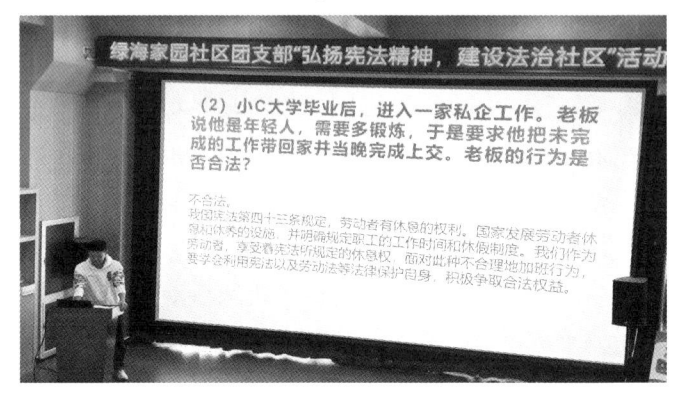

为了增加互动性，充分调动群众学法用法的积极性，我们特地准备了知识问答，并由我主持活动。每当我提问时，台下的街坊们总是踊跃举手，我也愿意多多拓展些所准备的知识，让大家听得尽兴。尽管知识问答的题目很简单，但是解释清楚其中原理也有些难度。面对街坊们关于题目外的问题，我也能流畅解答，这让我感到惊喜，果然是之前准备充分。令我印象最深的是，几位退休老人关于"公民"和"人民"之区分产生了辩论，在问答过后我们也进行了交流，一位老人也表示："先前糊涂一辈子了，终于弄清楚了。"

活动开展过后,一位老人留下来和我们沟通,他曾是某大学自动化专业的教授。他在指出我们汇报中的问题后,对我们宣讲的表现与普法实践这一教学形式予以肯定:"作为大学生一定要增强自己的表达能力,你们现在大一,完成到这一步已经很好了,你们学校能让你们出来走走,真了不起。"我们对此也表示同意,自己有什么不足,"拉出来遛遛",也就清楚了。任何学问脱离不了实践,我认为,法学研究的路径不只是把生活化之事项转变成让人望而生畏的业界学术成果,而是让成果落地,在尚未完工的法治社会建设之路上多踩下几个脚印,多撒几把良种,那才是功德一桩。

"有活动多多合作。"居委会负责人送我们出来时和我们说。临行时,城南街道村口土路上回家的车渐渐多了起来,夕阳晕染了来时的土道,给活动的尾页加了抹写意。我和朋友们在车上都感到活动开展得很圆满,言无不尽、享受过程是我们一直坚持的理念。

宪法日就那一天,可余味持续很久。至今我都会想起准备材料时的匆忙、初次普法时的紧张,也会回味和朋友合作的快意、收获真知的满足。法学和实践都是讲过程的真学问,二者不谋而合。作为法科生,以法治天下为己任非但不空泛不高调,反而是应为的第一要务;作为大学生,优秀之标准不在于背得多分数高,而是多在神州大地上走走,找找自己的责任所在。我们要在实践之路上往前走,并不是因为走到终点有人会给你发一块奖牌,而是路上的风景确实挺美的。

我们和高原牧区的孩子们

刑事司法学院 2021 级本科生　肖宇多

2020 年我国已完成全面脱贫，但民族地区发展不平衡、不充分的问题仍然存在，甘孜藏族自治州作为原来国家确定的集中连片特困地区和"三区三州"深度贫困地区，至今仍然面临基础设施薄弱，文化思想落后等问题。实践团成员们怀着对公益服务的朴素热情，坚信青少年是一个地区未来的希望，希望能为当地青少年的成长尽绵薄之力，设计了项目丰富的短期文化冬令营活动，为当地儿童开展手工制作、语言表达、书籍阅读、法律普及等项目。

实践初心：探索偏远民族地区青少年志愿服务道路

2023 年 10 月，我们到理塘县 R 村进行实地考察，发现当地青少年所缺乏的不是物质资料，而是精神文化的滋养。随着旅游业的发展，当地经济条件显著改善，每年依靠经营民宿和销售虫草村民甚至可以达到万元以上收入，因此传统的公益服务如捐赠衣物、书籍、文具和日常生活用品等不再有必要性。通过一周的调研走访，我们感受最为明显的就是村中藏族成年女性严酷的生活环境、婚姻的不自主、频繁家暴的丈夫、生育的不可选择，以及种种苛刻的社会要求和家族规则。如果她们能接受更好的文化教育、拥有独立的经济来源，或许就算不走出大山，离开村庄，也能有更好的生活和选择的底气。教育的重要性无须言说，R 村未来的希望当然是这里的青少年，除了完成国家提供的义务教育之外，一些补充性的社会公益活动能助力孩子们德智体美劳全面发展，开阔他们的眼界，丰富精神生活。

实践经历：文化冬令营+深入调研

2024 年 1 月，由我校学生和 3 位志愿者、1 位当地社会工作者（藏语翻译）组成的"走进藏心"实践小队再次来到理塘县R村，首先开展内容丰富的文化冬令营活动。

冬令营的第一个环节是自我介绍和才艺表演，孩子们用汉语或者藏语介绍自己和家乡，分享日常的爱好和长大后的梦想。他们的愿望质朴而单纯，大多是医生、警察、教师，还有一些孩子想要成为活佛，这样就能将最好的福泽给予家人和故乡。包括他们的父母在内，村里的人们很少将金钱、权力和地位作为目标，一部分原因是虔诚的宗教信仰，一部分很可能是因为相对偏远和落后的环境保留了他们淳朴和纯粹的心境。我们问孩子们是否有想要的礼物，或者喜欢的东西，所有人都说没有。相比城市这里物资匮乏，唯一的商品选择地只有村头的一家小卖部，但他们依旧非常满足。

之后的几天，我们开展了手工制作、超轻黏土美育课、绘本共读、上门普法等项目。我们发现，孩子们的动手能力和团队协作能力非常优秀，在制作手工绒线花时，年纪大一点的孩子们会主动帮年幼的孩子完成较难的工序，兄弟或者姐妹几人常常合作完成一朵小花，也从未对最终作品的归属产生争执或纠纷。大概是因为自幼生活在集体和大家族的环境中，孩子们都异常团结，性格也很开朗活泼。在绘本共读活动中，实践队员们分组轮流带孩子们读不同的绘本，在阅读过程中有时候会提出问题，有时候会进行角色表演，有时候会挑选台词让孩子们自行朗读。孩子们的专注力和热情程度均超出我们的想象，对于画面和文字的感知力、联想能力都非常优秀，也能很敏锐地提取绘本的中心思想。但根据实地调研，我们知道村里孩子们很少有主动阅读的意愿，家中几乎没有藏书，存放在活动中心的社会人士捐赠的图书也几乎无人翻阅。阅读习惯需要培养，然而家长们自身也鲜有阅读习惯，除了宗教典籍和医学药典，该牧区一直以来的休闲娱乐方式都未曾包括阅读。在信息时代的冲击下，牧区的孩子们更是自幼就受到抖音、快手短视频的冲击，除了课本以外不会主动阅读。因此我们希望通过带读绘本的方式,为孩子们培植阅读兴趣,进而主动阅读我们捐赠的图书,丰富精神世界,从中得到乐趣,成为有深度、眼界开阔的人。

在普法环节,我们以挨家挨户派发传单的方式保证宣传工作落到实处。由于村里很多中老年人不会汉语,对法律的认知也较为模糊,传统的普法讲座方式或许并无实际效用,因此我们提前准备了"反家暴""反信息网络诈骗"两大主题的自制传单,并配以我校"汉藏普法园"藏语公众号的二维码。当地热心的小朋友带领着我们走遍全村 20 余户人家,除了简要介绍普法知识要点之外,我们也会现场对基本的法律问题进行解答。

选择反家暴内容的重要原因在于通过前期调研我们知道村里丈夫殴打妻子和儿女(主要仍是妻子)的情况并不少见,而大部分妇女因为观念落后或者无处申诉等原因忍气吞声。这次上门普法接待我们的大部分是家中的妇女老人,她们之中很多人对家暴毫无概念,更不知晓这样的暴力是违法且应当被制止的。改善妇女的生活环境,就是改善一个家庭的整体环境。哭泣的母亲、暴虐酗酒的父亲、沉默的爷爷奶奶,这绝非一个有利于青少年健康成长的家庭环境,我们希望通过间接的法律普及手段,让他们知道村委会、司法机关、妇联都是可以寻求帮助的地方,我国的法律是保护人民利益的法律。

实践总结:牧区未来的发展重点在精神文化

在 R 村开展实践活动的这一周,我们都与牧民家庭同吃同住,随时随地与当地村民尤其是青少年进行交流,并前往海拔 4500 米的高原冬牧场参与他们的日常生产活动。我们实践团队的成员在这次经历中深刻反思了公益志愿服务的意义和改进方向,探寻基层治理的社会化出路,思考人与自然的和谐共生、因地制宜的产业发展、民族地区文化教育等命题。

冬季牧场需要乘坐摩托车才能到达，由于路途遥远，牧民们会住在牧场的临时居所里，第二天清晨上山找牛，在当天下午将牛全部赶回牛圈。牧场比村庄更为寒冷，孩子们衣服单薄，鼻子上总是挂着被冻住的鼻涕，却依旧乐呵呵地在外面的坝子上跑来跑去。他们热心而淳朴，对我们这些外地来的哥哥姐姐充满好奇，总是希望我们能陪他们玩游戏、讲故事。他们乖巧懂事，善良细腻，和他们父母一样对大自然有着世代传承的敬畏心，对动物也有着强烈的爱护心。不必要的时候他们都不会杀生，即使为了获取食物而宰杀牦牛，也会心怀感激，十分珍惜。他们自幼熟知传统的习俗和规则，尤其是很多宗教文化的内容，比如撒风马旗祈福、给客人献哈达等。在牧区，孩子们很小就会参与劳动，学会骑马、骑摩托车、打乌垛（一种放牛的工具）、打酥油茶等技能。我们去冬牧场的时候，一户人家 10 岁的长子曲批便早早上山帮助父母找牛，他的三个妹妹则留在临时住所中等待，帮助爷爷制作奶制品如酥油、奶渣等。我们不禁感慨，在城市孩子们参加补习班、看电影、逛公园、博物馆、艺术馆等的时候，勤劳的藏族孩子们已经早早地参与劳动，适应了残酷但同样慷慨的高原自然环境。

总的来看，R 村依旧以传统的畜牧业为主要生产方式，但商品化程度极低（牦牛作为主要财产几乎从不进行买卖交易），主要收入依赖旅游业和土特产的售卖（虫草、松茸等）。村民以大家族为单位共同居住，一般为多子女家庭。根据村干部的介绍，村中外出务工的人并不多，尤其是近 3 年旅游业蓬勃发展，一些年轻人也选择返乡创业，因此村中没有留守儿童。但我们发现，尽管有家长和兄弟姐妹的陪伴，孩子们获得的教育始终有限，在应试教育层面难以和城市的青少年竞争，在精神文化层面更是缺少选择性和主动性，最典型的例子就是前文所述孩子们自幼没有养成阅读习惯，导致社会人士捐赠的图书无人问津。因此，若走出牧区，他们很难在就业竞争激烈的市场找到很好的工作，若留在牧区，短时间内很难改变闭塞偏僻的交通和薄弱的产业基础，至于传统观念的改变更是需要长足的努力。我们认为，要建设新牧区，让牧区人民共享我国经济发展的成果，需要更多的社会关注，公益机构、文化单位和有能力的个人、组织都应关注当地的文化建设。

当然，机械地将牧区青少年的生活与其他城市青少年的生活相比是毫无意义的，他们的精神世界也并非荒芜贫瘠，只是我们认为，在民族融合发展、共同富裕的时代追求下，应该让更多人关注牧区发展，切实改善客观原因导致的区域差异。在保护他们纯真内心，尊重本民族文化传统的同时，借助社会公益力量增添更多的文化选择、文化可能性。我们并非鼓动他们离开大山，而是希望他们能多看看大山外面的世界，遵从内心，自由选择；希望他们能学习多样的知识，更好地发展自己、发展家乡。

这一片高原净土，是孩子们的家乡，也是我们共同的家乡。作为一支大部分成员来自四川省的实践团队，我们对家乡的自然山河无比眷恋，对家乡多彩多姿的民族风情和文化无比自豪。我们的力量渺小，然而正是这样微不足道的涓涓细流最终汇成波涛汹涌的大河。

青春正当时，守护成长，为爱前行！

打卡别样的乡村调研行

民商经济法学院 2023 级博士研究生　苏嵘钰

2023 年的暑期似乎格外特殊，在一阵又一阵高温与台风的间隙，"中国式农业法治现代化"调研团在团中央以及中国政法大学校团委的组织下，分别奔赴各省农村，走进乡土中国深处，为加快推进农业农村现代化贡献青春力量。

2023 年 7 月初，在老师的指导下，我们深入研究了《农业法》[1]在当下面临的新挑战，并对重点问题作了更为详尽的检索。此后，我们分别针对农民、村民自治组织、政府部门以及涉农企业，设计相应的问卷与访谈大纲。在反复的讨论、修改与试调研后，六份调研材料正式"诞生"。

而后，我们奔赴田间地头、走访机关单位、联络涉农企业，吃过"酸溜

---

[1]　全称《中华人民共和国农业法》。

溜的闭门羹"，也尝到过好客村民现摘的鲜甜瓜果；惊叹于一架架飞越村头良田的农用无人机，也痛心于洪涝灾害过后大面积减产的农作物；感受过社会现实与理论预设相印证的成就感，更深刻地体会到，法律人面对纷繁复杂的农业发展实践应有的使命感。

调研经验还不甚丰富的我们，跨越了"象牙塔"与现实社会的无形屏障。起初，我们有过许多被调研对象拒绝的尴尬，也有过因为方言与专业术语等难以良性沟通的无措。在反思和复盘后，大家开始积极寻求当地团组织与亲朋好友的助力，互相鼓励、互相打气，越发成熟、圆满地完成了调研任务。调研团共收集到1400余份问卷，调研足迹涵盖四川省、湖南省、广西壮族自治区、山西省、云南省、河北省、重庆市、山东省、辽宁省、安徽省等的130余个乡村。

从文献检索、问题预设到实地探访，我们跨越了农业法理论与农业发展实践间分明的鸿沟。本以为可在基层探索推进的诸多措施，若要落地实则困难重重；原本拟定的农业发展转型的些许难题，也早在各地的实践中有了各样的答卷。在理论与现实的反复交互中，"绝知此事要躬行"的意义不言自明。

作为农业现代化转型的经历者，我们见证了各省农业规模化、机械化、智慧化转型的跨越。从记忆里各家零散的几亩田地，到大户集中承包的成片农田；从简单的铁锹、犁车耕作，到大型拖拉机、深耕机、无人机等随处可见。农业革新的步伐早已悄然快进，当走在田边，看着眼前一望无际的夏耕图，总会有种油然而生的感动与敬意。

未来，我们将把乡村实践和专业学习结合起来，总结分析调研成果，为《农业法》修订建言献策，为加快推进农业农村现代化、全面建设社会主义现代化国家贡献青春力量。

步履不停，春芳终可歇

刑事司法学院 2023 级硕士研究生　王春晓　王金玉

2018 年，中央一号文件《中共中央国务院关于实施乡村振兴战略的意见》强调"健全农村公共法律服务体系，加强对农民的法律援助和司法救助"。农业农村部《关于全面推进农业农村法治建设的意见》中提到的"2025 年农业农村法治建设的总体目标"即将到来，乡村法治建设实践情况如何？我们带着这样的问题，踏上了去往河南省商丘市、信阳市基层乡村的旅程。

2023 年 1 月 29 日早晨，在朦胧中醒来，我与朋友收拾好行李后，用完早餐便到镇大厅等待，王主任带着另一位周副主任与我们会合，在参观了华堡镇司法所的过程中，我们询问了王主任关于县级的网格化管理服务平台建设，通过直观的网站与数据库的简要浏览与介绍，我暗自感叹当前互联网技术对于构建服务型政府的助力之大，民众可以通过微信平台及时反馈自己遇到的各类问题与纠纷，并找出日常生活中政府管理上存在的疏漏。随后，队员在镇会议室开展了题为"《民法典》[1]之唠唠婚姻那些事"的普法讲座，获得了较好的反响。此次普法讲座内容主要分为"结婚""家庭关系""离婚""收养"四个板块，其中关于夫妻共同债务认定、彩礼返还问题、离婚冷静期规定、家庭暴力自救部分具有鲜明的实用性。《民法典》倡导，"家庭应当树立优良家风，弘扬家庭美德，重视家庭文明建设"。一个个文明小家共同组成了富强、文明、和谐、自由的大家。小家的和谐关乎大家的幸福指数。在讲座结束之后，我们还进行了答疑环节。例如，李先生与赵女士举行婚礼但并未到当地民政局办理结婚手续，婚后二人也并未共同生活，二人感情破裂，关于彩礼返还问题一直存有分歧，未达成一致意见。我们建议两位根据彩礼

---

[1] 全称为《中华人民共和国民法典》。

实际使用及嫁妆情况、双方过错事实，结合当地习俗，确认是否返还以及返还的具体比例。我们鼓励大家拿起法律的武器保护自己的合法权益，同时也倡导大家能够互相体谅，在非诉程序阶段就能取得双方都满意的结果。短暂的实践之旅能够解决的纠纷是有限的，我们会尽自己所能为乡亲们答疑解惑。

宣讲结束后，我们到当地进行实地走访，许多乡亲热情地接待了我们。我们的团队成员深入群众当中，了解到当地群众的纠纷痛点主要集中于借贷纠纷、婚姻家庭纠纷、土地纠纷等。根据当地村民的反馈，老人赡养纠纷主要发生在多子女家庭，尤其是多个儿子的家庭，老人由谁赡养，其过世后财产如何分配，都是备受关注和争议的问题。尤其是在老人无法做到对每个子女都平等对待时，子女可能会出现负面情绪。在我们采访过的家庭中，也有这种情况，老人由其中一个子女赡养，却将财产留给其他子女。这种做法无疑是既不合情又不合理的，针对这种情况，当事人一般会先寻求亲戚朋友的帮助，希望亲戚朋友能够帮忙调解。若调解无果，则会诉诸法律。

目前，乡村的常住居民主要是留守老人和儿童，这类弱势群体需要得到社会的关注，同时由此而产生的家庭纠纷也应得到政府与司法机关及时有效的处理。类似的还有借贷纠纷，在这个"低头不见抬头见"的村落，人们借钱不图利，只为人情世故。我困难的时候你帮我一把，你困难的时候我帮你一把。大部分的借贷也是不算利息的，只需归还本金。然而在这种优惠的条件下，许多人仍是欠钱不还，在我们了解到的情况里，有的人拖欠借款长达10年。借不借是本分，现在俨然变成了还不还是本分。有些借款人也并不是无钱可还，而是一拖再拖不想还或者将钱挥霍至其他地方。诉讼是一种选择，但很多出借人顾及情面不愿起诉至法院，这笔借款可能就成了一笔无法兑现的款项。我们也向当事人提出建议，可以通过第三人调解，充分利用当地司法资源。在小镇生活，大家互相认识，人情社会冷暖自知。当情理无法解决邻里之间的纠纷时，法律才需要发挥作用。

党的二十大报告提出我们要建设宜居宜业和美乡村，其中宜居乡村建设包括住房舒适、整洁卫生、生活便利、办事快捷、方便交往五个板块，我们这次实践主要围绕改善乡村公共法律服务现状的主题，以期达到方便村民友好交往的目标。

下午我们在王主任、周副主任陪同下前往彭庄村党政大厅参观学习。在彭庄村，令我印象深刻的是展览馆，在这里，我们看到了自中国共产党成立以来，彭庄村一路走来的各类报道，记载了彭庄村如何在国家的带领下从创业初期筚路蓝缕的艰辛，到"五星级党支部"的一路高歌猛进。展馆内的风格独具特色，有包括黑花生和驴肉在内的乡村特色产品，展示着新乡村产业的兴旺。四周的墙上挂有各种规章制度，按照时间排序，每一份制度都记载了一件重大的乡村法治历史事件。这一份份制度的标题与文字措辞，足以体现当时对民众日常生活的制度保障，很好地填补了我们对当时乡村法治制度认识的空缺。在村干部的陪同介绍下，我们了解了当地的法治长廊建设以及"三员三长""五会"等工作的进展。参观完毕后，我们前往当地的驴场，参观了当地扶贫助困项目的建设情况。寒暄几句后，我们结束了第一天的行程。

第二天，在王校长的陪同下，我们进入乡村小学与孩子们展开关于法治的对话。紧扣"法治在身边"的活动主题，进一步发挥实践活动在孩子们之中的法治传播作用。为了优化活动的效果，我们选择简单易懂问题的同时决定尝试一问一答的方式，使小朋友能更近距离地同实践队员进行交流，摆脱课堂上孩子们怯于发言、师生间交流不畅的弊端。比如我们会提出"小明玩游戏充值8万元，这笔钱能要回来吗？"这种贴近孩子身边的问题，孩子们注意力十分集中，并踊跃回答我们的问题，深化法律知识的启迪作用。

冬日已逝,但初心不变,步履不停,春芳终可歇。实践中,我们在乡村的小路上感受公共法治建设的现状,扎下探索与思考的种子,在思考中收获,在收获中继续前行。

做求真力行的法律人

法学院 2023 级硕士研究生　蒋晓茨

作为一名已经接受了四年法学教育的研一学生,我所参加的法律实践活动还算比较广泛:在北京律所的诉讼实习经历、在家乡市检察院和中级人民法院的实习经历以及在一些法律研究部门的法律文件研究经历。但是,与之前的实习经历不同的是,2023 年寒假,我选择参加学校开展的"返家乡"社会实践活动,来到家乡最基层的区级司法局展开实习。在本次实习中,我了解了很多司法实务中法律适用的有关问题以及基层对于法律知识的宣传工作,收获颇丰。下面我将从实践目的、意义、内容及收获方面对本次基层实践经历进行总结。

"纸上得来终觉浅,绝知此事要躬行。"在以往的实习经历中,我主要是站在控辩审三方的立场来具体感受每一个案子的司法审判过程。而司法局的工作内容则和检、法以及律所有所不同。区级司法局作为国家司法行政机关,其主要职责为:"一个统筹、四大职能"——统筹全面依法治区,承担行政规范性文件合法性审核、行政执法监督、刑事执行和公共法律服务职能任务。其中指导、管理社区矫正工作和指导刑满释放人员帮教安置工作,以及组织实施全民普法工作是我在之前的实习中没有体验过的。因此,我本次实践的主要目的,一方面是想了解基层司法局的主要工作内容;另一方面是想了解我国的普法活动在地方的具体开展情况。

全民普法活动

　　法治宣传作为司法局的一项主要工作是用群众喜闻乐见的宣传形式，弘扬法治精神，传播法治文化，普及法律知识。我的主要工作是运营管理官方公众号，举办相关普法活动。在工作中我深感普法宣传的重要性、紧迫性：多数群众都认为法律只对罪犯有用，而且面对民事纠纷也觉得不值得花钱请律师打官司，对法律没有正确的看法和态度，这些是普法宣传的一大阻力。在实习期间，我在普法宣传方面做了很多工作，譬如准备普法讲座的资料、准备各种宣传道具、出法治墙报等实际性的法治宣传工作。在普法宣传讲座中，我认真听取并记录了法治讲座内容和群众提出的问题。面对各种各样的问题，我深刻领会到，作为法律工作者，专业素质很重要，同时，普法宣传和法治教育工

作是一项长期工作且任重道远,需要司法工作者们的不断努力。此外,我也接触了大量的专业人员,了解了专业知识的实际应用,通过亲自参加法律宣传活动,我对大学里学习到的专业知识有了更深刻和形象的学习,领会到了专业知识与实践应用上的差别。

社区矫正工作

社区矫正是指对被判处管制、宣告缓刑、假释和暂予监外执行非监禁刑罚的四类罪犯,践行监管、教育、改造,帮助他们依法服刑,顺利回归社会。安置帮教是对刑满释放、解除社区矫正人员进行的一种非强制性引导、扶助、教育和管理活动。我在社区矫正中心的主要工作是整理和归档各个社区需要矫正人员的资料,包括其入矫和解矫流程中的各项资料。另外,每次外出调查或是有人来访,我都会去旁听,以此积累自己的社会经验。在整理工作中,我学到了许多犯罪类型及其危害,了解到大家日常容易忽略的行为举止,可能会对社会、他人造成伤害,我们就是要抓住每一个典型,向大众普及,让大家引以为戒,引起重视,共同为社会的稳定做出努力。

在具体实践中,我发现家乡的社区矫正工作为社区矫正对象提供了多种形式的心理帮扶,并将其心理状况及时向上反馈。与我的预期不同,社区矫正对象中过失犯仅占少数,大部分罪犯的主观犯罪意愿较高(如诈骗、偷税漏税等)。但他们在矫正的过程中能够认识到自己的错误,并积极配合矫正。此外,社区矫正过程合理地考虑了社区矫正对象的人权及其正常生活等问题,既严格按照法律规定开展工作又充满人文关怀。但是,由于区级司法局是基层的原因,分配到社区矫正中心的工作人员人数较少,工作压力较大,尽管矫正中心也为工作人员提供了一定的心理帮扶,但仍需各方帮助以改善现状。

做求真力行的法律人

　　这次的实践经历让我更深刻地体会到了基层工作的艰苦与辛劳。司法局的工作是辛苦和忙碌的，科室的老师们不仅要安排好局内部人员的工作，还要与区内几十个单位协调，开展动员会、研讨会、调度会等，他们的工作态度让我感受到了基层干部的热情，也看到了工作的繁琐。一方面，他们始终奋斗在维护稳定的第一线、服务群众的最前沿深深触动了我；另一方面，也让我深深体会到了群众利益无小事，而这也是我在之前的实践中接触不多的。

　　在实践中，我学习到了许多在学校接触不到的东西。尤其是在待人接物、与人交流方面我有了很大进步，通过科室前辈们的指导，我学习了会议的座次礼仪；接待外来访客或者接到电话时，要认真倾听其叙述，对于不确定的事情要请教前辈，不要私下随意下结论或者表态；对于无法立马作出答复的，需要登记其基本信息，约定一个时间再行联系；向他人传达信息时要口齿清晰，对于重要信息要多次强调，避免误解。在校园里我们学的是理论知识，而实践中的亲身体验，让我学到了课堂上学不到的东西，在为人处世、知识储备等方面都收获很大。在本次实践中，我初步了解了司法局工作中的具体业务知识，拓展了所学的专业知识。而对我影响最大的应该是作为国家司法人员踏实苦干的工作作风，以及在工作过程中运用专业知识耐心地解决群众难题的工作态度。

　　虽然本次基层实践时间不是很长，但是我经历了很多：第一次近距离接触被判处缓刑的社区矫正人员；第一次在老师的指导下完成对几十个社区矫正人员的法律普及和思想宣传工作；第一次协助调解员进行纠纷调解；第一次参与社区矫正人员公益劳动。本次实践让我看到了家乡基层司法工作人员的工作日常，也看到了我国法律在基层的普及情况。作为生活在校园这座象牙塔里的学生，我开始意识到，我国法律要想扎根到祖国大地的泥土里，需要作为新一代的我们心中不忘基层建设，不忘自己的家乡，把青春播撒在依法治国的土壤上，用实际行动为法治建设贡献青春力量！

在静宁县人民检察院的故事

政治与公共管理学院 2022 级本科生　柴莉莉

第 1~10 天

　　早晨 8 点起床，8 点半开始上班。第一天深入检察院实践，一切都是非常有趣的。首先映入眼帘的是"静宁县人民检察院"几个大字，国旗随着风不停摆动。冬天的静宁还是很冷，但是刚进入检察院就感到一阵暖意。"为大局服务，为人民司法，为法治担当"几个字出现在我眼前，一股激情油然而生，好似我不是来这里实践的，而是真的在这里工作，"挥法律之利剑，持正义之天平，除人间之邪恶，守政法之圣洁"——法大的入学誓词也出现在脑海中，在这里，我感受到一种责任、一种担当。

　　我被安排在"未检"组，主要负责未成年人犯罪。在这里第一天，我就有幸旁听了"何某强奸案"的笔录问询。何某声称在小学五年级就遭到校长侵犯（该校长已经被起诉），并且该校长还将罪恶的手伸向了其他学生。在 2021 年秋天，何某与其"干爹"发生三次关系。自那时起，何某由于受到以上几次伤害和购物欲望过剩走上了"三陪"道路，客户从 15 岁到 50 岁不等。甚至还有其他未成年人帮助何某，包括提供住所、介绍客人等。此时，何某仅仅 14 岁。

　　我在听完笔录之后非常震惊，在我看来，14 岁的孩子应该是自由的、开朗的、崇尚知识的，而不是这样自甘堕落。除此之外，我还了解到，涉案人员都是初中毕业、无处可去、无学可上的人。他们或是在家无所事事，或是在外打零工，认识了一些"小混混"，由于没有人做出正确引导，最终走上了违法犯罪的道路。在被传唤时，他们甚至不知道自己已经犯罪，更有甚者，已经从静宁县逃到兰州市躲避。从这个案件可以看出，教育对预防未成年人犯罪是十分重要的，并且在实际生活中，绝大多数人法律意识十分淡薄，往往违法而不自知。试想，如果有学校的约束，或许他们也不会如此猖狂。在整个事件中，家庭教育是缺位的，用家长的话来说就是"我拿他没有办法，他一点话也不听"。因此，学校和家庭两方面教育和约束都是缺失的，也许，一些"小混混"的言行也对他们身心造成了影响。他们心智发育尚不成熟，自控能力较弱，缺乏正确有效引导。我认为以上三点是未成年人犯罪的重要影响因素。

第 11~20 天

这几天，李检察官教我使用检察官业务系统，并且提醒我可以查看之前办结的案子。于是，我细致地看了以往案件，我发现静宁县未成年人犯罪集中在两个方面，一是抢劫，二是强奸，校园霸凌虽然也有，但只是个例。在没进检察院实践前，我以为我居住的小县城应该是一个比较和平，没有什么违法犯罪的城镇。在我初中、高中时期，确实见过校园霸凌，甚至差点成为被霸凌的对象，但是，从来没有听说过身边有抢劫、强奸案件发生。我也不知道原来在小县城走夜路也是有风险的，在晚上会被从角落突然冲出来的人直接带走，或是有人拿着刀逼迫行人交出财物。

李检察官发现我十分惊讶，无奈地跟我说："我们主要负责检察工作，维护法律权威。一般来说，我们会参与案件起诉等工作，同时也会对司法程序进行监督。未成年人犯罪我觉得原因在于学校、家庭教育约束缺位，同时我们的法律宣传与教育也没有做好。提高公众的法律意识和法律宣传教育势在必行。只有检察院、学校协同联手，才能更好地预防未成年人犯罪。我们检察院也坚持四大原则和三大内容，不断地进行宣传，希望我们县的法律宣传力度再大一点吧。"

第 21~30 天

一天我跟着刘检察官和李检察官去看守所向衡某（上文提到的何某"干爹"）问询。看守所是肃穆的，我们被告知需要戴口罩并且不能拍照。等警察将衡某带到询问室，就开始问询。一开始衡某拒不配合，甚至提出公安局刑讯逼供，当检察官问他身上是否有伤口时，衡某眼神躲闪，支支吾吾说不出话来。衡某表示自己认罪认罚，但是一直岔开话题，尽管检察官一再申明，他此时的态度非常重要，他依旧拒不配合，原定40分钟左右的问询硬生生被拖到将近2个小时。当衡某发现，自己的谎言总能被检察官抓住漏洞并推翻时，才开始配合问询。

问询结束后，刘检察官说："虽然在做笔录时，大多数人是配合的，但是也会出现像衡某这种拒不配合的人，这个时候就需要我们抓住他们谎言中的漏洞，他们才会好好配合。毕竟他们法律意识淡薄，不明白自己的行为会造成什么后果，这就需要我们不断提醒他们。"我并不能理解，年龄相差将近50岁、"干父女"关系，衡某是出于什么原因向何某伸出罪恶的手，甚至还不止一次。为什么何某父母一点也不知情，何某母亲在发现后又为什么私下联系衡某，以何某生病为由，拿走衡某1万多元人民币，准备"私了"。难道钱真的比自己孩子受到的伤害更重要吗？在何某五年级受到校长侵犯时，她的父母也并不知情。除了何某受到校长威胁不敢说出去之外，何某父母就没发现自己孩子不对劲吗？何某多次晚上出去"陪客"，父母真的一点也不知情、一点也不关心吗？凭空出现的现金，多出来的转账，父母也不会发现吗？

何某初中毕业后，由于成绩不理想，没有被高中录取，同时年纪较小，不好找工作，就一直待在家中。据何某所说，零花钱也不多，同时自己购物欲望旺盛，在同伴引诱下，才会从事"三陪"工作。综观何某强奸案，我发现何某五年级时被侵犯是导火索，父母关怀教育缺位是主要因素，自控力弱、同伴诱导是重要因素，法律观念淡薄是首要原因。所以，"法律进校园""法律进社区"等校园普法、社区普法很有必要，静宁县人民检察院联合公安局已经着手进行宣传，且初见成效。

写在实践结束后

通过这一个月的实践，我不仅学到了专业知识，还培养了自己的法律思维和实践能力。与此同时，我也深刻体会到了检察官工作的重要性和责任感。他们不仅要依法办案，维护社会的公平正义，还要关注当事人的权益和社会的和谐稳定。在实践过程中，我也感受到了自己的不足和需要提升的地方。同时，我也希望在未来的学习和工作中，能够更好地将理论与实践相结合，不断提升自己的专业素养和能力。最后，我要感谢静宁县人民检察院给予我这次实践的机会，以及各位检察官在实践期间对我的指导和帮助。

  同时，我也对入学誓词有了更进一步的了解，它体现着法大对我们学子的期望和要求，虽然我不是法学专业，但是非法学专业的学生也应具备职业道德和社会责任感。我们应该树立为社会和人民服务的意识，积极为人类的进步和发展作出贡献；不仅要有扎实的知识，也要有道德修养，为法治社会贡献力量，用自己专业的知识为依法治国出一份力；另外，我们也应该有正义感，敢于和不法行为作斗争，守护政法圣洁，维护法律尊严和社会公正；最后，我们不能局限在一国，要有广博的人文知识和国际视野，为传承和弘扬中华优秀传统文化，推动世界文明发展而努力。

第二章

践行知行合一

"把论文写在祖国大地上"

> 本章节为"ZHI 行中国"社会实践大思政课中"知在法大"实践能力课组课程成果,共摘编 8 篇学术论文。
>
> "知在法大"实践能力课组开设"学术型社会实践的养成之路""漫谈学术论文写作""社会实践选题与文献综述技巧"等思政课程,引导实践成员深入基层一线,扎实开展调研,掌握一手数据,结合所学知识开展学术讨论,践行知行合一,形成沾满"泥土味"的学术文章,开启学术研究"第一步"。

赌博成瘾社区矫正的基层治理共建

青砺领"杭"实践调研团 邢文清

【摘　要】 赌博成瘾社区矫正的基层治理存在心理矫治不足及分类管理缺失等问题，制约着社区矫正预期效果的达成。实践中，社区矫正对象表现为"成瘾重，矫治难"，社区矫正工作呈现"重管理，轻矫治"的问题。基于调研数据的量化研究，本文对赌博成瘾社矫对象进行心理画像的质性分析，分别从社区矫正对象和社区矫正工作两个角度对赌博成瘾社区矫正的治理提出对策建议，在法学和心理学交叉学科的视阈下促进我国社区矫正的基层治理。

【关键词】 基层治理　社区矫正　赌博成瘾　构建路径

一、研究背景

社区矫正对于完善应对措施一体化的犯罪控制策略具有现实意义，且与当下多元化的社会治理格局相适应。但整体上我国社区矫正的基层治理仍有亟待解决的问题，其中突出的是对社区矫正对象的心理矫治重视不足。心理矫治是社区矫正工作的重要一环，如何帮助具有心理障碍的社矫对象，是心理矫治工作中不可避免的难题。基于对心理障碍的大量文献回溯，本文关注到赌博成瘾的特殊人群[1]。

由于赌博成瘾社区矫正对象的成长经历、犯罪原因、犯罪行为以及造成

---

[1] 赌博成瘾也称为病理性赌博或者赌博障碍，是一种严重影响人们身心健康的心理疾病。DSM-Ⅳ[《精神疾病诊断与统计手册第四版（The Diagnostic and Statistical Manual of Mental Disorders-Ⅳ）》] 将 "病理性赌博"（pathological gambling）列入 "冲动控制障碍" 类目下。2013 年 DSM-Ⅴ 手册将 "病理性赌博" 改为 "赌博障碍"（gambling disorder），并纳入 "物质使用障碍" 类目下。

的危害结果各有差异，社会危险性、社区接受度多有不同，矫正管理需求的差异性体现了特殊预防所蕴含的刑罚个别化逻辑。但与此同时，其又因均具备赌博成瘾的心理障碍而存在共性，社区矫正机构更应对赌博成瘾社区矫正对象单独分类进行管理与个别化矫正。而基于人力资源紧张、个性化矫正技术难度等问题，实践中社区矫正机构往往采取集中教育的方式，并未形成有效的个别化矫正，社区矫正工作也无法达到预期效果。

实践中社区矫正对象和社区矫正工作呈现出"成瘾重，矫治难"和"重管理，轻矫治"的问题，阻碍社区矫正预期效果的达成。本文希望通过关注赌博成瘾社区矫正对象的现状与矫治效果，描绘其心理画像，发掘赌博成瘾群体的普遍性与特殊性，寻找推进社区矫正工作的发力点，从而促进赌博成瘾社区矫正的基层治理。

二、赌博成瘾社区矫正治理的现状

（一）社区矫正工作应对不足

实践中社区矫正机构对赌博成瘾这一心理障碍重视不足，社区矫正中的心理测评与咨询主要针对的是社区矫正对象抑郁、焦虑等基本心理状况，没有足够的资源帮助社区矫正对象强化对赌博成瘾的正确认知。

此外，实践中并未充分考量赌博成瘾社区矫正对象的共同内心状况，未对其进行分类管理和制定个别化矫正方案，很多社区矫正对象认为集中教育对自己并无实质性影响，社区矫正工作也无法达到预期效果。社区矫正对象在解矫之后再次赌博并成瘾的概率依旧很高，进而导致基层社会治理事倍功半。

（二）社区矫正工作流于形式

实践中，"再犯率"一直被作为社区矫正效果评价的主要衡量标准。"再犯率"作为评价社区矫正效果的重要指标，其仅能代表社区矫正工作结束后，社区矫正对象有无再次进行刑事违法活动，反映的是一种客观现象。仅将其作为效果评估标准过于片面，不仅无法得出社区矫正工作的有效测评结果，还会导致社区矫正工作人员不注重过程矫正，不利于基层治理的法治化发展。

（三）社区矫正效果认可度低

调研发现，社区矫正对象在形式上对矫正工作予以配合，但在实际中对社区矫正工作的认可度低。在对杭州市29名社区矫正对象调研时，数据显示社区矫正机构采取的措施并未得到广泛认可。例如，针对社区矫正过程中的普法活动，数据显示参与度达到了97%，但满意度仅达到了55%，45%的社区矫正对象认为普法活动并未对自身带来实质影响。

此外，杭州市目前主要采取"积分制"的方式对社区矫正对象的矫正效果进行评估和衡量，对于积分不足的社区矫正对象，实践中矫正机构能够自行决定的只有警告，而警告却面临着"蜻蜓点水"的局面，社区矫正对象"告而不听"。对于社区矫正对象而言，积分制并不构成有效、有力的约束或奖励机制，而仅仅是他们完成任务后产生的附随效果。

三、赌博成瘾社区矫正治理的困境分析

（一）社区矫正的结果导向

实践中存在用"解除矫正"这一结果来评定社区矫正达到预期效果的结果主义。但实际上，解除矫正只是社区矫正效果达标的必要但不充分条件。盲目坚持解矫这一结果而不重视矫正过程，难以真正得到真实有效的评估结果，而结果的盲从甚至会架空社区矫正的过程治理。

赌博成瘾的犯罪人，其本身存在的对法律责任的侥幸心理也使坚持结果主义导向陷入困境。社区矫正实践工作需要突破以再犯率为主要抓手的结果导向性评价体系，加强对社区矫正对象"心理矫正程度"等过程性指标的重视[1]。

（二）赌博成瘾程度认识不清

赌博成瘾社区矫正对象对自身赌博的严重程度认知与实际的严重程度有一定的偏差，数据显示涉赌人员对自身赌博成瘾的赌博成绩评分平均值为1.31，处于"不成瘾"和"极轻度"之间，只有14.4%的人认为自己有"极

---

[1] 参见杜仁义：《社区心理矫正是罪犯心理矫治体系的重要补充》，载《改革与开放》2009年第10期。

轻度"及以上程度的成瘾。而SOGS量表显示，本文赌博成瘾社区矫正对象的得分均值为4.01，介于娱乐赌博与问题赌博之间，218人中有62人属于问题赌徒及以上，占总人数的28.4%。

造成这种现状的关键是"有关赌博的扭曲认知"[1]。已有研究证明赌博成瘾与关于赌博的扭曲认知之间存在正相关，并且这种扭曲认知会促进问题赌博，是赌博成瘾的预测因子。本次实验数据与以往研究结果相同，赌博成瘾得分与赌博扭曲认知得分存在显著的正相关（r=0.31**）。

表1　GRCS-C得分与C-GOGS得分的相关分析结果（n=218）

	1	2	3	4	5	6	7
1 成瘾得分	(0.93)						
2 扭曲认知	0.31**	(0.95)					
3 控制错觉	0.33**	0.90**	(0.75)				
4 预测控制	0.27**	0.93**	0.81**	(0.86)			
5 解释偏差	0.23**	0.90**	0.74**	0.81**	(0.84)		
6 赌博期望	0.28**	0.91**	0.78**	0.80**	0.77**	(0.72)	
7 无力戒赌	0.24**	0.85**	0.63**	0.71**	0.79**	0.77**	(0.88)

赌博成瘾社区矫正对象关于赌博的扭曲认知水平（M=32.82，SD=15.82）越高，则对于自身赌博行为的认知就越偏离现实，从而导致更低的成瘾判断倾向。通过对访谈结果的分析，赌博成瘾社区矫正对象对于赌博的描述更多地集中于控制错觉和解释偏差方面[2]。

（三）社会关系影响赌博的代际传递

赌博成瘾社区矫正对象在接受家人朋友支持的同时，其赌博行为也会受

---

[1] 参见石永东、蒲小红：《大学生负性情绪与赌博认知偏差和赌博成瘾的关系》，载《中国心理卫生杂志》2017年第7期。
[2] 调研过程中收集的关于赌博成瘾社区矫正人员的问卷显示部分涉赌人员有无力戒赌的表述"我主要靠的是自己的技术和脑子""运气也没什么，运气会来的""金钱只是增加游戏的刺激，我只是喜欢这个游戏""只是玩一玩，输了也不影响生活""我知道一定会输，我就是有时候和朋友玩一玩，怎么算赌呢，我又不靠赌博谋生""有时候家人也说，也有意识到玩得太频繁，但是只是玩一玩又不是赌博，就没想借"。

其影响。数据显示赌博成瘾社区矫正对象中有 25.7% 的人身边存在赌博的亲友，其中朋友最多，为 19.6%。在涉及家人对自身赌博行为看法的 13 份访谈中，有 9 人表示家人的态度比较积极，即使提醒了"不要赌博"，态度也不是很强硬。

访谈结果显示，由于父母赌博对家庭的现实影响不同，子辈在涉赌后表现出两种路径。第一种情况是父母一方或双方赌博成瘾导致家庭结构、经济状况、家庭关系等各方面严重受损，子辈在接触赌博后往往将其赌博行为程度控制在病态赌博及以下，并且会有意控制赌博金额，尽量在不影响家庭的情况下满足自身。第二种情况是家人的赌博并未对家庭造成严重的影响，子辈在接触赌博后往往由于轻视赌博危害等原因，导致其赌博行为程度多处于偶尔赌博及以上，同时如果自身的赌博行为并未造成生活拮据等影响时，这种对赌博的去污名化会继续影响下一代，表现出一定的代际传递[1]。

（四）社区矫正对象法律意识淡薄

访谈的 29 名赌博成瘾社区矫正对象中，有 17 人不知道行为的违法性，在社区矫正期间通过自身判罚以及学习培训与集中教育了解到具体的法律法规。12 人知道行为违法但对结果抱有侥幸心理，认为自己不会受到严重处理。这种法律意识淡薄受到赌博行为严重程度认识不清的影响。访谈结果中有 21 人认为自己的行为只是"玩一玩"并不属于赌博。相应地，他们在社区矫正前后都不存在戒赌的想法，因此也不会考虑自身存在赌博成瘾的情况[2]。

四、赌博成瘾基层治理的建议

（一）针对赌博成瘾社区矫正对象

1. 赌博成瘾的正确认知

赌博成瘾的扭曲认知不仅会进一步加深社区矫正对象的错误认识和心理

---

[1] 调研过程中收集的关于赌博成瘾社区矫正人员的问卷显示："我小时候爸妈也打牌，我女儿她们在学校也会玩一玩啊，她们不玩钱，拿来赌一赌帮忙打饭什么的，这有什么""我孩子还小，我们有时候一起去农家乐的时候一家人打牌，他们就在旁边玩别的东西，有时候担心乱跑也抱过来一起看看""我爸妈没教过我，就很简单，我妈有时候带我去楼下的麻将馆，看几次就全会了"。

[2] 调研过程中收集的关于赌博成瘾社区矫正人员的问卷显示："这不就是赌博，以后不会阻止这种事了，但是说有不好听的，今天结束矫正明天我都可以找朋友玩玩""这种很正常的嘛，我家人也会玩玩，输了就输了，人家陪你打牌给点辛苦费怎么了"。

障碍，还会影响赌博成瘾社区矫正效果的实现。良好的矫正工作应当采用多元化方式，加强对社区矫正对象赌博成瘾的正确认知。社区矫正机构应加强对赌博成瘾社区矫正对象的心理测评和咨询工作，除了关注基本心理变量，还要重视涉赌行为成瘾性及严重性这一特殊变量。通过专业的心理测评，了解社区矫正对象的赌博成瘾情况，制定个性化的矫正计划并提供相应的心理咨询服务，进一步构建精细化社区矫正。

2. 社会关系的良好培养

不良社会关系的维持不仅造成赌博的代际传递，还会引发赌博成瘾对象的违法犯罪行为。对于赌博成瘾社区矫正对象而言，社区矫正的目的之一在于帮助其再社会化，而不良社会关系的存留对赌博成瘾社区矫正对象的赌博认知以及行为产生不利影响，极有可能会导致社区矫正效果不达预期。在实践中，应当从社区矫正对象是否建立良好社会关系的角度，对赌博成瘾社区矫正效果进行评估。

3. 法律素养的实质提升

赌博成瘾社区矫正对象对社会角色的定位偏差反映出社区矫正中法律教育的不足。法律教育不仅要在形式上具备多样化的活动，还要在实质上促进社区矫正对象法律素养的提升。实践中，首先社区矫正机构应加强赌博成瘾社区矫正对象法律知识的学习，使其明晰所涉犯罪行为及相应的法律后果。其次，通过法律教育的方式对其进行警示，从而减少再次涉赌的概率。再其次，还应加强被矫对象其他法律知识的学习，充分发挥法的社会作用，增强社区矫正对象的法律意识，指引其日常行为。最后，社区矫正机构应当加强与社会组织等第三方的协同，丰富法律教育的途径，增强社区矫正对象法律学习的满意度和可接受度，在实质上促进社区矫正对象法律素养的提升。

（二）社区矫正工作的完善

1. 社区矫正工作的多元协同

社区矫正需要发挥多元主体的协同作用。在实践中，除了发挥司法行政机关的组织作用，仍然需要多元主体的参与发挥协同作用。其一，在监督管理工作上，针对社区矫正实践人财物紧张的现状，杭州市司法行政机关向第三方企业购买社区矫正服务，使用第三方企业生产的线上平台对社区矫正对象的心理状况及时监管。第三方企业通过与当地司法部门签订合同，在一定程度上能够缓解人力紧张的问题，并与社区矫正机构的工作人员相互配合，加强对被矫对象的监督管理。其二，在教育矫正上，多元协同能够加强对社区矫正对象的教育，实现良好的社区矫正。例如，天津市部分社区矫正中心与交管部门联合设立失驾社区矫正对象警示教育基地，强化被矫对象的道路交通安全意识[1]。其三，《社区矫正法》[2]对教育帮扶做了相关规定[3]。针对社区矫正对象的就业问题，社区矫正机构应当协同社会组织等第三方，及时为其提供就业方面的帮扶。除此之外，实践中社区矫正中心能够通过家访了解社区矫正对象的家庭状况，建立协同机制，联同居（村）民委员会、妇联等组织及时对被矫正人员及其家庭进行帮扶。

2. 过程矫正的优先导向

坚持过程优先意味着将社区矫正效果评估的重点放在社区矫正的过程中，其是社区矫正评估的核心阶段。首先，社区矫正的目的在于危险控制及再社会化，而社区矫正机构采取的控制社区矫正对象的再犯危险以及影响其再社会化的措施主要发生在社区矫正过程中。如果不坚持过程优先而盲目追求解矫结果，那么整体社区矫正的效果将会本末倒置。其次，社区矫正过程性效果对解矫前的效果评估发挥着直接影响。没有良好的过程矫正效果，即便社区矫正对象顺利解矫，也难以确定其实际的矫正效果。最后，坚持过程优先能够促进社区矫正机构的工作积极性：一方面能促进社区矫正工作人员发挥主观能动性，更实质性地参与到社区矫正过程中，对社区矫正对象投入更多的精力进行监督管理、教育矫正和帮扶保护；另一方面能促进社区矫正机构积极地与社会组织、企业等第三方展开合作，协同推进社区矫正工作的开展。

3. 加强实质性治理

实质性治理一方面要求社区矫正机构实现分类管理，针对不同类型的犯罪设置个别化矫正方案，且在监督管理、教育矫正和帮扶教育上采取实质性的措施。以普法活动为例，不仅要在形式上丰富普法活动的类型，促进被矫

---

[1] 参见荣建芬等：《天津市社区矫正分类教育的实践与思考》，载《中国法治》2023 年第 4 期。

[2] 全称为《中华人民共和国社区矫正法》。

[3] 《社区矫正法》第 40 条规定第 1 款规定，社区矫正机构可以通过公开择优购买社区矫正社会工作服务或者其他社会服务，为社区矫正对象在教育、心理辅导、职业技能培训、社会关系改善等方面提供必要的帮扶。

正人员的参与，还要在实质上借助普法活动实现教育矫正的目的。另一方面，要对社区矫正对象的矫正效果进行实质性评估。实质性的效果评估则要求评估机构不能仅简单记录社区矫正的完成情况，还要对被矫正人员本身是否达到解矫标准进行认定。换言之，对其是否在思想上完成矫正进行评估。社区矫正的落脚点最终在于被矫人员的自我意识改变，而不是核实其是否完成了社区矫正的任务。

五、结语

对赌博成瘾社区矫正进行研究能够促进我国社区矫正的基层治理。本文选取浙江省杭州市作为调研地区，采用嵌入式混合方法研究，用定性的访谈法研究赌博成瘾社区矫正人员的主观性评价；用定量的问卷法获得基础人口学信息及关键心理评估指标的量化信息。基于调研数据分析得出的心理画像，本文以法学+心理学交叉学科的视角对社区矫正基层治理中的问题进行分析，并提出相应的对策建议。期待本文能够增强实践中赌博成瘾社区矫正对象的矫正效果，提升社区矫正工作开展的质效，并对赌博成瘾社区矫正的基层治理有所裨益。

知行感悟

通过实践调研，小组共收集到线下访谈问卷 29 份，线上访谈问卷 191 份。基于数据的量化研究，小组对赌博成瘾社区矫正对象进行心理画像的质性分析，并根据以上调研结果撰写此论文。小组成员认识到，只有深入一线实地调研，方能切身感受社区矫正制度的必要性与优越性，同时也看到了基层治理中的不足。"矫其行，正其心"，对于赌博成瘾的基层治理仍任重道远，基层治理的完善和蓬勃发展有赖于政府、社会、家庭的多方参与和支持。

红色教育研学实践实施现状与建议

以实地参观昌平烈士陵园为例

"又红又专青年团"实践调研团　任凯鑫

【摘　要】历史因铭记而永恒，精神因传承而发扬。红色文化是中国光辉革命历史中的精神支柱，是中国共产党特有的宝贵精神财富和优秀品质。将红色文化资源与研学实践有机结合起来，重温红色记忆，传承红色基因，是适应新时代发展的爱国主义教育途径之一，旨在引导公民在游览观光祖国大好河山中，感受悠久历史和灿烂文化，激发爱国热情。同时鼓励大学生群体积极践行思政教育，从而培养"一心一意为国家，全心全意为人民"的高素质、高品德人才。本研究报告以实地参观昌平烈士陵园为例，旨在探索分析当下红色教育的实施现状以及相应实践教学的得与失，以期为改善红色教育提供一定的借鉴方法。

【关键词】革命历史　红色教育研学实践

2023年年末，寒冬之际，千里冰封、万里雪飘的"北国雪乡"哈尔滨爆火"出圈"。在冰雕雪塑等各种雪景奇观中，侵华日军第七三一部队遗址前排起了长龙。华夏儿女从天南海北、四面八方而来，在此汇集，在赞叹北国风光的鬼斧神工之时，走近那段刻骨铭心、不容遗忘的历史，激荡起心中的爱国豪情。

2021年2月20日，习近平总书记在党史学习教育动员大会上强调，党的历史是最生动、最有说服力的教科书。要在全社会广泛开展党史、新中国史、改革开放史、社会主义发展史宣传教育，普及党史知识，推动党史学习教育深入群众、深入基层、深入人心。要抓好青少年学习教育，着力讲好党的故事、革命的故事、英雄的故事，厚植爱党、爱国、爱社会主义的情感，让红色基因、革命薪火代代传承。

以习近平新时代中国特色社会主义思想为指导，全社会范围内积极响应党的号召，结合各地自身红色资源广泛鼓励红色教育、开展红色教育、创新红色教育。其中实践教学以其现场观摩、现场讲解、现场交流点评的独特优势获得青睐，但不少红色教育活动，特别是高校内部开展的红色教育活动，因过于强调理论的刻板灌输，使得一些受教育者抵触、排斥红色教育。[1]

如何对红色教育研学实践活动去形式化，让社会大众，特别是高校大学生群体乐于参加、喜于接受，深入挖掘红色资源的历史价值、时代价值和纪念意义，主动传承和发扬红色文化，是当下红色教育研学实践活动"破圈"的关键环节。

一、当下红色教育实施现状

"传承红色基因，赓续红色血脉。"当前，红色教育已成为展示中国革命、建设、改革、新时代伟大成就的有效方式，包括参观党史博物馆、烈士陵园等在内，红色教育活动已经成为社会大众了解党史、增强爱国主义情感、培育和践行社会主义核心价值观的重要途径。[2]为准确了解大众（特别是大学生群体）对于红色教育及实践教学的最真实感受，研究团队实地参观昌平烈士陵园，体验红色教育，同时采用深度访谈法与问卷调查法，收集各个年龄段的问卷，综合分析得出以下结论：

1.实践教学基地环境优美、布局合理

经过实地走访与考察，昌平烈士陵园由革命历史纪念馆、纪念广场、烈士墓区等三部分组成。整体环境优美，绿化工作较为完善，陵园、纪念碑整洁干净，园区内部庄严、安静。昌平革命历史纪念馆布局合理，历史明晰，分为"京华古城燃星火""矢志不渝抗敌寇""红旗漫舞翻新历"三个主题展厅，以图文结合的方式讲述历史和蜡像还原真实场景为主。陵园使革命精神、抗战精神以庄严肃穆的形式表现出来，其整体感官冲击力与感染力是较强的。

---

[1] 参见朱江华：《依托红色教育基地的高校大思政实践育人模式研究》，载《大众文艺》2023年第4期。

[2] 参见《文化和旅游部 教育部 共青团中央 全国妇联 中国关工委关于印发〈用好红色资源 培育时代新人 红色旅游助推铸魂育人行动计划（2023—2025年）〉的通知》。

2. 受众的红色精神学习意识较强

通过分析收集到的 103 份有效调查问卷，可以发现受众的红色精神学习意识整体较强，展示出我国红色教育实施的一定成果。在受访的 103 人中，72.82%的人去过党史或革命遗迹，占比超 7 成（如图1），说明大部分受访对象对党史革命遗迹抱有一定热情，愿意主动前往党史革命遗迹参观、学习红色文化，接受红色文化的熏陶。

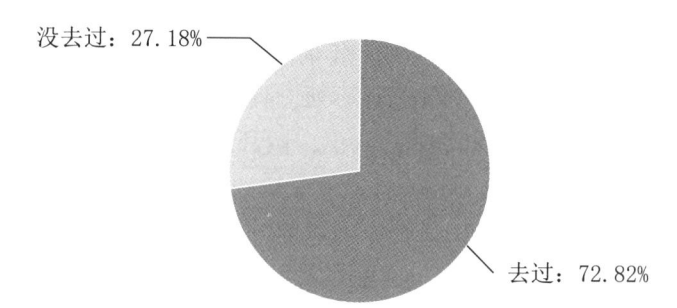

图 1：党史革命遗迹参观情况图

在去过党史或革命遗迹的 75 位受访者中，大部分受访者一年去一次革命遗迹，少部分受访者出现一年中多次去瞻仰红色精神的情况。说明受访者所在的单位、学校、组织以及受访者个人对红色精神学习较为重视。

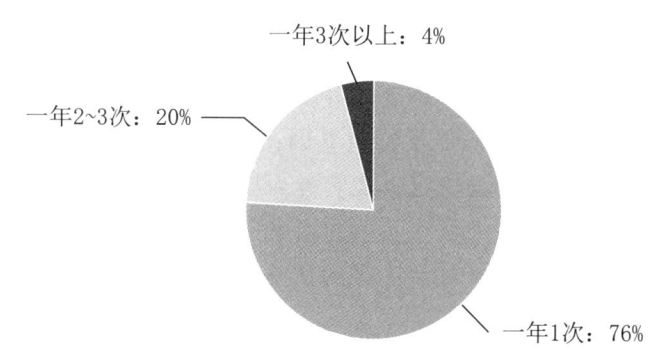

图 2：党史革命遗迹参观频率情况图

总体来说，受访者对于红色精神的学习热情较高，对于红色精神的需求较为持续，也对红色精神的传承持积极态度。同时，相关单位组织比较重视红色教育，积极组织相关人员参观党史革命遗迹。

3. 受众对红色精神的理解较为深刻

通过访谈得知,受众对红色精神的理解较为深刻,同时带有个人独特的爱国主义情怀,尤其是不同地区的大学生群体,对瞻仰先烈的活动及个人使命有着深刻的认知:

"于红色景点进行线下实践能够更加确切地感受到党带领全国各族人民百年来奋斗的艰辛,让我们明白当今美好生活来之不易。继承革命精神对当代青少年和社会发展来说具有重要意义,这能够让我们知道革命先辈是如何在艰难困苦中创立了新中国。学习艰苦奋斗、勇往直前、开拓创新的精神,能够让我们明白帝国主义亡我中华之心不死,我们不能被眼前的物欲生活所迷惑,而应对现今的局势具有清醒的认识,做到居安思危,树立远大的理想,为实现中华民族伟大复兴而不懈奋斗。"[1]

在采访过程中,受访者都认为中国目前的和平安定来之不易,新时代的中国是无数前辈先烈浴血奋战、牺牲自我,以无数纯洁爱国之心举起来的。受访者对先烈表示深切的缅怀,对烈士表示崇高的敬意。同时他们更加明确,在世界百年未有之大变局下,身为新时代中国青年肩鸿任巨,要有勇立潮头敢为先的勇气,要有乘风破浪见月明的自信,要始终以国家发展、社会进步、民族团结为己任,为共产主义与中国特色社会主义事业注入鲜活强劲的青春活力,为实现中华民族伟大复兴而贡献深邃广阔的时代力量。

不仅是大学生群体,调查问卷中的其他广大受访者也对红色精神、革命遗迹有着深刻的认识。

大部分受访者认为党史革命遗迹可以培养爱国爱党爱民情怀,坚定理想信念;了解中华民族历史、传承红色基因;明确使命担当,激励追梦实践;增强全方位自信,维护社会稳定;武装青少年头脑,争做时代先锋。可以看出,当下红色教育始终以传承和弘扬爱国主义精神作为出发点和落脚点,引导人民群众厚植爱党爱国爱社会主义的情感,形成积极、健康、向上的社会风气。

4. 目前红色精神的体验方式与受众需求有一定差异

虽然受众对于红色精神学习态度积极,对革命历史认识深刻,但对比昌平烈士陵园及昌平革命历史纪念馆可知,红色精神的体验方式并不能满足受

---

[1] 8月访谈内容。

众多元化的需求。只依靠受众的红色文化学习热情，红色教育场地、活动方式不结合时代发展加以创新或自我更新，会使得红色教育"破圈"更加困难，更难以在大众学习热情高涨的时刻"趁热打铁"。

调查结果显示，虽然选择参观革命圣地、游览革命纪念馆的受访者占比90.29%，但还有很大一部分受众希望以线上、自媒体、知识竞赛等新颖的方式扩充革命精神宣传方式的多样性与趣味性。而目前，这些新形式的红色精神宣传并没有普及到学校、公司、组织，只存在于小范围的班级线上班会、公司会议以及团队知识竞答活动中。

二、当下红色教育实施中存在的不足

尽管当下红色教育活动在全国范围内开展得如火如荼，各地竞相深入挖掘当地红色资源，争相吸引游客前往，但依然很少看到类似侵华日军第七三一部队遗址这样爆火"出圈"的现象。相关部门下了一番苦功夫，但效果甚微，需要重新研判当下受众所期待的红色教育形式，重新"定方向、再创新、促发展"。

（一）实践场地形式单一、设施落后、内容有待完善

经过实地走访与考察，研究者认为昌平革命历史纪念馆整体设施全面，但还需在互动、多媒体、展品介绍这几个方面着重加强。

其一，展区开放十分有限。昌平革命历史纪念馆展品丰富，观展逻辑清晰，但在我们的考察过程中，除了抗战路线显示的互动展区之外，其余互动展区均为关闭状态，不对外开放。十分有限的展区导致"千里迢迢"来此的游客参观游览、感悟沉思的时间甚至没有赶路的时间多，这十分打击参观者的学习热情。

其二，展馆形式单一。昌平革命历史纪念馆有多处多媒体设施处于关闭状态，使得整个展馆的大部分展位以实物展品、蜡像场景还原为主，形式较为单一。缺乏与游客的互动，全程由参观者自主参观，难以切身实地地走入峥嵘光辉的革命历史。

其三，介绍内容简单。展品名称介绍较为清晰，但缺乏详细介绍，每件展品的告示牌上只书写展品名称，并未告知观展人员其功用、来历、背景故事，这导致观展效率有所下降。同时，使得参观者对于昌平革命历史了解程

度不高、印象不深刻、感悟不到位,在文化次传递的过程中很有可能出现偏差。

在这种情况下,参观者很难深层次了解历史真实情况,也难以形成深刻认知,使得实际参观效果不好。[1]

(二) 实践教学本身的形式化、僵硬化和轻视化

绝大多数红色教育的实践活动是下级部门按照上级组织的通知、文件开展,而非主动将红色教育资源和实践教学结合起来,这导致组织实践教学的高校、部门等只是浮于表面,应付差事,只为了"走过场",而"没深度",让原本可以发挥极佳育人功能的红色教育形式主义成风。[2]

久而久之,形式主义下的红色教育研学实践化身成为一桶固化的水泥,形成了所谓的"固定模式,严格流程",进一步导致红色教育的内容与形式缺乏吸引力,举办的全都是老掉牙的模板活动,不敢创新,也不会创新。

当红色教育研学实践成为流水线工作:上级通知—下级组织—声势浩大—遵循前例—走流程—留存记录—结束。当代中国绝不需要"浮光掠影"式的红色教育,当代中国需要的是"一石激起千层浪"的红色教育。

(三) 受众群体自身对于红色教育意义感受不足

由于实践场地本身缺乏吸引力、实践教学本身思维固化导致受众群体对红色教育的价值与意义存在偏差,以为红色教育是形式主义、应付差事,导致不少大众听到红色教育就非常抵触,甚至排斥。[3]即使部分大众对红色教育活动有一定的兴趣,也在千篇一律、程序繁琐、形式写作等所谓的"传统教育"中消失殆尽。这一问题的出现不是一蹴而就的,而是问题不断积累后产生的漏洞。

---

[1] 参见金鑫:《博物馆群红色教育资源应用于高校学生实践活动研究》,载《科教导刊》2021年第33期。

[2] 参见徐正兴:《高校红色教育的困境分析与优化策略》,载《常熟理工学院学报》2017年第5期。

[3] 参见杨甜:《关于高校思政课融入红色文化教育的路径探讨》,载《佳木斯职业学院学报》2020年第3期。

三、如何更好地在实践教学中进行红色教育

结合实地调研与深度访谈，以及研究团队所发现的共性问题，本文将从以下两个方面提出切实可行的建议。

(一) 红色教育实践地

第一，外部形式上——智能融合：让新科技赋予新活力。

智能媒体是包括权力媒体、网络媒体、大数据、人工智能、虚拟现实等可以延伸人类意识的媒体。智能媒体平台的用户普遍年轻化、互动性强、娱乐化，日活跃性很高，将红色教育有效、合理地融入网络平台，而非生搬硬套，可以突破时间和空间的二元壁垒，使得大众群体可以"云参观""云感受"，让受众者在体验新鲜科技的同时也接受红色文化的渲染与熏陶。[1]

第二，内部内容上——深度互动：成为大众群体的朋友。

即使再高新的技术，内容老套，红色教育仍然无法"破圈"。只有真正有趣、高质量、新颖的内容才是红色教育实践基地可以源远流长的根本，外部形式是锦上添花，内部内容才是"源头活水"。

红色教育需要迎合大众群体的思想特点、行为模式和心理需求，把握大众心理趋向的命脉，结合大众喜闻乐见的内容，如国风文化、游戏文化、美食文化、动漫文化等，在保证红色教育不失真、不失质的同时，创新出丰富多彩的红色文化，打造独特的红色教育圈。站在人民群众的角度，看看人民群众真正需要的是什么。

(二) 实践教学组织者

第一，组织活动的初衷：提高全员思想认识。活动组织者应明确红色教育实践不是纸上谈兵，更不是泛泛而谈，要充分认识到实践教学的价值和功能，将红色教育落到实处。开放思想，打破传统，杜绝形式主义，强化组织部门思想认识，从根本上重视起来。

第二，组织活动的要求：建立健全制度保障。研学实践的成功组织离不开各部门的努力，要求组织者密切协调各部门，有机配合、互帮互助。策划

---

[1] 参见赵志颖：《新时代高校红色教育智能媒体传播路径选择》，载《新西部》2022年第8期。

部要推陈出新，因地制宜，亲身体验，提前试验；实施部要统筹安排，做好对接，注重质量，保证安全；后勤部要做好服务，整理善后；监督部要科学评估，理性评价。[1]

知行感悟

当今世界正经历百年未有之大变局，伴随着社会结构、文化模式、价值观念的深刻变革，各种思想层出不穷。倘若红色教育流于形式、浮于表面，我国国民的国家情怀、民族精神很有可能出现动荡，在"世界思想"洪流中受到影响。只有深入实地调查，广泛了解人民大众对于红色教育的想法与需求，切实具体的改革才能指引我国国民正确有效地抵御各种错误思潮的侵蚀，夯筑起坚实的爱国主义思想壁垒。只有民族团结、社会安定，才能实现国家富强，才能继续"风景这边独好"，才能实现中华民族伟大复兴！

---

[1] 参见文志军等：《高校红色教育中现地教学模式的实践研究》，载《教育教学论坛》2023年第12期。

共同富裕先行地多产业发展的现状和思考

基于对台州某一市二县三区的暑期调查研究

"学调阡陌"实践调研团

张　冉　彭卓尔　马昕怡　陈美晴　冯千源

【摘　要】 产业结构优化与产业规模扩大，是推动共同富裕的重要抓手。文章通过分析台州市自然条件以及产业发展现状，并结合实地调研经验，将台州市以民营企业为支柱、第三产业为主导的产业格局形成，以及小微企业健康发展、高新产业起势腾飞的产业发展良好前景之中可资借鉴的经验归纳如下：依托政策扶持、司法保障发展小微企业，发挥人才返乡、榜样引领作用赋能创业创新，通过文化积淀与发达交通系统打出品牌效应，因地制宜发展农业与旅游业，进而实现政治进步、文化兴盛、经济发展、社会文明、环境优美的多方面共同繁荣。

【关键词】 共同富裕　产业转型　旅游业　"三大板块"　民营企业

北临富甲天下的沪宁平原，东面沟通世界的万顷东海，西括峰林耸峙的莽莽群山，山海交融的地理环境决定了浙江省自古以来就是一个兼有陆地与海洋双重文化禀赋的省份。这一特殊禀赋造就了现在独特的浙江——一个产业现代先进、城市适度发展、乡村和谐美丽、自然生态良好、人民生活幸福的高质量发展建设共同富裕示范区。

2021年5月20日，《中共中央、国务院关于支持浙江高质量发展建设共同富裕示范区的意见》指出"浙江省在探索解决发展不平衡不充分问题方面取得了明显成效，具备开展共同富裕示范区建设的基础和优势"，并且强调"支持浙江高质量发展建设共同富裕示范区，有利于通过实践进一步丰富共同富裕的思想内涵，有利于探索破解新时代社会主要矛盾的有效途径，有利于为全国推动共同富裕提供省域范例,有利于打造新时代全面展示中国特色社会主义制度优越性的重要窗口"[1]。

而位于宁波—温州两大城市区中的台州市,可以说是浙江省地理条件的微缩:山海相依、城水相宜;同时,台州市自身拥有"全国少有、浙江独有"的组团式城市特色,是一个不折不扣的"山海水城""和合圣地""制造之都""港湾都市"[2]。总之,台州市既微缩了浙江省的总体特征又富有浙东地方特色,调研亮点集中且丰富,这也是我们最终选取台州市作为我们调研目的地的重要原因。

一、台州市自然环境与产业概况

(一) 自然环境

台州市位于浙江省东部,东临东海,北抵宁波,南接温州,西及金华。地势由西向东倾斜,椒江穿市而过。除临海的椒江、温岭、路桥诸区多平原外,其他地域均以山地、丘陵为主,且平地零散破碎,形成了"七山一水二分田"的格局;台州市海岸线长约740公里,有岛屿928个,海岛岸线长约941公里,岛陆域面积约273.76平方公里。主要岛屿有台州列岛和东矶列岛等。气候为亚热带季风性气候,降水量大,集中于夏秋,同时多台风。山地森林覆盖率高,发展有多种经营;山间云层高度低,多见茶树以及柑橘、桃。矿产资源主要为非金属矿产,其中建筑用石料、萤石、铅锌为优势矿产;金属矿产仅仅在天台县有银铅锌矿开采,开采量呈逐年下降趋势。

(二) 产业概况

台州市拥有独特的产业及产业链。台州市是股份合作经济的发祥地,是民营经济最活跃的地区,浓缩了改革开放中国制造业成长发展的历史。如今,台州市正加快推进创新示范建设、小微金融改革、五大千亿产业集群构建,演绎着"中国制造的台州品牌、全球制造的台州产品"的崭新传奇。

工业:以重工业、小型企业为主,通用设备制造业、医药制造业、橡胶

---

[1] 参见《中共中央 国务院关于支持浙江高质量发展建设共同富裕示范区的意见》。
[2] 参见《台州市人民政府办公室关于印发台州市城市总体规划(2017—2035年)编制试点工作方案的通知》。

和塑料制品业产值增加快；在细分领域则以汽车整车制造业、零部件、配件制造产值多。台州市正在建设五大产业集群：新能源（三门）、新材料（台州湾）、医药健康（临海）、未来汽车（路桥、温岭）、精密制造（温岭、玉环）。

农业：台州市的种植业非常发达；仙居、天台等地的茶，黄桃、蜜橘多有出产，且有相当多的乡镇企业参与统购统销；多以经济作物种植为主，因地制宜发展生态农业。

旅游业：拥有高山、瀑布、海岛等多彩的自然景观、丰富的文化底蕴以及历史积淀赋予其丰富的人文盛景。全市拥有大陈岛、长屿硐天、临海古城、天台山、国清寺，神仙居等知名景点。

医药业：台州市依托丰富的自然资源开发健康产业。仙居县，作为浙江省首个县域绿色化发展改革试点县，正在大力推进养老服务体系、医疗器械产品、制药产业的"医养健"三大板块的发展。

二、实地调研所见及资料分析

支撑台州市经济发展的重要支柱是数量众多的民营企业。在实地调研中我们发现，台州市的工业企业不仅容纳了本地就业，更吸引了大量外来务工人员。规模庞大的基础制造业以及附加值高的高新产业，为庞大产业链条上的170多万人民群众提供了基本收入，为共同富裕提供了坚实保障。

台州市近年来第三产业的GDP以及从业人数占比增加非常之快，道路产业2021年已经超过了第一、第二产业，产业结构正在向发达经济体靠拢。在临近天台山景区的天台县石梁镇与赤城街道的调研中，我们注意到从事相关旅游产业的从业者大多为本地人，而且在村中能人的带动下，整村整户地改造自家多余房屋为民宿、商店、饭店，政府也针对当地民宿出台了众多扶持政策。在这种情况下，一户普通的当地家庭，不必有人外出打工，也不必负担在大城市购房购车的开销，依靠一对夫妻的劳动力，也能每个月轻松拿到2万元的收入（来自对当地多区县网约车司机的询问）。以当地的物价水平来说，这完全能够支撑一家过上较为富裕的生活。

台州市农村还有一大特征："一村一品"。几乎每个村都有自身的特色产业以及相关的乡镇企业。以天台县石梁镇为例，它拥有知名度较高的"天台山云雾茶""天台红"手工红茶等国家地理标志产品,依托品牌效应,全镇大力发展茶叶种植,尤以华顶山附近的双溪岙头地区为甚。穿越海拔700米不到的山区云层,就可以看见道路两旁平缓的坡地上都种植有茶树。在产业链上,种植、采茶阶段多由农户自行组织,村集体主要进行茶叶统购统销,乡镇企业则负责茶叶精加工以及对接市场销售的工作。完整的产业链条以及过硬的产品质量,让乡镇拥有了更高的市场定价话语权,让产品拥有了更高的附加值,更增加了当地广大人民群众的收入,为共同富裕奠定了经济基础。

除了惠民助民相关政策外,台州市的法治建设也是当地能实现共同富裕的重要保障。在进入临海市检察院的调研中,我们了解到浙江省近年推进的智慧法检数据库建设的重要作用:法院、检察院、公安系统的数据库实现了互通,当遇到疑难案件时,三方能通过"撞库"即通过大数据比对各不同系统的相关信息找出相关案件的蛛丝马迹,勾勒出案件的大致面貌,最终剥去迷雾,找到幕后黑手。为了解决"因案致贫"问题,检察院推进司法救济,即通过专门的财政资金对口救济司法案件当事人,满足其诉讼需要以及必要的生活开销。[1]同时以1+N方式,联动其他部门,为当事人提供造血式救助,将司法救助融入国家救助体系大格局;在保障小微企业这个关系千家万户生活的问题上,台州市走在全国前列,积极探索简式合规制度,实现对小微企业轻微违规"整改后不予处罚",既减少了小微企业的司法负担,又彰显了法律的温度,发挥了法律的引导教育作用,实现了公共利益与柔性管理的结合。

台州市同时是一个文化圣地。除了驰名中外的佛道圣地天台山,仙道文化的精粹神仙居,台州市还是一个红色文化的热土。当解放战争进入尾声,盘踞在浙东岛屿的国民党军队成为大陆周边最后的反动势力之一。为实现祖国的完全解放,新生的人民空军和人民海军发动了我军历史上第一次三栖联合作战——一江山岛战役,成功解放了一江山岛,打开了我军进攻浙东国民党军队盘踞的总巢穴——大陈岛的路线。在我军的威压下,国民党军队被迫从大陈岛撤至台湾地区。但是,凶残狡诈的敌人在撤退时诓骗大陈岛上15 000名群众与其一同离开,并彻底毁坏了岛上所有的基础设施,妄图将大陈岛变成一个毫无用处的废岛。然而,英雄的台州市人民毫无畏惧,在1956年和1960

---

[1] 参见《浙江台州:"1+N"模式合力推进司法救助工作》,载https://www.spp.gov.cn/spp/dfjcdt/202205/t20220510_556456.shtml,最后访问日期:2024年3月1日。

年4月，前后共有5批467名来自温州市、台州市的青年志愿垦荒队员响应团中央"建设伟大祖国的大陈岛"的号召，陆续上岛安家落户，参与大陈岛垦荒建设，默默奉献数十载，硬是把荒无人烟的大陈岛变成浙东海上一颗璀璨的珍珠，用青春和汗水孕育了"艰苦创业、奋发图强、无私奉献、开拓创新"的大陈岛垦荒精神。2006年，时任浙江省委书记的习近平亲自登岛考察并看望老垦荒队员；2010年、2016年分别给老垦荒队员及他们的后代回信。总书记充分肯定大陈岛垦荒精神，嘱托要大力传承弘扬大陈岛垦荒精神，为实现中国梦贡献力量。

三、台州市的经验

那么，台州市能实现共同富裕的发展密码究竟是什么呢？这些宝贵经验又有哪些能为其他欠发达地区实现共同富裕助力呢？我们认为有如下三点：

1. 敢打敢拼，勤思好学，吃苦耐劳的台州人民是发展的最大财富

北部的天台山与南部的雁荡山决定了台州市与浙江省内陆的联系永远不会简单，而滚滚向东的椒江更是将台州人的目光引向了广袤的海洋。"七山一水二分田"的格局决定了在农耕社会，台州人很难向土地讨生存。在活下去这个原动力的驱动下，千百年来，无数的台州人要么跨过临海，沿着狭窄的驿道北上；要么沿着椒江，顺着海流奔向浩瀚的大海。蓝色的大海、未知的远方、无限的可能，给台州市打下了浓厚的海洋文化、商业文化的色彩，也塑造了台州市人民敢于进取不怕困难的性格。在我们的调研途中，也接触了许多具有这种精神的台州人。现在熙熙攘攘的天台山大瀑布景区，在旅游开发之前也只不过是一个平平无奇的台州小农村。但当地村民不肯世世代代束缚在土地上，或跨市跨省寻找商机，或赴临近县镇互通有无；仙居县白鹤镇，从前是远近闻名的穷村，缺粮少地；可当地人民远不满足于贫困现状，乡间自行组织前往号称"袜都"的诸暨学习当地的制袜经验。学不到先进技术，就拿诸暨袜厂的次品进行钻研，对废料进行再加工赚取启动资金。在几十年的积累与不断创新下，白鹤镇也成为闻名遐迩的新"袜都"，人民生活水平从贫困跨越到富裕。我们还遇到了创业半途突遭变故，通过开网约车攒钱重来的司机；白天上班晚上跑车补贴家用的公务员……诸如此类，不可胜数。

2. 发达的交通设施是发展的基础

无论是调查问卷还是在实地调研中,我们都注意到了台州市发展提速的一个重要时间点:2008年。这一年发生了什么呢?环东南沿海高速铁路台州段开通。高铁的开通,意味着台州市与上海市、杭州市、宁波市这三个巨大市场区的通勤时间被压缩到了2个小时之内,这让上海到台州周末一日游成为可能。在庞大客流的带动下,原来的穷山恶水转眼间变成了金山银山,相关景区设施拔地而起,进而带动的产业以及创造的就业岗位更是数不胜数,人民群众也因此顺利步入共同富裕。

3. 传统文化底蕴的挖掘是发展的精神支柱

台州市历史文化悠久,尤以"仙道"佛教天台宗为特色,而到了近代则有丰富的红色文化。改革开放以来,与其他许多地区普遍存在的轻视精神文化建设情况不同,台州市地方早就布局保护国清寺、临海古城等宝贵的文化遗产,挖掘佛道共生的和合文化,弘扬以垦荒精神为代表的红色精神。超前布局给予了台州重要的优势:尽早进入市场,尽早形成产业,尽早形成品牌。品牌形成标志着台州形成了稳定的客流,带来的消费为居民收入提供了稳定的保证。

四、调研总结

我们认为,台州市的发展历史对其他地方形成共同富裕的借鉴意义在于:第一,"共富先富智、富志":积极发挥榜样作用,鼓励能人积极分享致富经验,带动发展乡村企业,实现共同富裕;第二,鼓励外出青年回乡创业,破除沉疴为创业、投资提供政策上切实的便利,以新鲜血液推动地方民风转变;第三,抓住国家基础设施建设的契机,争取重要骨干线路与地方形成密切联系;第四,产业发展前期充分进行目标市场调研,争取产业方向切入市场需求空白范围;第五,深入挖掘当地文化历史,寻找文化特色禀赋,为相关产业发展提供可以发掘的丰富资源。

知行感悟

实地到访台州市的各个区县,我们直观地了解到了台州市的自然环境、人文特色;与当地的劳动人民交流讨论,我们更加深入地理解台州市发展背后政策的支持、因地制宜的智慧和人民群众的拼搏精神；向相关司法部门的人员请教，我们体会到了法治建设对台州市发展的重要保障作用……结合实践过程中的所见所闻和产生的疑问，我们对相关资料进行了进一步的搜集，完成了本篇文章的撰写，过程中我们重新回顾整理了前期的调研成果，也从中获得了对台州市实现共同富裕更为宏观、深刻的印象和理解。

新中国成立前后北京市蔬菜供销工作

供销合作社调研团　王子彧

【摘　要】 中华人民共和国成立后，随着经济的恢复与发展，北京市人口数量不断增多，北京市蔬菜供销存在供应不足、季节性短缺、某一蔬菜品种滞销等问题。为解决蔬菜供销过程中存在的问题，响应"为首都服务"的口号，北京市委、市政府对于蔬菜供销政策不断进行改革，整顿"菜霸"，实现自由经营，国家逐渐将蔬菜业纳入国家计划经济轨道。

【关键词】 "统购统销"　供销合作社　个体菜贩　场外交易

引　言

蔬菜是居民日常饮食消费中的关键要素，直至今日解决"菜篮子"问题仍是国家关注的重要议题。因此，关于蔬菜的产供销问题也是学界研究的热点，既往已有部分学者予以了关注。这些研究可以分为以下几类：一是聚焦改革开放后，国家推行"菜篮子"工程后蔬菜产业发展现状及对策建议，偏重政策分析，对于蔬菜产业发展的宏观发展脉络把握不够[1]；一是聚焦于某一时间段某一特定区域的蔬菜产供销情况，以蔬菜产业为样本反映新中国成立初期城市经济体制改革历程，描绘郊区在城市经济中扮演的重要

---

[1] 相关研究可参见黄宗智、彭玉生：《三大历史性变迁的交汇与中国小规模农业的前景》，载《中国社会科学》2007年第4期；杨为民：《中国蔬菜供应链结构优化研究》，中国农业科学院2006年博士学位论文；杨顺江、彭鹰：《中国蔬菜流通模式构建：一个比较分析的启示》，载《中国农村经济》2004年第4期；等等。

角色，[1]对于笔者具有较大的启发性，但研究主要是对蔬菜的调剂、运输、销售环节进行宏观描述，忽略了其中供销合作社、私营菜商、农民不同主体之间的互动过程。鉴于此，本文拟以档案为基础，结合报纸、《北京志》等相关资料，梳理1949年~1952年间北京市蔬菜产业政策的演变历程，考察在此背景之下不同主体的生活状况及互动关系。

一、变革前奏：民国时期的蔬菜市场

"好马赶不上青菜行"，这句话是近代北京菜贩群体口口相传的一句行话，充分反映了瞬息万变的蔬菜价格。民国时期的北京蔬菜行业由牙行所垄断，菜市由经理人（牙人）所掌握，每个菜行大约拥有二三十人，分别担任"拿秤的""写账先生""二掌柜""伙计"的角色。每天早上四点菜市开市，来自各地的蔬菜运抵菜市后，菜行伙计协助农民将蔬菜摆列代售，但农民并不直接与零售商、小贩对接，而由居间牙人居间仲卖，成交后由买方支付牙人佣金（约20%），再由坐商或小贩售出。

居间性会员现共有39户：计广安市场15户、天桥人民市场8户；阜外月坛8户、西直门外船坞4户；朝阳、东直、安定、德胜门外各1户。39户从业人数共822名。[2]新中国成立前的蔬菜批发市场几乎被39个蔬菜牙行所垄断，牙行用拦购截购等手段收购蔬菜，如南苑富丰庄高圣亭用大车装载茄子来，在车场由售卖，正在入场之际，突有旧纪，李鸿宾横卧车道，挡住货车，强迫高圣亭至伊处售货，并多方辱骂[3]。在牙行的压榨下，农民苦不堪言，为了反对牙行垄断菜业及争回菜贩任客投主自由的权利，北平菜农组成了菜业合作社来对抗牙行，两者围绕取消牙行专卖制度发生多次冲突，然而这一状况仍然持续到新中国成立前。

民国时期居民购菜主要是从油盐店和小菜贩手中购入。油盐店会设置专

---

[1] 参见蒋渊：《建国初期武汉蔬菜的产供销（1949—1961）》，华中师范大学2012年硕士学位论文；訾夏威：《1949—1957年杭州的城市蔬菜供应问题及其应对》，载《当代中国史研究》2023年第2期；褚晓琦：《近代上海菜场研究》，载《史林》2005年第5期；等等。

[2] 参见《北京市菜商业公会居间商业调查总结及申请书、调查表》（1950年），北京市档案馆：022-012-00178。

[3] 参见《北平市公安局外五区区署关于菜商李鸿宾互控妨碍营业请讯办的呈》（1930年1月1日），北京市档案馆：J181-021-09807。

门的菜柜,冬天设在店内油柜对面;春夏秋三季则设在店外[1]。每天一早店员就分门别类地将鲜菜摆放在门口货架上。夏秋两季属于蔬菜旺季,有冬瓜、八楞老倭瓜、黄瓜、西葫芦、柿子椒、小尖辣椒、洋白菜等,冬季也有大白菜、心里美萝卜等十数种。[2]"香菜辣蓁椒哇,沟葱嫩芹菜来,扁豆茄子黄瓜、架冬瓜买大海茄、买萝卜、红萝卜、卞萝卜、嫩芽的香椿啊、蒜来好韭菜呀。香菜、芹菜辣蓁椒、茄子扁豆嫩蒜苗、好大的黄瓜你们谁要,一个铜子儿拿两条!"[3]这是相声大师侯宝林所描绘的民国时代北京的菜贩叫卖声。在那个时代北京街头巷尾到处都是挑着担子的菜贩,他们挨家挨户沿街叫卖。每年冬天经营大白菜的小贩,拉双轮车,车上放有五六筐大白菜,每筐四五十斤不等……每棵菜拾掇得干干净净,码放得整整齐齐,菜头都冲一个方向。论筐作价不过秤。[4]两者商定好价格之后,小贩负责将菜搬到买主家中。待买主检查后往往会发现筐内上边是一级菜,而下边则有部分二级菜,但货已售出只能作罢,实在争执不下,小贩也只会让部分价或抹去点零头。

虽然民国时期北京菜类品种之全已经被称为各省之冠,菜类的齐备,已到了无从附加的程度……海外所有的菜,京市是并无没有的。[5]然而,北京大多数赤贫者是"半生不死"的生活程度,全家人口所吃的米面大半是玉米面、白薯、次等小米;少有时买得起青菜吃,不过有少许醃水疙瘩或咸萝卜下饭。[6]这一时期的居民餐桌上普遍缺少蔬菜的身影,且品种单一,常见蔬菜为腌萝卜、酱菜、豆腐、豆芽。若以腌萝卜代表咸菜,豆腐代表豆制品,白菜代表其他蔬菜,则一般家庭一天菜费大约是2分5厘,每年约9元。[7]

二、建构之始:整顿"菜霸",自由经营

新中国成立后的北京,人口迎来了高速增长,从新中国成立前夕的200

---

[1] 参见常春:《旧京油盐店》,载北京市政协文史资料委员会:《北京文史资料》(第48辑),北京出版社1993年版,第197页。
[2] 参见常春:《旧京油盐店》,载北京市政协文史资料委员会:《北京文史资料》(第48辑),北京出版社1993年版,第197~198页。
[3] 参见刘英男主编:《中国传统相声大全》(第2卷),文化艺术出版社2011年版,第412页。
[4] 参见瞿鸿起:《老北京的街头巷尾(二)》,载北京市政协文史资料委员会:《北京文史资料》(第52辑),北京出版社1995年版,第198页。
[5] 参见《晨报》1939年5月15日。
[6] 参见李景汉:《北平最低限度的生活程度的讨论》,载《社会学界》1929年第3卷。
[7] 参见李景汉:《北平最低限度的生活程度的讨论》,载《社会学界》1929年第3卷。

万人到 1959 年的 706 万人，增长了 253%。此外新中国成立以后，为了改善国民营养，增进民众体格，《人民日报》多次发文强调补充蔬菜的摄入量。[1] 在此背景之下人民对蔬菜的需求量急剧增加，与此同时，蔬菜供应严重不足，供求矛盾突出。20 世纪 50 年代初期京郊菜区仅占郊区耕地面积的 3.8%。如此庞大规模的人口，如何解决城市居民日常饮食中的蔬菜供给问题？

1949 年北平解放以后，蔬菜批发市场和批零市场由工商管理局接管，经过改造整顿之后仅留下了 4 个市场。1950 年 4 月，北京市工商局对市场的牙行店栈进行了登记整顿，蔬菜行栈收取的佣金从 10% 减为 6%，并取消回扣制度。[2] 与此同时，根据居民需要新增菜市。由于首都人口的增加及人民生活的提高，城市蔬菜消费量随之增长，因此市场交易日趋扩大，原有菜市逐渐难以满足日益增长的人民需求，需要对其加以改造。以广安门地带为例，广安门是本市蔬菜、白薯及一部分季节性瓜果交易集市之地，人潮攒动、热闹非凡。但是地面突狭，难以容纳现在的上市量[3]，加上人流量过大导致的车辆拥挤及腐烂蔬菜垃圾过多清除不及时等问题，广安门市场难以回应现实发展的需要。成立新的菜市场刻不容缓，于是 1952 年北京市政府在广安门建立土产蔬菜菜市场，将原有的广安菜市场、广安门外自由菜市、白薯市场、季节性瓜果市集中一起，结合业务经营有计划地组织土产蔬菜的推销，保证城市的供应。在乡村设立菜市商业局。由于蔬菜产业运输条件要求较高，临近菜田的地区往往会自发形成自由菜市，如牌坊村、小红门村、十八里店村、吕家营村委菜田区，每年在菜蔬成熟期向菜区农民聚集在此 4 个村中，指定茶馆作为菜蔬交易市场，买方约有七八百户市内菜行商人，每日到此采购而自由菜市下并没有规范的交易准则，也无具体定价，买卖双方容易滋生纠纷。于是，北京市在此取消了原有集市，遴选附近村镇工商、财税干部、园户代表及交易员代表成立市场管理委员会，进行管理。设置标准秤，做到童叟无欺、双方满意，准备棚厩，放置货物和车辆，方便买卖双方交易。

---

[1] 参见《人民日报》1949 年 8 月 30 日，第 5 版的《漫谈营养科学》；1949 年 8 月 30 日，第 5 版的《如何改进人民营养》。

[2] 参见北京市地方志编纂委员会编著：《北京志·农业卷·农村经济综合志》，北京出版社 2007 年版，第 215 页。

[3] 《关于建立广安门外菜市场问题北京市工商管理局向市府都市计划委员会的报告、市府的批复及有关建场工作的各种材料》（1952 年 8 月），北京市档案馆：022-010-00423。

1951年11月5日北京市彻底改革蔬菜市场中的牙贴封建制度，逮捕了5名"菜霸"。[1]北京市供销合作社和零售公司在天桥、广安门、阜成门等菜市场设立菜站，直接经营批发业务，但比重较小，蔬菜批发业务仍主要由私商经营。牙行封建制度就此取消，蔬菜市场走上了自由经营，多渠道购销的轨道。

三、浪潮之巅：推行产销结合合同制

由于城市经济的恢复与发展，人们对于蔬菜、瓜果等商品的需要不断增加，商品作物种植面积不断增长，1949年全郊区棉花、花生、蔬菜、白薯、稻等只种19 196亩，占郊区耕地总面积的17.4%；1953年扩大到321 452亩，占郊区耕地总面积的29.2%。[2]由于蔬菜生产具有受市场价格影响大、生产投资大、技术要求高等一系列特点，蔬菜是人民餐桌上必不可少的食物。为了加强蔬菜生产的计划性，避免盲目生产，1952年郊区工作委员会指出，菜区特别要着重结合供销，以解决蔬菜的计划生产及销路问题。[3]大力推进产销结合，京郊12 043个互助组中20多个与供销社订立了合同。[4]

尽管由于合同的粗陋与供销社的执行失误，可能使农民利益受损，如1952年殷维臣农业生产合作社烂掉了3万斤土豆、2万斤茄子，损失总值1000万元。[5]但产销结合制在保障蔬菜供应、稳定市场价格方面具有的独特优势是自由经营不可比拟的，此后北京市委不断推广产销合同制，1953年提出供销社要与生产社、互助组订立产销合同，负责蔬菜的推销工作[6]，1954

---

[1] 参见周一兴主编：《当代北京大事记（一九四九—二〇〇三年）》，当代中国出版社2003年版，第44页。

[2] 参见《土改完成两年来京郊农业生产的伟大成就》（1953年），北京市档案馆：002-005-00096。

[3] 参见《北京市人民政府郊区工作委员会关于1951年京郊生产互助工作报告》（1952年1月5日），载《北京市重要文献选编（1952）》，中国档案出版社2002年版，第25页。

[4] 参见陈水乡、魏巍编著：《北京市农民合作经济发展历程》，中国农业出版社2016年版，第88页。

[5] 参见《中共北京市委农村工作委员会办公室关于殷维臣农业生产合作社总结》（1952年4月29日），载《北京市重要文献选编（1952）》，中国档案出版社2002年版，第770页。

[6] 参见《北京市郊区统购统销办公室关于京郊农村中进行国家过渡时期总路线的宣传及粮食统购统销工作的基本情况和今后任务的报告》（1953年12月31日），载《北京市重要文献选编（1953）》，中国档案出版社2002年版，第691页。

年春,全面推行产销结合合同制,至 7 月底市区供销合作社已与 4 个农场和 151 个农业生产合作社订立了产销结合合同[1],将国营农场、农业生产合作社等国营蔬菜生产机构与供销合作社国营销售组织相结合,由供销社收购包销,如北京市海淀区东冉村远大合作社与 5 个生产大队签订包工包产合同和海淀区供销合作社签订产、供、销结合合同,保证全年供应首都蔬菜 814 万斤。[2] 合同的形式可以分为两种形式,一种是"随市价包销",根据当日的市场价格分级评价,由合作社收购,然后由生产者赋予供销社 5% 的商品流转费用,采用这种形式的合同有 154 份;另一种是"定价包销",以每种蔬菜的生产成本加 30% 的利润,计算出每斤蔬菜的平均单价,这种合同只与国营彰化农场试订了一份。[3]

通过产销结合合同间接地指导农业生产,满足国家的物资需求,扶持了农业生产的发展,激发了菜农生产互助的积极性,使蔬菜价格趋于稳定 1954 年京郊黄瓜因受冰雹影响和"跑马乾"病害的侵袭,减产 2/3 左右,但市价始终能控制在每斤 1300 元以下[4]。节日期间供销社提前与合作社约定加倍送菜,丰台区白盆窑乡生产合作社就由每天送 4000 多斤韭菜,增加到 8000 斤。在小萝卜刚收获时,一天就送了 60 000 把[5],满足市民节日需要,稳定菜价。然而签订合同并不能改变菜农经济人属性,一些农业生产合作社仍然以市场为导向,安排生产,更愿意种植西红柿、早熟大白菜等"热货",导致一些品种的蔬菜的生产超过计划产量,如 1955 年 5 月出现小白菜、菠菜过剩[6],菜蔬公司蔬菜积压,农民赔本。

习近平总书记指出,我们党的历史反复证明,什么时候理论联系实际坚持得好,党和人民事业就能够不断取得胜利;反之,党和人民事业就会受到

---

[1] 参见《市委农村工作部关于蔬菜问题的报告、社论》(1954 年),北京市档案馆:001-014-00240。

[2] 参见《海淀区远大农业生产合作社通过生产计划,并向该区各兄弟社提出春耕生产竞赛》,载《北京日报》1955 年 3 月 10 日,第 2 版。

[3] 参见《市委农村工作部关于蔬菜问题的报告、社论》(1954 年),北京市档案馆:001-014-00240。

[4] 参见《市委农村工作部关于蔬菜问题的报告、社论》(1954 年),北京市档案馆:001-014-00240。

[5] 参见中共北京市委党史研究室、中共北京市委农村工作委员会、北京市档案馆编:《北京农业社会主义改造资料》(下册),中国社会出版社 1991 年版,第 21 页。

[6] 参见《请认真贯彻秋季蔬菜生产计划》,载《北京日报》1955 年 7 月 21 日,第 2 版。

损失，甚至出现严重曲折。历史研究法就是要在大量充分地占据历史资料的前提下，对史料进行归纳和梳理，发掘出其中有价值的史料或线索。要深入研究北京市蔬菜供销政策的转变过程，既要将其放置在"消费城市向生产城市"转型的宏观历史背景下观察，又要结合北京市自身独特因素如品种较少、商品化程度低，才能对事物发展的全貌有准确的了解与评价。

知行感悟

此次社会实践活动当中，笔者前往北京市档案馆进行2个月有关档案查阅工作，查阅了1949年~1962年《人民日报》《北京日报》的相关报道、对代表性专家学者的研究成果进行了收集整理，这些工作为研究的开展提供了直接的学术指导和坚实的实践基础。

探究确定遗失物拾得人报酬请求权的合理性

"薪法相传" 实践调研团 郭 蕊

【摘　要】拾得遗失物是生活中常见的现象，我国《民法典》[1]对其作出了相应的规定，但是关于遗失物拾得人的报酬请求权问题，我国《民法典》并没有作出规定。确定遗失物拾得人报酬请求权是世界各国立法的趋势，我国历史上也有相关规定，我国不少专家学者对其持支持态度。本文从制度现状、我国没有确定的原因、确定的必要性三个角度，对确定遗失物拾得人报酬请求权的合理性进行探讨。对于完善我国遗失物拾得制度、解决遗失物拾得中的矛盾冲突，确定遗失物拾得人报酬请求权有其重要意义。

【关键词】遗失物制度　拾得人报酬请求权　合理性

遗失物拾得人的报酬请求权是指拾得人在将其所拾得的遗失物返还给权利人时，能够要求权利人向其支付一定比例报酬的权利。从1986年颁布的《民法通则》[2]开始，我国就规定了有关拾得遗失物的制度，拾得遗失物制度帮助确立了遗失物物权归属、明确权利人和拾得人的权利义务关系，从而达到定分止争、物尽其用的作用。当今世界各国对于拾得遗失物制度的主要立法趋势是确定拾得人的报酬请求权，例如，日本、德国等国建立了比较先进的遗失物拾得制度，规定拾得人报酬请求权以保护其合法权益，也大大增强了拾得遗失物制度的可操作性[3]。我国《民法典》物权编有关拾得遗失

---

[1] 全称为《中华人民共和国民法典》。
[2] 全称为《中华人民共和国民法通则》。
[3] 参见岳强：《我国遗失物拾得制度之重构》，载《新西部》2017年第31期。

物制度中却并没有规定遗失物拾得人的报酬请求权，这是我国遗失物拾得制度的一大缺陷。是否应当确立拾得人报酬请求权在我国民法领域是一个争议较大的问题，不少专家学者对于赋予拾得人报酬请求权持支持态度，如梁慧星、王利明等知名学者，对于如何构建拾得人报酬请求权制度也提出了一定的设想，下面从三个方面探讨确定拾得人报酬请求权的合理性。

一、国内外的制度现状

(一) 外国遗失物拾得人报酬请求权制度

关于是否确立报酬请求权存在两种传统立法体例，一种是以古罗马法为文化传统的不支持报酬请求权的立法体例，侧重于保护失主对丢失物的财产所有权，《美国财产法》规定拾得人对遗失物的占有权无权对抗物品的所有权人，虽然没有确定遗失物拾得人的报酬请求权，但是确定了其对遗失物的排他占有权；另一种是深受日耳曼法影响的支持拾得人报酬请求权的立法体例，比如瑞士、德国等，《瑞士民法典》第722条规定拾得人将遗失物交还给失主时，依法享有获取必要费用和酬金的权利，《德国民法典》第971条亦规定了遗失物拾得人请求失主向其支付报酬的权利。法国则采取相对折中的方法，遗失物拾得人在满足一定条件的情况下可以取得遗失物的所有权；虽然《苏俄民法典》并未规定遗失物拾得人的报酬请求权，但是《俄罗斯民法典》放弃了这种做法，规定遗失物拾得人享有报酬请求权和附条件取得遗失物所有权的权利。从整体上来看，对于遗失物拾得人的报酬请求权绝对大多数国家都是持支持态度[1]，这也是世界各国和地区立法的主要趋势。

(二) 我国关于遗失物拾得人报酬请求权的法律规定

我国遗失物制度主要的法律渊源是《民法典》物权编第九章所有权取得的特别规定，其中明确了拾得人和权利人的权利义务关系。拾得人的义务主要有返还遗失物、通知权利人或送交公安机关等有关部门、妥善保管遗失物、承担因故意或重大过失造成的遗失物毁损灭失责任等，权利则仅限请求支付必要费用（不包括报酬）、请求权利人履行承诺的义务，而且这些权利受到严

---

[1] 参见蓝子君：《遗失物拾得人的报酬请求权研究》，华东政法大学2021年硕士学位论文。

格的限制，一旦拾得人有侵占遗失物的不当行为，其所享有的权利就会丧失。按照《民法典》的规定，即使拾得人因为拾得遗失物、保管遗失物、返还遗失物付出一定代价，从而向权利人请求其支付一定的报酬，虽然这一请求在情理上是合理的，但是权利人可以《民法典》并未规定这一义务为由拒绝拾得人的请求。从这里我们可以看出，拾得人的权利义务其实是处于一种相对不对等的状态，负有较重的义务而享有受严格限制的权利。

早在西周时期，就有制度规定遗失物拾得人拾得财物返还时可以从失主那里领取一定的补偿金，与之相似的是汉朝也有类似规定，明律明确遗失物拾得人有获得遗失物50%价值的报酬的权利，清末的《大清民律草案》规定遗失物拾得人依据法令的特别规定可以取得遗失物的所有权，所以我国历史上有关遗失物的规定总的来说符合世界潮流——拾得人享有请求报酬或者有限制地取得所有权的权利[1]。

二、我国为什么没有确定遗失物拾得人报酬请求权

（一）直接原因

1978年我国开始恢复法学教育，因为"文革"时期法律事业遭受重创、百废待兴，所以我国只能借鉴外国已有成果，大量翻译、出版域外的法学教材和著作，尤其是苏联和东欧社会主义国家的，《苏俄民法典》对于我国的民法具有很深的影响。苏联民法并未规定遗失物拾得人报酬请求权，受其影响，我国1986年颁布的《民法通则》也并未规定遗失物拾得人的报酬请求权，《物权法》中的遗失物拾得制度从《民法通则》继受而来，《物权法》的遗失物拾得制度编入《民法典》遗失物拾得人的权利义务后没有发生变化，拾得人也就不享有请求报酬权。

（二）道德价值观的影响

"拾金不昧"是中华民族历来所倡导的传统美德，其本义是指拾到金钱或财物不隐藏，不据为己有，这是人人所应履行的义务。虽然其本意也并未否认报酬请求权，但我们往往进行延伸，要求人拾得财物返还后还不要求回报，

---

[1] 参见《论拾得遗失物报酬请求权——兼论〈中华人民共和国物权法〉的缺失》，载 https://china.findlaw.cn/zhishi/a358208.html，最后访问日期：2024年3月1日。

似有对其进行美化的嫌疑,这种不要求回报的观念已经深入大部分人的心中,如果拾得财物返还时要求回报,那么"美德"就受到了玷污;同样地,有观点认为要想实现"物归原主"的目的,发挥"拾金不昧"的道德激励作用,优于依靠"拾得人报酬请求权"的制度督促作用。反映出社会中对于道德的一种错误认知和过分推崇,不充分考虑拾得人为此所作出对自我利益的牺牲,所谓"道德"成了好人的"枷锁"。

(三) 实践考量

前面提到,《民法典》中规定的遗失物拾得人的权利义务是不对等的——义务较为沉重而权利有限,从中可以解读出法律规定其实是不希望人们去拾得遗失物的意思。因为在很多情况下,遗失物不被他人拾得有利于权利人通过自己的方式找回,他人的介入反而有时会加大寻找的难度,例如,一个人将一本很重要的书遗忘在操场的秋千上,发现后马上回去找,却发现书不见了,原来是另一个人出于拾得了这本书,然后通过各种途径寻找失主终于辗转回到权利人手中。如果没有拾得人将这本书拾得,权利人通过回忆回去寻找应该很快就能找回,显然更加经济有效。但是,在实践中的一些情况下,拾得人拾得遗失物是很有必要的,例如,权利人完全不记得遗失的地点或者是可能遗失的地点范围较大,还有如果拾得人不及时把遗失物进行妥善保管,遗失物就会价值贬损甚至灭失,比如前面所举例子中的书正在被雨淋,不拿走就会被雨水浸泡。在两种矛盾的情形中,我们的立法选择了支持前一种。

三、我国建立遗失物拾得人报酬请求权制度具有必要性

(一) 有助于贯彻民法的公平原则

公平原则是民法的基本原则之一,其应有之义是使各人得其应得。关于拾得人的权利我国《民法典》中仅规定了其请求必要费用的权利,这是最基本的、不可缺失的权利,但作为道德上、民法上善意的人,其所得还应包括因其善意行为付出一定的时间精力而得以向权利人请求支付一定报酬的权利,这是符合公平原则的。而现行制度中拾得人和权利人之间的权责关系不对等,拾得人负有较为沉重的义务而享有的权利极其有限,没有规定报酬请求权意味着很多拾得人要为权利人找回遗失物作为,却得不到相应的回报,这是对

公平原则的违反。权责不统一所带来的不良后果可能就是某些情况下会造成拾得人和权利人之间的冲突，拾得人认为自己的付出应当得到一定的回报，而权利人可能会以法律并没有规定其义务而拒绝，法律本来是为了化解矛盾冲突的，却因为制度的不完善可能会激化矛盾。通过规定拾得人报酬请求权能有效平衡拾得人和权利人之间的利益，化解矛盾，符合公平原则的要求[1]。

（二）有助于树立良好的道德价值观

不能把"拾金不昧"解释为片面化的道德，只强调义务而不讲奉献应得的权利。对于道德义务的片面强调而不尊重道德权利，久而久之就会在社会道德生活中形成恶性循环，有德行的人因为有德行而承受更为沉重的负担，无德之人恰恰因为缺少德行而获得在道德生活中的"通行证"[2]。奉献之人奉献却得不到他们应有的尊重和回报，那么谁还会想讲道德，只会有越来越多的人不讲道德，由此形成社会的不良风气。由此可见，确定拾得人报酬请求权是有道德基础的，也是有必要的，是对拾得人善意行为的莫大肯定，使之得到应有的回报和尊重，与所谓的功利主义和拜金主义并不相干，向社会传达鼓励这种行为、相信奉献会有回报的价值观，有利于弘扬社会正气。

（三）有助于实现物归原主的根本目的

随着社会经济的发展、物质的丰富，遗失物的数量应该是上升的，但道德作用是有限的，而且大多数情况下拾得人对于权利人找回遗失物的作用是不可替代的，所以确立拾得人请求权是很有必要的。不可否认的是，大多数人具有逐利心理，报酬请求权确实能够起到一种驱动作用，让拾得人将遗失物返还给权利人，有利于提高遗失物的返还率。不同于悬赏广告，通过拾得人报酬请求权制度能够使拾得人拾得遗失物后及时报告权利人，大大缩短遗失物失落的时间，同时也减少了矛盾纠纷，更大限度实现民法规定遗失物制度的目的。所以有学者提出要增加拾得人报酬请求权之规定，无论拾得人有没有支出必要费用和悬赏广告，都有权请求支付一定数额报酬的权利，加强

---

[1] 参见康浩：《我国民法典物权编特殊动产所有权立法研究》，载《西部法学评论》2018年第5期。

[2] 参见张静：《拾金不昧与报酬请求的法律和道德辨析》，载《求实》2014年第S1期。

拾得人的义务意识和寻找失主积极性，促进遗失物的返还[1]。

(四) 拾得人报酬请求权的构建

与现行立法鼓励无报酬返还不同的是，未来法律应该赋予拾得人报酬请求权，不能空有道德而忽视了人的正当需要，反而以道德来压迫人的正当需要，久而久之道德也会流于形式[2]。域外关于报酬请求权有两种立法模式：一种是统一模式，不论遗失物价值、类型，统一规定一个比例；另一种则是分别模式。我国幅员辽阔，地区之间经济文化差异较大，显然统一模式更加易于实践操作运用。对于报酬数额，日本、德国遗失物法律规定中报酬的数额均是根据遗失物的价值来确定，我国可以借鉴此种做法，平衡好拾得人和权利人的利益。当然，为了防止这一权利被滥用，一定要对权利行使主体设限，如是否应该限制在自然人主体范围之内，法人、国家机关等主体不享有报酬请求权，凸显拾得人法律权利与地位之独特性[3]。以上只是一些构想，存在诸多不完善之处，制度的构建还需要结合实践情况加以系统化地规划思考。

结语

综上，从世界各国和地区立法的趋势，平衡拾得人和权利人利益，树立良好社会风气，实现遗失物制度的根本目的等方面，可以得出确定遗失物拾得人报酬请求权极具合理性。但是对于具体如何去构建这个制度，包括遗失物拾得人如何享有报酬请求权、享有的请求报酬的范围、何时请求报酬等问题，不少国家如德国等已确立报酬请求权可以为我国提供一定的参考，我们需要再结合我们国家的实际状况，进行进一步的思考实践。

知行感悟

在2023年的暑期调研实践活动中，我们到访多家机关单位进行座谈交

---

[1] 参见岳强：《我国遗失物拾得制度之重构》，载《新西部》2017年第31期。

[2] 参见尚钊、赵林青：《中国遗失物制度完善的法律思考》，载《郑州师范教育》2022年第1期。

[3] 参见岳强：《我国遗失物拾得制度之重构》，载《新西部》2017年第31期。

流，针对老年人、学生等不同人群开展多次普法宣讲援助活动，通过一次次的实践活动，了解到基层法治建设最真实的情况，真切走近人民群众，知晓他们的实际法律诉求，收集了大量的数据并形成一定的调研成果。基于此发现哪些才是实践中常见且迫切需要解决的，但理论研究不足缺乏解决方案的真正问题。本文即在实践调研的基础上发现问题试图解决问题的体现。法学生不应该只待在学术的象牙塔中，要把所学运用于实践发挥实际效用，也要从实践中收获经验指导理论学习，以期能够解决更多实践中的真问题。

浅析"知假买假"案件中惩罚性赔偿制度的适用

"千人百村"社会实践团　李彦威

【摘　要】"知假买假"是消费者权益保护领域的经典问题，然而关于"知假买假"行为惩罚性赔偿的适用，在司法实践中一直存在不同观点。本文采用统计学方法，系统分析"中国裁判文书网"4410篇相关法律文书，把握"知假买假"惩罚性赔偿案件的裁判概况，发现当下司法裁判中的争议焦点聚焦在涉案商品领域、消费者主体资格、经营者欺诈以及消费者损失界定四个方面，提出了要坚持分级分类和个案分析原则，明确"知假买假者"属于消费者，把握消费者权益保护领域"欺诈"的构成要件，并根据"合理生活消费需要"确定损失的"知假买假"案件中惩罚性赔偿制度适用新思路。

【关键词】知假买假　惩罚性赔偿　消费者权益保护

一、问题的提出

自从《消费者权益保护法》[1]出台以来，在消费领域一直存在"职业打假人"。该类人群专门购买存在特定瑕疵或缺陷的商品，进而以购买的商品存在瑕疵为由向生产者或者销售者主张惩罚性赔偿，或者针对生产、经营行为进行举报、投诉，从而获得奖励或赔偿。[2]"职业打假人"的获利方式通常有两种，一种是向市场监督管理局举报、投诉，通过市场监督管理局的处罚

---

[1] 全称为《中华人民共和国消费者权益保护法》。
[2] 参见百度百科，最后访问日期：2023年12月9日。

或调解，获得举报奖励或生产经营者的赔偿。另一种是通过诉讼的方式向生产经营者索赔。索赔的标准往往依据《消费者权益保护法》第 55 条的规定及《食品安全法》[1]第 148 条的规定，要求适用惩罚性赔偿。因此，以牟利为目的而购买瑕疵产品，也被学界称为"知假买假"。关于"知假买假"行为的性质认定以及"知假买假"行为惩罚性赔偿的适用，在司法实践中一直存在不同观点。这种对"知假买假"的模糊和变化的态度，导致司法实践中同案不同判广泛存在，这显然不利于市场环境正本清源，阻碍社会主义市场经济的高质量发展。

二、"知假买假"惩罚性赔偿案件的裁判焦点分析

从当下"知假买假"惩罚性赔偿案件的裁判概况可知，相关问题在理论界和实务界都存在争议，在司法实践处理中也同样形成了不同的意见。一般来说，"知假买假"能否要求商品经营者或生产者承担惩罚性赔偿责任，关键在于对涉案商品的具体领域、行为人购买商品的目的、行为人购买商品是否存在认识错误、相关损失是否明确等方面综合认定。

（一）区分涉案商品具体领域

涉案商品领域是关系"知假买假"案件能否适用惩罚性赔偿制度的关键。一般来说，因食品、药品直接关系到公众的生命安全，司法实践中对食品、药品领域做特殊保护，往往不否定"知假买假者"在食品、药品领域中的消费者身份，其要求额外赔偿的行为一般不为法律禁止，但最新的动向是将惩罚性赔偿严格限制在合理生活消费需要的范围内。而其他商品领域则适用一般规定，往往难以适用惩罚性赔偿制度。

相关法律法规对食品、药品领域制定了众多特别规定：2021 年修正的《最高人民法院关于审理食品药品纠纷案件适用法律若干问题的规定》（以下简称《食药纠纷审理规定》）第 3 条规定，食品、药品领域，虽然消费者明知商品存有质量问题，但法院仍然支持赔偿请求。[2]《答复意见》[3]（法办函

---

[1] 全称为《中华人民共和国食品安全法》。
[2] 《食药纠纷审理规定》第 3 条规定，因食品、药品质量问题发生纠纷，购买者向生产者、销售者主张权利，生产者、销售者以购买者明知食品、药品存在质量问题而仍然购买为由进行抗辩的，人民法院不予支持。
[3] 全称为《最高人民法院办公厅对十二届全国人大五次会议第 5990 号建议的答复意见》。

〔2017〕181号）中关于"对知假买假行为如何处理，知假买假者是否具有消费者身份的问题"的答复亦进一步明确，认为可以考虑在除购买食品、药品之外的情况，逐步限制职业打假人的牟利行为。[1]值得注意的是，2023年11月30日，《最高人民法院发布四起食品安全惩罚性赔偿典型案例》中指出，"知假买假"的争议集中于原告维权动机的认定，应当在日常生活需要的范围内进行考量。[2]《最高人民法院关于审理食品药品惩罚性赔偿纠纷案件适用法律若干问题的解释（征求意见稿）》也指出，惩罚性赔偿是否适用，赔偿金额多少，应当在合理生活消费需要范围内依法支持购买者诉讼请求。[3]正因如此，支持"职业打假人"索赔请求的案例主要集中在食品药品领域。

（二）"知假买假者"是否具备消费者主体资格

《消费者权益保护法》第2条[4]对"消费者"规定进行，该规定并没有直接对"消费者"的概念与内涵进行明确的界定，是否属于消费者，往往需要通过是否属于"为生活消费需要"的标准来进行判断。而何种目的才能认定为"为生活消费需要"，尚存在较大的讨论空间。

理论界对这一问题有多种观点：一是认为"知假买假者"以牟利为动机，不属于生活消费，从而否认"知假买假者"消费者主体资格。[5]二是认为未将其所购买的商品（或服务）用于转售经营的，就可以认定其具有消费者身份[6]，故"知假买假者"应属于消费者。三是认为购买人所购买的商品属于生活资料，就具有消费者资格；反之，若其购买的商品属于生产资料，便

---

[1]《答复意见》规定，考虑食药安全问题的特殊性及现有司法解释和司法实践的具体情况，我们认为目前可以考虑在除购买食品、药品之外的情形，逐步限制职业打假人的牟利性打假行为。

[2] 关于是否支持"知假买假"的争议主要集中于原告维权动机的认定。本次发布的典型案例坚持客观标准，均在合理生活消费需要范围内支持消费者关于惩罚性赔偿的诉讼请求。

[3]《最高人民法院关于审理食品药品惩罚性赔偿纠纷案件适用法律若干问题的解释（征求意见稿）》第2条第1款规定，知道所购买食品不符合食品安全标准仍然购买，购买者依据食品安全法第148条第2款规定请求生产者或者经营者支付价款10倍的惩罚性赔偿金的，人民法院应当在合理生活消费需要范围内依法支持购买者诉讼请求。

[4]《消费者权益保护法》第2条规定，消费者为生活消费需要购买、使用商品或者接受服务，其权益受本法保护；本法未作规定的，受其他有关法律、法规保护。

[5] 参见梁慧星：《消费者权益保护法第49条的解释与适用》，载《人民法院报》2001年3月29日，第3版。

[6] 参见王利明：《消费者的概念及消费者权益保护法的调整范围》，载《政治与法律》2002年第2期。

不属于消费者[1]，故"知假买假者"消费者地位应根据标的属性确定。

理论界的不同观点导致在实践中也出现多种裁判思路。在（2020）京民申4456号案件中，北京市高级人民法院指出，行为人明知其购买的商品不符合食品安全标准，拟通过诉讼手段谋取赔偿利益，先后在不同商家，甚至同一商家购买商品并索要十倍赔偿，因其购买商品不以食用为目的，不属于正常的消费行为，其不具备消费者主体资格。[2]在（2017）京民申3093号案件中，北京市高级人民法院指出，行为人在短时间内购买数量巨大的商品，明显超出一般消费者满足生活消费需要之范畴，购买行为有悖生活常理，不属于为生活消费需要购买商品，其不具备《消费者权益保护法》所称的消费者的主体资格。[3]这些裁判一致认为：倘若行为人出于索赔牟利的目的，购买食品、药品非用于食用的，或购买非食品、药品的其他普通商品，不属于正常消费，其不具备"消费者"主体资格。

而在（2020）鲁民再386号案件中，山东省高级人民法院认为，判断消费者的标准，不是以购买主体的主观状态，而是以标的物的性质为标准。即使是社会公认的职业打假者购买生活资料时，也改变不了其消费者的身份。[4]在该案中，法院承认了"知假买假者"的消费者地位，并最终支持10倍惩罚性赔偿的请求。

很显然，关于"知假买假者"是否具备消费者主体资格属于相关司法案件的争议焦点之一，对于这个问题仍然存在实践困境。

（三）"知假买假者"是否受到销售者的欺诈

在司法实践中往往认为：《消费者权益保护法》第55条规定的"欺诈"与《民法典》所规定的"欺诈"应作相同理解，"知假买假者"在购买产品时一般对产品有所了解，并针对产品的瑕疵特意选择购买，因此"知假买假"的行为本身，并不存在认识错误的问题，其购买不符合质量要求的商

---

[1] 参见杜乐其：《消费公益诉讼惩罚性赔偿解释论》，载《南京大学学报（哲学·人文科学·社会科学）》2022年第1期。

[2] 参见《刘维与董蕾网络购物合同纠纷再审审查与审判监督民事裁定书》，案号：（2020）京民申4456号。

[3] 参见《王国荣买卖合同纠纷申诉、申请民事裁定书》，案号：（2017）京民申3093号。

[4] 参见《李沧区多美好批发超市、韩付坤产品责任纠纷再审民事判决书》，案号：（2020）鲁民再386号。

品完全是出于自愿、真实的意思表示，目的是牟利。因此，"知假买假者"未受到销售者的欺诈，不能适用《消费者权益保护法》第 55 条规定的惩罚性赔偿。

对此，《答复意见》（法办函〔2017〕181 号）中提到，按照《消费者权益保护法》第 55 条的规定，在普通消费产品领域，消费者获得惩罚性赔偿的前提是经营者的欺诈行为。民法上的欺诈，按照《民法通则意见》[1]第 68 条的解释，应为经营者故意告知虚假情况或故意隐瞒真实情况，使消费者作出了错误意思表示。而对于知假买假人而言，不存在其主观上受到欺诈的情形。该答复意见基本与该裁判规则的认定逻辑一致。

在（2020）京民申 2466 号案件中，北京市高级人民法院认为，行为人短时间内多次购买涉案商品的行为难以认定其购买是基于错误的价格认识作出的意思表示，应认定其对涉案商品价格是明知的，对行为人主张商品经营者利用虚假或使人误解的价格手段虚构商品原价，侵犯消费者知情权，构成经营者欺诈，三倍赔偿的诉讼请求不予支持。[2]充分体现了这一裁判思路。

然而在理论界，部分学者则认为《消费者权益保护法》规定的经营者欺诈行为具有特殊性，无须与民事欺诈行为认定保持一致。[3]他们认为民法调整的是平等主体之间的人身、财产关系；而作为经济法重要组成部分的《消费者权益保护法》，其调整对象为市场主体之间的关系，如消费者与经营者之间的关系，其关系并非处于完全平等的状态。因此，这些学者认为经营者欺诈行为不应完全适用民法的相关规定，而应当从经济法的角度进行考量。出于保护消费者的考量，他们认为《消费者权益保护法》中"欺诈"是"二要件"，即经营者具有主观故意，客观上实施了欺诈行为。[4]在最高人民法院 2013 年 17 号指导案例"张某诉北京合力华通汽车服务有限公司买卖合同纠纷

---

〔1〕 全称为最高人民法院《关于贯彻执行〈中华人民共和国民法通则〉若干问题的意见（试行）》。

〔2〕 参见《王海与苏宁易购集团股份有限公司苏宁采购中心网络购物合同纠纷再审审查与审判监督民事裁定书》，案号：（2020）京民申 2466 号。

〔3〕 参见肖峰、陈科林：《我国食品安全惩罚性赔偿立法的反思与完善——以经济法义务民事化归责的制度困境为视角》，载《法律科学（西北政法大学学报）》2018 年第 2 期。

〔4〕 参见高志宏：《惩罚性赔偿责任的二元体系与规范再造》，载《比较法研究》2020 年第 6 期。

案"中充分体现了这一观点，北京市第二中级人民法院认为张某主观上是否明知案涉汽车瑕疵，并不影响合力华通汽车公司成立经营者欺诈行为，因而对张某的惩罚性赔偿诉请予以支持。[1]

因此，"知假买假者"是否受到欺诈，以及因此导致能否适用惩罚性赔偿制度，也属于相关司法案件的争议焦点之一。

（四）适用惩罚性赔偿是否需要明确"损失"

虽然《消费者权益保护法》第55条、《食品安全法》第148条规定了生产经营者承担惩罚性赔偿倍数与基数规则，但是其中并没有明确说明消费者主张惩罚性赔偿之权利需要以存在何种损失结果为前提。这就导致目前之于司法层面，对惩罚性赔偿适用前提的"损失"认定存在模糊地带。有观点认为：消费者主张惩罚性赔偿需以人身财产的实际损失为前提要件，即认为诉请惩罚性赔偿必须是侵权法上的人身财产损失。[2]但在司法实践中，也存在惩罚性赔偿不以消费者受到损害为前提的裁判实例。

在（2019）豫01民终6558号案件中，郑州市中级人民法认为，无损失即无赔偿，原告在购买商品后，并未使用，没有对其造成人身损害，没有惩罚性赔偿所要求的损失结果，故对其惩罚性赔偿不予支持。[3]这种司法裁判顺应了惩罚性赔偿的适用需要以消费者的人身财产损失为前提的观点。

但是在（2020）渝民申3245号案件中，重庆市高级人民法院认为，法律并未规定对生产者、销售者的惩罚性赔偿责任应以消费者遭受不符合食品安全标准食品损害为前提。被告以原告"知假买假"、未受损害为由，拒绝承担惩罚性赔偿的理由，不予支持。[4]体现了重庆市高级人民法院惩罚性赔偿不以消费者受到损害为前提的主张。

因此，适用惩罚性赔偿是否需要明确"损失"也属于相关司法案件的争议焦点之一。

---

[1] 参见《张某诉北京合力华通汽车服务有限公司买卖合同纠纷一案》，案号：(2008) 二中民终字第00453号。

[2] 参见陈承堂：《论"损失"在惩罚性赔偿责任构成中的地位》，载《法学》2014年第9期。

[3] 参见《于蒙蒙、陈保杰网络购物合同纠纷二审民事判决书》，案号：(2019) 豫01民终6558号。

[4] 参见《重庆永辉超市有限公司与罗伟产品销售者责任纠纷申请再审民事裁定书》，案号：(2020) 渝民申3245号。

三、"知假买假"案件惩罚性赔偿制度适用的实践进路

应当认识到,"知假买假"矛盾的主要方面在于"造假""售假",源头在于生产经营不符合食品安全标准食品的违法行为。如果治住了"假"、治住了违法行为,"知假买假"现象自然就会消失。因此,在理清"知假买假"惩罚性赔偿案件争议焦点的基础上,我们有必要对"知假买假"适用惩罚性赔偿的问题予以专门规定,明晰"知假买假者"能否主张惩罚性赔偿、在怎样情形下能够主张以及主张怎样的惩罚性赔偿,充分发挥惩罚性赔偿净化市场环境、强化市场监管、补贴不特定消费者权益的重要作用。

(一)坚持分级分类和个案分析原则

在对"知假买假"案件的研判过程中,应当首先建立分级分类的案件机制。针对消费者权益保护惩罚性赔偿案件,往往区分食品、药品领域和其他普通商品领域。在食品、药品领域,往往因为保护消费者法益远大于其他法益,故惩罚性赔偿制度适用更为普遍;而在普通商品领域,往往会对惩罚性赔偿制度规定更为严格的适用标准,尤其是针对"知假买假者",司法裁判采取更为谨慎的态度。因此,建立分级分类的"知假买假"案件标准,结合商品属性、当事人涉及相关纠纷情况(用以判断是否为"职业打假人")、案件地域、案件影响等特点,以及重点行业领域风险点,划分案件类别和等级。标的商品越关乎消费者生命健康安全、当事人牟利目的越轻、地域范围、案件影响越广泛,惩罚性赔偿制度越重点适用。

虽然"知假买假"案件存在相似度较高的类案,但每个案件仍然有其独特性,在司法过程中应当在分级分类的基础上坚持个案分析原则,把握每个案件的实际情况进行判断。

(二)明确"知假买假者"消费者地位认定标准

在惩罚性赔偿制度适用于"知假买假"的司法实践和理论探讨中,"知假买假者"是否具有消费者身份是探讨最多的话题。诚然,只有在认定知假买假者具有消费者身份的前提下,才具有依据《消费者权益保护法》或《食品安全法》主张惩罚性赔偿的权利正当性。然而,依据目前涉及消费者身份认定的《消费者权益保护》第 2 条"为生活消费需要"之规定,不能得出"知

假买假者"是否具有消费者身份的肯定或否定回答。在此背景下,各种有关消费者身份认定的解释理论都能够自圆其说。[1]因此,有必要对《消费者权益保护法》第2条中"为生活消费需要"的认定标准予以明确,以确定"知假买假者"是否具有消费者身份,从而有效地解决"知假买假者"消费者身份认定的争议分歧。

其实,消费者只是与经营者相区别的概念,消费者身份并非基于主观判断,而是通过实际购买、使用商品或接受服务的行为赋予其法律地位。不论购买者在购买时是否知晓商品或服务的瑕疵,只要他们未再次进行交易,其消费者身份均应得到承认。这是因为人们经济动机的多变性和不可预测性,使得法律难以对道德范畴的动机和目的进行规范。在判断消费者身份时,我们应注重实际购买行为本身,而非难以确定的动机和目的。[2]

因此,在判断"知假买假者"是否为"消费者"时,界定"生活消费"应主要遵循王利明教授的观点,即只要购买后没有再次将商品或服务进行交易,那么他或她就是为生活消费,就不能否定其消费者资格。[3]

(三) 明确"知假买假"案件中欺诈的构成要件

对于一般的善意消费者而言,其购买瑕疵商品,主观上陷入认识错误,符合《民法典》中关于"欺诈"的认定标准。然而,针对明知商品存在缺陷的"知假买假者"或者"职业打假人",主观上不存在认识错误,难以适用传统民法"四要件":欺诈方具有欺诈的故意;欺诈方实施欺诈行为;被欺诈方因欺诈而陷入错误认识;被欺诈方基于错误的认识作出了意思表示,并实施了民事法律行为[4]的认定模式。因此,倘若不明确"知假买假"案件中欺诈构成要件,一是惩罚性赔偿制度难以发挥应有作用,二是也会造成司法裁判中"同案不同判"的情况。

为了更好地发挥惩罚性赔偿的制度优势,惩治违法行为,应当在消费者

---

[1] 参见谢甫成、周雨情:《功能主义视角下买假索赔的正当化及其适用限度》,载《辽宁公安司法管理干部学院学报》2021年第3期。

[2] 参见马一德:《解构与重构:"消费者"概念再出发》,载《法学评论》2015年第6期。

[3] 参见王利明:《消费者的概念及消费者权益保护法的调整范围》,载《政治与法律》2002年第2期。

[4] 参见王学士:《保险消费者信息提供义务与民事欺诈规范再造》,载《北方法学》2022年第3期。

权益保护领域放宽欺诈的认定标准,放弃传统民法"四要件"理论,而采用"二要件"学说,即经营者具有主观恶意,客观上实施了欺诈行为。

由于在经营活动中,经营者和消费者处于不平等的地位,为了平衡经营者和消费者地位、加重经营者欺诈的责任,经营者的主观上恶意应当作扩大解释,既包括故意,也包括重大过失。在经营者因重大过失而导致消费者遭受实质上"欺诈"时,经营者也应认定为实施了"欺诈"行为。但此时经营者的责任相对应可以减轻,即在10倍以下进行赔偿。

因此,"知假买假"案件中欺诈的认定要件应为经营者主观上故意或重大过失,客观上实施了欺诈行为,不需要对消费者侧进行考虑。

(四)明确"知假买假"案件中"损失"的具体内涵

当普通消费者购买商品(或服务)后,一般会直接用于日常生活中,若其购买的商品属于假冒伪劣产品,也会对其造成人身财产损失,其有权依据损失诉请惩罚性赔偿。而于"知假买假"这一问题中,"知假买假者"购买商品(或服务)后,只是将其作为维权的证据,一般不会进行使用或者食用,更不会对其造成价金损失以外的人身财产损失。因此,围绕"知假买假"案件损失不明问题产生的惩罚性赔偿制度适用矛盾屡见不鲜。

其实,消费者的"损失"应当作更广义的理解。首先,消费者购买商品的价款当属损失之列。消费者购买假冒伪劣商品,显然无法发挥该商品的使用价值,消费者为购买该商品而支付的对价显然属于损失。其次,消费者因使用其购买的商品所造成的人身财产损失当属损失之列。这种损失大多数发生在普通消费者中,因使用不合格的商品而造成健康受损或财物受损,因此造成的医药费、修理费等均属损失。最后,消费者因维权而产生的律师费、诉讼费、交通费等也应属损失之列。

对于"知假买假者"而言,应当结合其为"生活消费"而产生的损失来讨论,以一般人正常社会生活所需为参考,结合"知假买假者"以往生活购物实际情况,进行个案分析,确定"知假买假者"具体损失。举例而言:一般消费者购买食用油一次性购买2桶~4桶,当事人以往一般一次性购买4桶,但特殊情况下针对伪劣食用油一次性购买50桶并积极索要惩罚性赔偿,此时应以"购买4桶食用油"的损失来进行认定。

四、结论

"知假买假"是消费者权益保护领域的经典问题,但因"知假买假者"以牟利为动机,明知假货仍要加购,不符合诚实信用原则等,理论界、实务界对"知假买假者"是否属于消费者、"知假买假"是否属于被欺诈、"知假买假"如何确定损失等问题存在分歧,导致了当下司法裁判中许多类案不同判的客观问题。

但"知假买假"矛盾的主要方面在于"造假""售假",源头在于生产经营不符合食品安全标准食品的违法行为,因此,在反对"知假买假"无序发展的前提下,应当部分肯定"知假买假"为净化市场的客观贡献,充分发挥"惩罚性赔偿"的制度功能。在司法实践中,应当明确"知假买假者"属于消费者,把握消费者权益保护领域"欺诈"的构成要件,并根据其"合理生活消费需要"确定损失,进而充分适用惩罚性赔偿制度,为实现社会主义市场经济高质量发展保驾护航。

知行感悟

"知假买假"是消费者权益保护领域的经典问题,在实践调研过程中,围绕"知假买假"获取了大量一手数据及深度访谈材料,访谈对象主要是法院以及市监局工作人员、个体工商户以及普通群众若干,详细了解"知假买假"对群众生活消费的影响、当前司法裁判的基本情况以及审判倾向,并针对其中法学问题给出相应建议。

浅析受职业教育群体的劳动权益保障问题

"法职之光" 调研团　张晨睿

【摘　要】当今社会中受职业教育群体实习及更多合法权益无法受到有效保障，学生经常会遇到劳动纠纷以及许多法律问题。而这些群体自身又缺乏一定的法律意识，很少有人知道该通过什么样的方式维护自身的合法权益，因此我们基于这样的社会实际，展开实际调查，给出了相应的方案与建议。

【关键词】职业教育　法律　普法　劳动纠纷

一、职业教育当前发展背景及形势

（一）国家相关政策分析

2022年4月20日，第十三届全国人民代表大会常务委员会第三十四次会议修订了《中华人民共和国职业教育法》（以下简称《职业教育法》）。《职业教育法》于1996年公布实施，在过去的26年中，伴随着中国经济社会的发展，我国建成了世界上规模最大的职业教育体系，职业教育在支持国家经济社会发展中发挥了重要作用。如今，我国进入了中国特色社会主义新时代，经济和产业发展模式发生了重大调整和变化，职业教育如何适应新时代经济和产业发展的要求，如何建立支持经济和产业发展，培养高素质的技术技能劳动者的现代职业教育体系，满足企业用人需求，促进劳动者高质量就业，成为职业教育法要重点考虑的核心问题。[1]与普通教育不同，职业教育学校

---

[1] 参见《〈职业教育法〉修订解读》，载 http://www.mohrss.gov.cn/xxgk2020/fdzdgknr/zcjd/zcjdw2/202206/t20220610-452815.html，最后访问日期：2024年3月1日。

更注重对学生实践技能的培养，职业学校学生的实习工作牵涉人数多、时间跨度大、覆盖面广，是培养高素质职业技能人才的重要一环。但是，在实践中不难发现，我国职业学校学生实习存在违规现象由来已久，出现了诸多的劳动纠纷，甚至是法律难题，如强制实习、付费实习、安排与专业课程无关的重复性工作等，身陷纠纷的职业学校学生作为文化素质较低、法律意识较弱、经济基础不强的青少年学生群体，很容易在劳动纠纷中处于被动的弱势地位，无法很好地利用法律武器维护自己的合法权益；有些职业学校学生甚至因此无法正常毕业或是受到人身伤害，人生遭到严重打击，更有家庭因此而支离破碎。这给职校学生个人利益的保护、职业教育的长远发展以及社会劳动保障带来了极大阻力。

（二）基于走访与实际结合下的背景调查及成因分析

本小组成员通过切身体会、数据调研与实地调查走访发现，目前社会上的法律服务产品普遍聚焦于普通学校学生，或是已经进入社会且有一定经济基础的其他群体，面向青少年职业教育群体的法律保障缺少政府、社会、企业的足够重视，针对职校学生实习、就业板块提供专业法律服务的产品更是明显存在着空白。我们小组进行实践调研的过程中，对当地职业教育的老师、学生以及家长进行了走访调查。在走访调查中，我们对本校刚毕业的实习学生进行了简单的问答，问题包括但不限于"在实习中是否存在强制签字的情况""是否存在实习期间过长问题"等，从同学们的回答中可以看出，大部分职业学校的学生怯于回答此类问题，大多顾左右而言他，很少敢于正面回答问题。不过从这样的现象中也可以看出此类问题之严重。在其他少部分正面回答问题的学生中，我们了解到，学校为了保证就业率以及学校对第三方的保证，以不发放毕业证、不予毕业等许多强制手段强迫学生在劳务合同上签字，严重阻碍了受职业教育群体的发展与前途。

对于此类恶劣现象，我们小组也对其成因进行了分析。我们小组认为，首先，这类现象发生的原因是学校运用其在社会上的优势地位对学生进行压榨和剥削。学校作为学生长期读书的地方，对学生有一种天然的压迫感和强制力。这种强制力并非源于法律，而是基于学生对于老师和学校的敬畏。在这种伪道德的压制下，学生会为了保障自己的部分利益而被迫放弃其余部分的利益。因此就出现了学校强迫学生签订实习合同的情况。其次，职业学校的学生自身法律意识较为淡薄。受职业教育的群体大多数学历不高，同时也缺乏法律常识，在遇到问题时惯用的思维方式依旧是调解甚至是争吵、打架。但对于劳动权益的保障并非争吵乃至打架可以解决的，更何况打架是一种非法的手段。因此学生在受到学校和第三方的胁迫、劳动权益遭到侵害后，不知道如何维护自己的合法权益，最后只能不了了之。再次，普法环节无法具体落实。当今，在全面依法治国理念的倡导下，普法环节已然有效进行，但是对于部分群体依然存在普法工作落实不到位的问题。就本小组对职业学校的调查来说，几乎没有学校开展法治普及相关的课程，同时也几乎没有学校鼓励学生利用课余时间对法律知识进行学习和了解。我们对此现象进行了问卷分析，了解到部分学校为了推动学生对于职业技术的学习，忽视了其对法治知识的了解。大多数学校领导或者老师，乃至家长学生都会认为了解相关法律知识是没有必要的。最后，经过我们小组的探讨，一致认为导致用人单位如此谋取利益的原因还有用人单位存在侥幸心理。对于用人单位而言，实习学生一定不敢通过法律手段进行交涉或者起诉他们。因为他们会天然地认为他们的地位是不平等的。而对于他们而言，学生没有能力通过法律手段谋求自身关于实习的合法利益。因此他们就会比较肆无忌惮地胁迫学生签订实习合同，侵害实习学生的利益。

二、对于受职业教育群体权益保障的相关措施

基于对职业教育群体劳动权益的保障，国家已经出台了许多相关政策，例如《职业教育法》《劳动法》[1]等。同时国家也出台了许多专项措施来促进职业教育的发展。据我们了解，中共中央办公厅、国务院办公厅印发了《关于推动现代职业教育高质量发展的意见》来巩固职业教育类型定位。因地制宜、统筹推进职业教育与普通教育协调发展。加快建立"职教高考"制度，完善"文化素质+职业技能"考试招生办法，加强省级统筹，确保公平公正。加强职业教育理论研究，及时总结中国特色职业教育办学规律和制度模式。[2]

---

〔1〕 全称为《中华人民共和国劳动法》。
〔2〕 参见《中共中央办公厅 国务院办公厅印发〈关于推动现代职业教育高质量发展的意见〉》，载 https://www.gov.cn/gongbao/content/2021/content_5647348.htm，最后访问日期：2024年3月1日。

最近在与许多职业学校进行沟通和对接的过程中，我们对学校的就业状况有了更全面、深入的了解，同时也发现了一些值得关注的问题。要强调的是，信阳某职业学校存在一些严重影响学生劳动权益的问题，譬如有一部分毕业生在进入职场后，他们的劳动条件、工资待遇、劳动时间等权益并未得到应有的保障。这可能是由于当前的相关法规实施不完善、就业市场缺乏有效的监管机制，甚至可能是由于一些雇主的不良行为导致的，但这些问题的存在，无疑给毕业生带来了一定的困扰和压力。解决这些问题并非易事，其中涉及的障碍和困难，包括缺乏强有力的执行机制、相关政策存在疏漏，以及就业市场的实际情况等多方面的因素。如何在这样的环境下有效地保障毕业生的劳动权益，无疑是我们面临的一项重大挑战，也是我们需要长期关注并努力推动解决的问题。而部分学校的学生对法律知识的了解并不充分，这可能使他们在面临劳动权益问题时，无法有效地维护自己的权益，我们可以加大力度提高学生的法律意识，加强法律教育，让他们有足够的知识和技能去保护自己的权益。此外，我们了解到，每年有不少于2000名学生在毕业后有实习和就业的需求，这就意味着，每年都有大量的学生在进入社会、开始工作的过程中，可能面临劳动权益保护的问题。基于以上的问题和需求，我们应该鼓励有关机关以及单位为这些学生提供劳动权益保护和法律咨询等服务，具体的实施方案包括但不限于组织并进行相关的法律知识讲座和培训、为学生提供法律咨询服务、积极与相关的政府部门和企业进行协调和合作，以推动和改善劳动权益保护的相关政策和实施情况。

组织相关的法律知识讲座可以推动职业学校学生对于法律的了解和认识，同时也可以推动普法进程的开展，让受职业教育的群体也感受到法律的合理性与他们生活联系的紧密性，拓展该群体解决问题的视野和思维。通过这些活动，学生们可以深入了解法律的基本概念、权利和义务，并将法律知识与自身生活联系起来，这不仅有助于提高他们的法律意识和法治观念，还能够拓展他们解决问题的视野和思维方式。提供法律咨询服务有助于及时解决职校学生生活中有关的法律问题，让大事化小，节约司法资源，同时也可以让该群体减少受他人不合理不合法建议的影响。

除此以外，我们还认为建立高素质职业教育素养体系就必须从保障其合法劳动权益的实习开始。随着社会经济的不断发展、互联网技术提升以及人才市场的逐渐饱和，国家与社会需要更为专业与技术力更强的职业性人才。

新修订的《职业教育法》也提出，职业教育是与普通教育具有同等重要地位的教育类型，可以看出国家对于职业教育依然高度重视。因此我们必须响应国家号召，在职业人才踏入社会的第一步就做好他们的劳动权益保障工作。这不仅是对个人权益的保护，也是对国家政策的响应。

我们相信，通过国家和社会的努力和合作，能够为这些学生提供更好的保护，帮助他们更好地维护自己的权益，使他们在就业过程中能够得到更好的保障，建立高素质的职业教育素养体系是当前职业教育发展的必然趋势。而确保学生实习期间的合法劳动权益，则是这一体系中至关重要的一环，随着社会的发展，职业教育所培养的人才需求日益增加，而实习期间的经历往往是学生们步入职业生涯的第一步。因此，保障他们的劳动权益不仅是对个人权益的尊重，也是对国家人才政策的响应。

《职业教育法》的修订进一步凸显了国家对职业教育的重视程度。这不仅意味着政策层面的支持，更需要在实践中得到切实的落实。通过国家与社会各界的共同努力，我们有信心能够为职业教育群体提供更好的保护和支持，只有在这样的保障下，学生们才能更加安心地投入实习和学习，更好地为自己的职业生涯打下坚实的基础。因此，我们呼吁国家、教育机构和企业各方共同努力，建立完善的法律保障体系和监督机制，确保学生实习期间的劳动权益切实得到保障。只有这样，才能真正实现职业教育的宗旨，培养出更多具备高素质和职业素养的人才，为国家和社会的发展贡献更多的力量。

三、对于受职业教育群体劳动权益保障之展望

19世纪末期，德国教育家乔治·凯兴斯泰纳（George Kerschenteiner）以劳作学校及劳作学校精神为基础提出了"职业"与"学术"的教育类型化差异，强调建立从初等到高等的职业教育体系，以形成与普通教育并行的职业教育发展路径。党的二十大报告提出优化职业教育类型定位。职业教育作为和经济社会发展紧密融合、耦合互嵌、同频共振的类型教育，为造就一批独具特色的新时代高素质技术技能人才提供了理论注脚和方向指引。[1]此后国家也不断修订《职业教育法》《劳动法》等相关法律，保障职业劳动者的合

---

〔1〕 参见王志：《〈职业教育法〉修订的逻辑与价值研究》，载《天津职业大学学报》2023年第3期。

法权益。在当今社会科学技术力不断提升的当下，职业教育的发展也不可同日而语。职业教育也会逐渐向数字化与信息化转型，在国家政策的支持与社会的帮助下，职业教育群体也将找到合适自己的工作岗位与机会。而且，我国目前依然需要农业水平与工业水平技术的提升，我们不能只依赖尖端科技的提升与发展而忽视掉民生工业的进步。更何况基于我国国情来看，职业教育与我国经济社会发展具有同频共振、相互促进的逻辑，符合经济社会发展规律。因此职业教育的发展也会在国家和社会注入新鲜血液的同时不断蓬勃发展。鉴于此，我们就更要重视受职业教育群体的劳动权益保障，只有受职业教育群体的劳动利益得到了合理合法的保障，才能促进受职业教育群体生产力的发展，才能让这些劳动者在工作中获得更多的幸福感，让他们感受到社会公平正义，感受到法律的权威，从而更好地回馈社会，推动中国特色社会主义的健康发展。

知行感悟

在撰写本文的过程中，我们深刻意识到了实践调研在理论研究中的重要性，通过实地走访、访谈和调查问卷的方式，我们直接接触到了受职业教育群体的实际情况，深入了解了他们在劳动权益保障方面所面临的问题和困境，实践调研为我们提供了大量的原始数据和案例，使得我们的论述更加具有说服力和可信度。我们也充分利用了实践调研的成果，将其融入论文的各个部分，实践调研内容不仅为我们提供了案例分析的基础，还为我们提供了解决问题的建议和方案，通过与实践调研内容的对比和分析，我们得以深入挖掘问题的本质，提出了更为有效的解决方案。

理论与实践相结合是很重要的事情。只有通过实地调研和实践经验的积累，我们才能更好地理解问题的本质，提出更为切实可行的建议，而这也是我们在学术研究中不断成长和进步的过程，通过将理论知识与实践经验相结合，我们不断提高了对问题的认识和解决问题的能力，本次社会实践，令我们收获颇丰！

"固本"与"培元"：探索大学生短期支教效果优化之道

一米阳光公益团队　冀浩政

【摘　要】 大学生短期支教是指大学生在假期到贫困地区或边远山区的学校进行为期几天到几周的教学活动，短期支教时间短、灵活性强，日渐成为社会风尚，但近年来存在的诸多问题挑战了甚至背离其出发点，如何优化其效果以达到"固本"与"培元"的双重效果，让青春在党和人民最需要的地方绽放绚丽之花，让这朵花足够鲜艳、绽放地足够久远，是本文探讨的核心问题。

【关键词】 短期支教　大学生　教育　优化

"清风送香系山河，润泽远岸心田苗。"大学生短期支教是指大学生在假期或课余时间到贫困地区或边远山区的学校进行为期几天到几周的教学活动。这种活动既是一种社会实践，也是一种社会服务，旨在通过大学生的知识和能力为当地的教育事业提供帮助，同时也促进大学生的成长和发展。然而，大学生短期支教也存在诸多问题和挑战，如缺乏统一规范和有效监督、志愿者的素质和专业性不足、支教效果难以评估和持续等。如何优化大学生短期支教的效果，使之更好地实现"固本"与"培元"的双重目标，即既能够巩固和提高当地学生的基础知识水平，又能够培养和激发当地学生的创新精神和综合素质，是本团队在暑期内蒙古支教社会实践后意图探讨的问题。

一、大学生短期支教现状及面临困境

(一) 大学生短期支教现状

据相关资料,近年来,随着国家对于教育扶贫的重视,以及"三下乡""西部计划""三支一扶"等政策的推广落实,越来越多的大学生积极参与支教活动。短期支教时间短、灵活性强,日渐成为社会风尚。据统计,2019年,全国有超过10万名大学生参与了各类短期支教活动。这些活动涉及了全国各省市自治区,覆盖了西部、中部、东部等不同地区,服务了小学、初中、高中等不同阶段的学校。支教大学生主要来自师范类院校和综合类院校,涵盖了文科、理科、工科等不同专业背景。支教内容主要包括基础课程(如语文、数学、英语等)、拓展课程(如音乐、美术、体育等)、素质课程(如心理健康、职业规划、创新创业等)以及文化交流(如民族风情、地方特色、志愿者经历等)。

(二) 大学生短期支教面临困境

尽管大学生短期支教活动在一定程度上为贫困地区的教育事业带来了积极的影响,但也不能忽视其中存在的问题和困境。从目前的调查和报道来看,大学生短期支教面临的困境主要有以下几个方面:

1. 缺乏统一规范和有效监督

目前,我国对于大学生短期支教活动没有明确的法律法规和管理制度,导致各地各校各团队在组织实施过程中缺乏统一标准和规范。一些支教团队没有明确的组织机构和负责人,没有完善的选拔培训和考核机制,没有有效的沟通协调和信息反馈渠道,没有科学的评估监督和结果跟踪机制。这些都给支教活动的质量和效果带来了不利影响。

2. 志愿者的素质和专业性不足

大学生短期支教的主体是在校大学生,他们大多数没有受过正规的教师教育和培训,缺乏教学经验和技巧,对于支教地的教育现状和学生需求不够了解,对于支教目标和内容不够明确,对于支教方法和方式不够合理。个别志愿者还存在动机不纯、责任心不强、意志不坚定等问题,导致支教过程中出现敷衍应付、随意变更、提前离开等现象,影响了支教活动的正常进行和预期效果。[1]

3. 支教效果难以评估和持续

"匆匆地来,匆匆地走。"大学生短期支教的时间较短,一般为几天到几周,这期间能够给当地学校和学生带来的改变有限。而且由于缺乏有效的评估监督机制,很难对支教活动的过程和结果进行客观、科学、全面的评价,很难判断支教活动是否达到了预期目标,是否产生了积极作用或者负面影响。同时,由于缺乏有效的跟进措施,很难保证支教活动的持续性和连续性,很难形成长效机制,使得支教活动往往昙花一现,难以形成深入、广泛、长远的影响。[2]

二、"固本":巩固完善大学生短期支教的基本机制

(一)建立统一规范和有效监督的管理制度

有必要建立一个由国家、地方、高校、社会等多方参与的管理体系,制定一套科学合理的管理制度,包括支教活动的目标、内容、方式、时间、物资等方面的规定,以及支教活动的申报、审核、备案、培训、考核、评估、奖惩等方面的程序。同时,还要加强对支教活动的监督和指导,建立一个有效的信息反馈和沟通协调机制,及时发现和解决支教活动中出现的问题和困难。[3]

(二)提高志愿者的素质和专业性

同时,有必要加强对志愿者的选拔和培训工作,具体可以从以下几个方面进行[4]:

1. 加强志愿者的思想引导和激励

通过宣传教育和形式多样的活动,增强志愿者参与支教活动的社会责任感和使命感,树立正确的价值观和人生观,消除对支教活动的功利心态和浮

---

[1] 参见孙婧:《关于建立大学生支教长效机制的思考》,载《成人教育》2011年第6期。
[2] 参见张健:《大学生短期支教现状调查》,载《教育与职业》2014年第7期。
[3] 参见张健:《大学生短期支教现状调查》,载《教育与职业》2014年第7期。
[4] 参见李晓露等:《大学生短期支教对农村基础教育的影响及改进策略探析——以陕西省为例》,载《教育评论》2014年第10期。

躁心理，培养志愿者的奉献精神和服务意识。

2. 注重志愿者的专业知识、技能培训

根据支教地区的实际情况和学生需求，确定支教活动的主要内容和重点领域，针对性地对志愿者进行专业知识和技能培训，包括基础课程、拓展课程、素质课程等方面的知识掌握和方法传授，以及心理健康、安全防范、文化适应等方面的技能掌握和应对策略。[1]

3. 提升志愿者的实践锻炼与经验交流程度

在正式开展支教活动之前，安排志愿者进行一定的实践锻炼，让他们在有经验的老师或者优秀志愿者的指导下进行模拟教学或者辅助教学，提高他们的教学能力和自信心。在开展支教活动期间或者结束后，安排志愿者进行经验交流，让他们分享自己的教学心得和感受，总结自己的优点和不足，互相学习和借鉴，提高他们的教学水平和效果。

(三) 加强对支教地区的文化沟通和融合

通过国家、地方、高校、社会等多方的宣传和引导，增进支教地区与外界之间的文化了解和尊重，消除或者减少支教地区与外界之间的文化隔阂和冲突，促进支教地区与外界之间的文化交流和融合，可以有效"固本"。例如，开展或者参与支教地区民族风情、地方特色、历史文化等方面的展示和体验活动，传播或者学习支教地区的语言文字、礼仪习惯、道德规范等方面的知识和技能，建立或者加强支教地区与外界之间的友好关系和合作机制。

三、"培元"：实现支教的长远价值

支教大学生对受教地区学生的影响是潜移默化的，支教期间发生了许多触动人心的感人故事，面对短期支教后大学生突然"消失"，受教学生的心理必然难以接受。[2]短期支教有着时间短暂、灵活性、自由度大的特点，为了优化大学生短期支教的效果，实现"培元"的目标，即培养和激发当地学生的创新精神和综合素质，需要从以下几个方面实现支教的长远价值。

---

〔1〕 参见张健：《大学生短期支教现状调查》，载《教育与职业》2014 年第 7 期。
〔2〕 参见李晓露等：《大学生短期支教对农村基础教育的影响及改进策略探析——以陕西省为例》，载《教育评论》2014 年第 10 期。

(一) 创新支教的内容、方式与机制

传统的支教活动主要侧重于基础课程的教学，如语文、数学、英语等，这些课程虽然对于提高当地学生的基础知识水平有一定作用，但也容易造成大学生支教志愿者与当地老师之间的教学重复和冲突，而且对于培养当地学生的创新能力和综合素养帮助不大。因此，有必要创新支教的内容和方式，可以从以下几个方面进行：开设拓展课程和素质课程、采用互动式和体验式的教学方法、综合利用网络和多媒体等现代技术手段等。大学生支教者应加强自身教学能力，充分认识自我不断找出不足，完善与创新短期支教的机制。[1]

(二) 建立支教与本土教育的互动与融合机制

大学生短期支教活动本质上是社会互动的模式之一，是作为核心主体的支教者与当代支教系统多方主体不断互动的持续性过程。[2]传统的支教活动往往存在"一锤子买卖"的现象，即大学生支教志愿者在短期内完成自己的任务后就离开了当地，没有与本土教育形成有效的互动与融合。这样不仅难以保证支教活动的持续性和连续性，也难以发挥支教活动在本土教育中的示范作用和推动作用。因此，有必要建立一个支教与本土教育互动与融合的机制：[3]

1. 促进大学生支教志愿者与本土老师之间的沟通与交流

在开展支教活动之前，大学生支教志愿者要与本土老师进行充分的沟通与交流，了解当地的教育现状和学生需求，确定支教的目标和内容，避免与本土老师之间的教学重复和冲突。在开展支教活动期间，大学生支教志愿者要与本土老师进行密切的合作与协作，分享自己的教学经验和方法，借鉴本土老师的教学特色和优势。支教活动结束后，大学生支教志愿者要与本土老师进行有效的反馈和评价，总结支教的收获和不足，为本土老师提供改进建议和持续支持。

---

[1] 参见孙婧:《关于建立大学生支教长效机制的思考》，载《成人教育》2011年第6期。

[2] 参见耿媛媛、金羽西:《复合与转化：大学生短期支教动机研究》，载《当代青年研究》2023年第6期。

[3] 参见李晓露等:《大学生短期支教对农村基础教育的影响及改进策略探析——以陕西省为例》，载《教育评论》2014年第10期。

2. 加强大学生支教志愿者与本土学生之间的互动与关怀

开展支教活动之前，大学生支教志愿者要与本土学生进行充分的互动与了解，建立良好的师生关系，激发学生的学习兴趣和动力。在开展支教活动期间，大学生支教志愿者要与本土学生进行密切的互动，关注学生的学习情况和心理变化，适当给予学生表扬和鼓励。支教活动结束后，大学生支教志愿者要与本土学生进行有效的互动，留下自己的联系方式和祝福寄语，为学生提供持续的指导和帮助。

3. 推动大学生支教志愿者与本土社区之间的了解与融入

开展支教活动之前，大学生支教志愿者要与本土社区进行充分的互动与了解，了解当地的风俗习惯和文化特色，尊重当地的民族信仰和道德规范。开展支教活动期间，大学生支教志愿者要与本土社区进行密切的互动与融入，参与当地的社会活动和公益事业，传播先进的文化理念和社会价值。支教活动结束后，大学生支教志愿者要与本土社区进行有效的互动与融入，为当地社区提供持续的关注和支持。

四、结论

大学生短期支教活动是一项国家、社会、个人多方共赢的公益活动，是一种体现时代精神、彰显青春风采、展现社会价值、实现人生理想的奋斗方式。习近平总书记多次在重要场合对青年一代寄予了殷切期望和嘱托，他强调："青年一代有理想、有本领、有担当，国家就有前途，民族就有希望。"他勉励广大青年要勇于担当时代赋予的历史责任，在实现中华民族伟大复兴中国梦的生动实践中放飞青春梦想，到党和人民最需要的地方建功立业。短期支教是一次重要的人生体验，如何优化支教效果摆脱困境，就要从"固本"和"培元"两个方面来进行，推动偏远地区教育发展，助力乡村振兴。

作为当代青年，我们应该以习近平总书记的重要论述为指引，以实际行动践行习近平总书记对青年一代的殷切期望和嘱托。积极参与大学生短期支教活动，是我们履行社会责任、服务国家民族、实现自我价值的重要途径。让我们的青春在党和人民最需要的地方绽放绚丽之花，在实现中华民族伟大复兴的中国梦中书写无愧于时代的壮丽篇章。

知行感悟

  2023年7月初的盛夏，我作为一米阳光公益团队的领队，与我的队友们前往内蒙古自治区通辽市科左中旗地区的几所中小学进行支教，我们与孩子们、师兄师姐、老师们共同收获了一场真挚的友谊与美好的回忆，或许短短几周的时间无法对孩子们的生活以及学习产生影响，但这段宝贵的社会调研经历也让我反思了如何克服短期支教中的问题，如何使短期支教达到可持续的良性发展也一直引发着我的持续思考。这场调研结束后，我查阅相关核心文献、咨询指导老师、与队友们共同思考，完成了此篇调研报告，希望能够对日后的相关实践有所帮助，让青春在党和人民最需要的地方绽放绚丽之花，让这朵花足够鲜艳、绽放得足够久远。

第三章

发挥智慧才干

"用青年视角发现问题"

> 本章节为"ZHI 行中国"社会实践大思政课中"智汇法大"学术研究课组课程成果,共摘编 13 篇调研报告。
>
> "智汇法大"学术研究课组开设"实践数据的价值挖掘与可视化呈现""社会实践能力素养课"等思政课程,引导实践团队扎实开展社会调研,认识国情社情,科学分析问题。

关于"双减"政策在地方小学落实现状分析的调研报告

以山西省石楼县小学为例

刑事司法学院　荣振铎　司默涵

一、研究背景及意义

2021年7月24日，中共中央办公厅、国务院办公厅颁布了"双减"政策[1]，从源头解决了学生课业压力大的难题，消除了现阶段部分地区义务教育混淆了教育本质的现象。石楼县教育主管部门积极响应国家政策，在教育部推行的"5+2"模式的基础上开展学校"5+2+1"课后服务模式。本学年[2]是石楼县课后服务开展的第一学年，各中小学仍处于对政策的初步探索阶段，在实际落实环节仍旧面临许多或客观或主观的难题。

石楼县域小学在实施课后服务过程中，学校是否严格落实政策文件，教师群体面对课时量突增的教学压力，家长群体对于课后延时服务的时间、安全和态度问题等，都会直接影响课后服务的质量和成效。因此，本调研组通过对石楼县域第五小学、第七小学和东风小学3所小学课后服务落实现状进行调研，了解各小学课后服务工作初步落实情况，探究石楼县课后服务落实中的优势、亮点和难题，并试图提出发扬优势、解决难题的路径，为石楼县乃至全国小学的课后服务工作高效、优质地实施提供数据和理论支撑。

---

[1] 全称为《关于进一步减轻义务教育阶段学生作业负担和校外培训负担的意见》。
[2] 系指2021学年~2022学年。

二、研究现状和研究思路

（一）"5+2+1"课后服务模式落实情况阐述

本学年伊始，石楼县制定出"5+2+1"的课后服务模式。其中，"5"指的是"每周开展5天"，"2"指的是"每天开展2小时"，"1"指的是"每周六的上午或下午"。所有的学生和教师本着自愿的原则参与学校的课后服务，中小学原则上可以向参与课后服务的学生家长收取一定的费用，向教师发放课后服务补助。

综上，"5+2+1"课后服务是"双减"政策下的非基本公共教育服务，是以石楼县各中小学本校教师为主体，辅以社会资源而开展的，适应义务教育阶段学生身心健康和德智体美劳全方面发展的服务模式。

（二）研究思路

本文旨在通过调查石楼县第五小学、第七小学、东风小学三所小学"5+2+1"课后服务模式的落实情况，发现小学的课后服务政策在落实方面遇到的问题，并初步分析问题出现的原因及可能的对策，并基于学生综合素质发展和学习效率，提供课后服务改进的具体方向。

三、"双减"政策在地方小学的落实现状分析

本书采用问卷法和访谈法分别对样本学校的家长、教师和学生进行调研。以下将对已收集的1542份有效问卷和135份访谈结果显示出的数据进行进一步分析。

（一）认知及参与情况分析

1. 家长及教师对课后服务的认知分析

在对回收的1542份问卷进行分析后，仅有5.05%的家长对课后服务的开展持有负面态度。在对家长的政策了解程度的调查中，大部分家长阅读过学校下发的关于课后服务工作的相关文件，有13.1%的家长表示没有见过任何关于课后服务的文件。

学生和教师参与课后服务原则上是自愿的，但75%的家长认为教师应当

全员参与，甚至有88%的家长认为学生应当全员参与。数据显示，学校在石楼县课后服务宣传工作中占据主要甚至决定性地位，但仍存在相关政策解释不充分、宣传有遗漏等问题。而部分家长并不关注政策如何，只是遵守学校的安排。

在接受访谈的5位教师中，也只有1位教师详细了解过课后服务的政策和具体细节，其余4位教师均没有细致了解过相关文件。这说明，学校并没有过多地向教师解读县、市关于课后服务的政策，而是将重心放在了给教师安排课后服务的时间、地点和人员上。

2. 学生及教师对课后服务的参与情况分析

由于石楼县课后服务实际上并未真正向学生家长收费，以至于家长认为课后服务本属于教学任务的一部分，石楼县的小学生几乎全部参加了课后服务。而各校教师因学生及家长参与的积极性高产生责任感，加之县教师资源仍有不足、课后服务以本校教师为主的现状，学校教师几乎全员参与课后延时服务。

(二)"双减"政策下教师群体工作情况对比分析

1. 工作时间

"双减"政策落地石楼县后，在"5+2+1"的课后服务模式下，学校工作日每天安排2节课业辅导，共计1.5个小时；周六安排2节课业辅导和1节兴趣社团课程，共计3个小时。在此情况下，访谈显示，小学各科教师的课时量均有所提高。

语数英教师在工作日5天内至少负责2天的课后服务，在周六还需负责1节课业辅导。除此之外，语数外教师还需辅助音体美教师开展兴趣社团课程，以上共计至少6课时，时间至少为5小时，班主任的课时量更多；另一类是音体美教师。音体美教师只负责周六的1节兴趣社团课程，共计1课时，时间为1小时。

2. 工作压力

(1) 课时量的增多与专业学习需求提高的矛盾

与5位教师的访谈中，除教授美术学科的1位教师表示教学教研压力变化不大之外，其余4位教师均认为开展课后服务后教研压力比较大。"双减"政策实施后，一方面，课时量的增多占据了一部分时间，加之教研、备课、听课等任务，消耗了教师很大的精力；另一方面，教师对强化专业学习、提升自身业务能力的需求提高。与课后服务相适应，教师需要通过教研活动进一步提高课堂教学、作业设计等能力。

（2）减负要求与成绩提高需求之间的内在矛盾

谈及"双减"政策实施下学校对学生成绩的要求，4位教授语数英的老师均认为给自身造成了一定的压力。在学生成绩提高方面，有3位认为政策的实施不会在成绩方面对学生有所帮助。学生在校完成一部分作业后，到家之后的学习效果并不好，不能很好地自主复习。除此之外，1位老师还认为学生下午在校连续上课的过程中精力无法得到保证，并且学生在学校一对多的课业辅导效果不如由家长一对一辅导的效果好。这表明，"双减"政策在教师视角下并没有提升学生的成绩，反而在消耗教师精力的同时给教师带来了提升学生成绩的隐形压力。

（三）"双减"政策下学生群体学习情况对比分析

1. 学生的在校时长

在政策实施之后，各所小学的离校时间从17：40延至19：20左右，每天的课后延时服务时长共计1.5小时，每周约7.5个小时。关于每周周末的课后服务情况，每位学生参与周末课后服务的总时长是相同的，每周约3小时。综上，在"双减"政策的实施下，石楼县每位学生因参与课后服务，每周在校时长较政策实施前多了10.5个小时。

2. 家庭作业负担

为了解课后服务开展后学生家庭作业负担的变化情况，本调研在家长问卷中设置了相关问题。绝大部分家长认为学生家庭作业负担减小了，占比75.42%；而在对学生的访谈中，关于"课后服务开展后家庭作业负担的变化"问题，130位学生中64人认为家庭作业负担减小了。

3. 作业完成效率

关于学生参与课后服务后作业的完成效率，12.37%的学生每天能在30分钟内完成作业；40.49%的学生每天能在30分钟~1小时内完成作业；33.72%的学生每天能在1小时~2小时内完成作业；13.41%的学生每天需要2小时以上的时间完成作业。综合学生完成作业的时间点可以看出，只有一成多的学生在校即完成了所有作业，绝大多数学生放学到家后还需要接近1个小时的时间完成作业。

4. 周末生活丰富度

关于课后服务对学生周末生活的影响，石楼县各小学利用周六的课后服务时间，设置 2 小时的课业辅导和 1 小时的兴趣社团课程，其中社团种类包括足球、篮球、舞蹈、轮滑、演讲等。数据分析结果显示，74.06% 的家长认为课后服务使得学生的周末生活更加丰富。130 位学生中也有 85 人认为课后服务丰富了自己的周末生活，占比 65.38%。

（四）"双减"政策下家长群体监督情况对比分析

数据显示，超过一半的家长认为开展课后服务后，自己辅导孩子课业的负担减小了。可见，学生家庭作业负担减少的同时，家长在辅导学生功课方面的压力由于课后服务的开展也得到了一定程度的缓解。本调研在对"完成作业时间"和"家长辅导作业的负担变化"进行交叉分析时发现，对于拖延的学生来说，课后服务开展前后，虽然在学校学习的时间更长了，但回家完成作业的时间基本不变，甚至变得更长，此时作业辅导的压力就完全落在了家长身上，从而产生"无效减负"的尴尬局面。

四、研究结论与对策建议

（一）研究结论

通过调研发现，"双减"政策在石楼县各小学落实速度较快，地方性文件出台后，各小学紧密筹划安排课后服务的时间、内容、形式，初步形成了特色课后服务模式。家长对课后服务的开展反响热烈，较为支持，教师和学生全员参与。课后服务在一定程度上也减轻了学生的课业负担，增加了学生周末生活的丰富度，缓解了家长的辅导压力，但在开展课后服务的过程中，也存在一些值得讨论的问题：

1. 课后服务的自愿性原则执行较差

家长虽然非常支持课后服务的开展，但自身很少了解相关政策文件的内容，甚至绝大多数人认为教师和学生应当全员参与课后服务。造成这种现象的主要原因是，学校在课后服务宣传工作中虽然占据决定性的地位，却存在宣传和解释工作不到位的现象。家长和学生认为课后服务是学校的统一安排，有必要全部参与，以致不考虑自身客观需求而盲目跟风。学校也没有咨询过教师的个人意愿，而是直接给教师安排课后服务的任务。

2. 小学教师群体对课后服务工作的支持度不高

导致教师群体支持度不高的原因有二：一是课后服务难以避免会占据教师个人时间，导致教师工作时间延长、工作压力增大；二是该县课后服务的补贴力度不够，教师认为自己的付出和回报不成比例。

3. 存在教师利用课后服务时间授课的现象

这主要是因为学校在政策宣传方面和教师管理方面经验不足，以致教师未能有效理解"双减"政策的内涵。

4. 课后服务中兴趣社团课程形式单一，时间较短

造成这种现象的原因是石楼县各小学具有音乐、文艺和体育等专业能力的师资力量较为短缺，同时也未能与社会上的兴趣教育机构合作，课程内容也较为单一。此外，学校在兴趣社团课程的时间安排上局限于周末，上课时间单一。

5. 具有良好学习习惯的学生因课后服务受益更多

这主要是因为学习效率高、自律性强的学生在学校课业辅导时间内基本完成了家庭作业，放学后在家中利用更多的时间自主复习、预习或者阅读，更好地把握课内知识和扩充课外视野。

(二) 对策建议

1. 明晰课后服务内涵，加强政策宣传引导

课后服务的开展是"双减"政策的具体落实，应当保证学生和教师的自愿参与。但在实施过程中，基层教育部门对相关政策文件意义的宣传不到位，未能保证学生和教师的了解。应当加强教育部门对政策内涵和意义的宣传，从而提升地方小学落实政策的准确性、灵活性、能动性。

2. 联动校外教育资源，丰富课后服务形式和内容

虽然学生的周末生活已经在课后服务开展后丰富了许多，但目前小学课后服务的内容和形式不能满足学生个性化的需求，许多学生仍希望学校的课后服务能够开展更加丰富多彩的活动。在石楼县各小学的师资、设施、场地等条件已经充分利用的情况下，应当由县教育部门牵头，一方面与校外教育辅导机构合作搭建平台，引入具有专业能力的教师资源，开展更加丰富的兴

趣社团课程,满足学生需求;另一方面探索多样的、符合学生健康成长需求的课后服务形式。

3. 以学生需求为导向,灵活安排课后服务时间

课后服务应当以学生需求为导向,减轻学生的课业负担和校外培训负担。学校将兴趣社团课程安排在周末也存在思维定势,认为学生应当在周末学习兴趣课程,但在工作日5天均安排课业辅导的情况下,学生在完成全天的课程学习后,很难在课业辅导阶段仍保持较好的学习状态,导致精力不足反而增加压力。因此,学校应当转变管理思维,灵活安排兴趣社团课程,增设兴趣课程量,平衡语数英教师和兴趣课程教师的工作量。

4. 多措并举,缓解教师教学压力

县教育部门和学校首先应当在课后服务的时间安排上做出相应调整,不占用教师的周末休息时间,利用好工作日,有效开展课后服务;其次,要协调好教师培训和其他工作内容的时间,减少不必要的活动次数,有效开展针对性的教师技能和业务能力相关训练;再其次,在校内师资固定的情况下,积极联动社会上的教育资源,分担校内教师的工作任务;最后,要充分保障教师权益,按时按量发放教师课后服务补助,提高教师的工作积极性。

5. 以人为本,重视培养良好学习习惯

具有良好学习习惯的学生因课后服务的开展在各方面受益更多。因此,教育部门和各小学需要调整对小学生的关注点,不应给学生从儿童时期就塑造"唯分数论"的价值观,应当关注学生的学习方式方法、学习效率、课外阅读等行为,注重启发培养学生的自信心、想象力和自控力。

五、结语

课后服务政策的出台是我国教育"以人为本"的体现,是对党和政府"双减"政策的进一步细化与落实,从根本上削减了义务教育阶段学生之间、学生家长之间的"内卷",有力地打击了课外辅导机构的势头。但由于仍处于摸索阶段,落实过程中仍会出现偏离初衷、宣传不佳、内容单一等的问题。

如何在实践中明晰延时服务和"打疲劳战"的界限、平衡学生减负和追

求成绩的矛盾、协调教师付出和回报的比例是当前课后服务落实现状中亟待解决的难题。期望更多专业的研究人员能够加大对地方落实课后服务政策的研究，各地方在研究理论和地区实践中能够尽快摸索出不背离初衷且适应本地区教育水平发展的、符合本地区教育理念的特色课后服务体系。

关于"一社四联"模式化经营的调研报告

薛嘉乐　荣　蓉　马琳捷　展润杨　宁宇乾

2023年2月13日，新华社授权播发了《中共中央　国务院关于做好2023年全面推进乡村振兴重点工作的意见》，也就是2023年中央一号文件。这是21世纪以来，中央出台的第20个指导"三农"工作的中央一号文件，再次表明党中央加强"三农"工作的鲜明态度，发出重农强农的强烈信号。

作为解决"三农"问题的主要手段之一，21世纪以来，政府大力推动农民专业合作社发展。农民专业合作社以其成员为主要服务对象，提供农业生产资料的购买，农产品的销售、加工、运输、贮藏以及与农业生产经营有关的技术、信息等服务。

在党和国家的大力支持下，合作社数量从2006年颁布《农民专业合作社法》[1]时的2.64万家，增加到2021年的220多万家。[2]但是调研结果显示，以合作社自主年报来推算的"空壳社"约为70%。根据《关于引导和促进农民合作社规范发展的意见》，不少合作社存在"有名无实、流于形式"的问题[3]。

近年来，合作社的数量呈增长趋势，合作社的成员数量却有所下降。"空壳社"这种略显畸形模式的存在主要是由于以下几种原因：

一是实际利润远不及期待利润。农民参与合作社，最根本的目的便是赚钱。入社后的投入产出比如果达不到本来的期许，甚至不如入社前的利润，

---

〔1〕　全称为《中华人民共和国农民专业合作社法》。

〔2〕　参见何秀荣：《农业合作社的起源、发展和变革》，载《社会科学战线》2022年第10期。

〔3〕　全称为《农业部、国家发展和改革委员会、财政部、水利部、国家税务总局、国家工商行政管理总局、国家林业局、中国银行监督管理委员会、中华全国供销合作总社关于引导和促进农民合作社规范发展的意见》。

农民一定不愿意继续劳神劳力、费时费财地参与这样一种耕作模式。

二是传统小农经济思想的限制。千百年来，自给自足、男耕女织的小农经济的思想根植于农民脑中，代代传承的思想局限使得农民在面对改变时总是踌躇不前，稍有变故就只想迅速退回小农的舒适圈。

无利可图，再加上内心"退堂鼓"不断咚咚作响，农民自然而然地退回了最初的耕作模式，退出合作社，只是自给自足。

实地考察了广恒合作社、赋霖瑞发种养殖农民专业合作社等相对成功的案例后，我们总结出了五种相对健康的发展模式。

一、农科合作模式

包头市地处渤海经济区与黄河上游资源富集区交汇处，南临黄河，东西接土默川平原和河套平原，阴山山脉横贯中部。耕作土壤为山地冲击地与黄河古道土质混合，含有丰富的矿物质，品质优良，具有发展设施农业的先天条件，是种植设施果蔬的最佳之地。拥有完美的种植条件、大片的土地与勤劳的人力资源，农民缺失的只有种植的作物、辅助的科技设备与一定的启动资金。

在这样的背景之下，教育研究端恰好与其形成完全的互补。国家为解决"三农"问题，提高粮食品种数量与产量，在各类科研项目中投入非常多的资金。有技术，有理论，有资金，教育研究机构缺少的恰恰只是用于种植的土地与擅长耕种的人力。

因此，在需求与供应互相符合的情况之下，部分合作社与地方农科院等教育研究端达成合作，合作社提供土地、农民与资金，农科院提供种子、设备、技术指导与一部分资金，共同进行农作物的生产。

对合作社来说，一方面生产出的农作物可以进行售卖，直接获利。另一方面，试验田里的种子也可以视为获利对象。种子公司与农户种植需要种子，合作社可以将收获的种子直接售卖。对教育研究端来说，种植农作物的实践行动所得出的数据是非常珍贵的。"实践是检验真理的唯一标准"，只有经历实践得出的科研结论才是可靠的。

在实践中，我们拜访了多家与包头农科院等教育科研端有合作项目的合作社，其中最具有代表性的是包头市广恒合作社。

广恒合作社与包头市农牧科学技术研究所、九原区农业技术推广中心等研究中心以及若干种子公司都达成了如上的合作模式。广恒合作社提供土地、人力与大棚，研究中心提供设备支撑、科技成果的转化应用、技术指导与一部分种子，种子公司提供大部分种子，生产基地便建成了。广恒合作社每年靠这样的合作模式盈利很多，农户满意程度也非常高，在农科合作的经营模式中做出了积极有益的探索。

二、统一销售模式

在正常状态的生计型小农经济中，农民的生产和生活基本是自给的，大部分生活用品也是自产的，男耕女织、日出而作、日落而息，绝大多数农民的活动半径很小，没有出现对农民合作社的需求。但是当商品因素进入小农经济后，就出现了变化。本来自给自足的生活被打破，农民被迫进入市场。

通过成员在组织上的平等联合，可以解决个人在力量或能力上难以胜任的问题。农民联合形成的更大市场主体加强了小农自身与市场本身的联系，使得其进入市场更加便捷，获得收入更多、更容易。联合是商品经济背景下农民致富的最佳出路之一。在此理论基础上，农民可以共同构建或者加入一个与市场连接的平台，而这个平台往往就是更为人所知，更有组织纪律性、整合互补性的农民专业合作社。

农民自己生产出的农产品由合作社进行统一收购，再由合作社统一在线下或网络平台进行销售，这是最为常见的一种联合手段。这种情境下，一方面，农民生产出的产品被合作社购买，不会出现产品无人购买，从而导致亏钱与浪费资源的状况；另一方面，合作社通过自己的名气与市场地位吸引更多的顾客，让瓜果成功卖出，使合作社内部获得盈利，这种"二道贩"的模式得以更好地运作下去。

还有一种方法就是合作社通过举办活动，让农民带着当季的产品在活动上自行销售。这种方式在全国范围内广泛适用，为消费者提供了比较的空间、一手的资源，也为农民提供了更大的市场与更高的销售平台。这种模式与"二道贩"模式最大的不同就是去除了所谓的"中间商"，部分消费者会更加乐于接受这样"生产与消费直接接轨"的模式。

两种方式都是农民利用合作社更高的市场地位来销售自己的产品，本质上都是属于"统一销售"的范畴。"联合"获得的利润一定比小农自己生产经营的多。

同时,农民也可以利用合作社进行必需品的买入。量大价低的批发特点可以很好地得到应用。同样,合作社也可以在一定程度上起到筛选的作用。如先利用合作社进行小批种子的采购和培育,合作社进行先一步的试育种,种出来的瓜果符合市场需求,又具有高产量、抗虫病等优良特点。

在实践活动中,我们发现不少利用以上两种方式进行联合销售的企业。其中包头市九原区哈业胡同镇的"吃瓜大会"当为其中典型。哈业胡同镇盛产瓜果,许多农民以种瓜为生。每年夏天,瓜果丰收的季节,由合作社牵头,农民们会举办"吃瓜大会"。

三、新媒体宣发模式

2022年6月,我国现有行政村已全面实现"县县通5G、村村通宽带"。农村地区互联网普及率为58.8%。2022年,我国网络零售额超过13.78万亿元且连续10年全球第一。2022年在2021年全国农产品网络零售额4221亿元的基础上依旧有所增长。[1]在网购极为发达的现代,通过网络电商销售手段进行农产品销售的扩大已成为一种必然趋势。

近年来,党中央和国务院高度关注农村电商发展。2021年中央一号文件提出,加快完善县乡村三级农村物流体系,改造提升农村寄递物流基础设施,深入推进电子商务进农村和农产品出村进城。2022年中央一号文件提出,实施"数商兴农"工程,推进电子商务进农村;促进农副产品直播带货规范健康发展。农业农村部出台《关于加快农业全产业链培育发展的指导意见》,提出"加强农村电商主体培训培育""实施'互联网+'农产品出村进城工程""发展直播带货、直供直销等新业态",这些政策实施细则的出台为农村营造了良好的电商创业氛围,给予了农村电商创业者极大支持。

在党和国家的大力支持下,2021年全国农产品网络零售额达4221亿元,同比增长2.8%。2022年全国农村网店达1730万家,其中超三成为直播电商。在2021年农产品物流总额超过5万亿元的基础上,2022年再创新高,超过

---

[1] 参见《2023中国农产品电商发展报告》。

5.3万亿元规模。[1]

"田野+云端"这样一种销售模式可以大大拓展电商渠道。合作社还可以设立电子商务有限公司作为子公司，入驻淘宝、拼多多、抖音等平台，实现线上线下销售共同突破。

农村电商经济的发展还有利于销路精准对接。通过电商平台，合作社可以与企业、超市、经销商、批发市场等实行"产销对接"和"农超对接"，与农户签订产品收购合同，发展订单农业。直接对接一来减少了农产品运输、交易中所耗费的时间；二来使得价格不会"变形"，使消费者能买到物美价廉的商品；三来也使得合作社的农产品销售更加便利，使需求与供给得以精准对接。

在农村电商发展如火如荼的当下，使用新媒体手段，或开一个淘宝小店，或进行直播带货，或开发全新的电商平台进行销售，都不失为销售农产品的好手段。

实践过程中，我们遇到不少十分重视通过电商平台进行农产品销售的合作社。合作社会专门开辟电商办公室，一些人负责合作社整体宣传部分，一些人负责产品宣传文案、图片、视频的创作，一些人负责直播带货部分，一些人负责产品统筹部分，有的办公室还会有专门进行平台经营、小店经营等工作的部分。整个办公室团结合作，共同负责合作社与产品的新媒体宣发，通过互联网为合作社、农民扩大市场，获得更多收入。

四、国家干预模式

合作社的健康发展，离不开党和国家的支持。党和国家就是"领头羊"，只有在他们的带领下农民才有方向，有动力。国家干预包括政策引导以及拨款支持。

从政策扶植的角度出发，首先政府可以加强与合作社共同推进的乡村振兴公共服务。

其一，在政策咨询方面，全面梳理农业相关政策，推动联合体成员单位有效利用农业资源、资金和项目。政府可以引导合作社设立网站，总结从乡

---

[1] 参见《中国农村电子商务发展报告（2021-2022）》。

镇一直到国家层面的相关政策文件，同时也可以帮助其开设"公告栏"、合作社微信群等，确保信息的准确传达，保证每个合作社成员都能第一时间调整生产策略，获得合理补贴。

其二，在资源共享方面，根据成员单位农业设备及场地供给情况，加强统筹规划和与政府部门的沟通协调，推动实现区域内农业设备及场地资源共享。根据成员各自土地、设备、人力等条件的不同，合作社可以凭借信息优势与政府相互协调分配资源，包括科研项目的安排、补贴的发放、设备的使用，等等。各成员取长补短，共同走向富裕。

其三，在党建引领方面，开展村社共建，显现先锋模范作用，还可以创办农村党员创业就业培训学校。党的基层组织是党在社会基层组织中的战斗堡垒。我们要坚持发挥党员的先锋模范作用。在合作社中更需要注重发挥党员领导干部的"关键少数"作用，与党中央紧密联系。合作社重用党员，党员也要努力学习相关政策知识，结合党中央的方针政策大力推动合作社发展。

其四，在人才支撑方面，大力支持发展科教兴国战略，积极开展"大学生返乡运动"，为农村建设留住人才，保障知识人才储备的充足。政府针对大学生出台优惠政策，留大学生在本地工作后便可以将其下派到相关合作社指导工作，一方面解决大学生就业难、刚毕业生活难的难题；另一方面也能发挥大学生的知识储备，为合作社的发展提供坚实的知识人才支持。

其次，国家也为合作社的发展提供了强大的法律保障。《农民专业合作社法》与《乡村振兴促进法》[1]为农民专业合作社的健康发展提供了良好的法律保障。在这两部法律之下，各省市自治区各级人民政府再根据各地不同情况制定相应的细则。

从拨款支持的角度出发，目前扶农脱贫项目仍有许多需要资金支持的方面。政府可以出钱支持科教项目的进行，支持这些项目与合作社达成互补合作。一方面推动农学发展，提高农业科技水平；另一方面也直接提高了合作社收入，为农民造福。政府也可以通过直接增发补贴、定向拨款、奖励科教等方式激励合作社向正确的方向发展。

总之，党和国家的干预支持为农民提供了一颗坚实的定心丸，小农思想便不再能够存在。

---

[1] 全称为《中华人民共和国乡村振兴促进法》。

五、农民入股模式

农民被小农思想所限制，极容易产生退出合作社的想法，在不健康的合作社模式之下，退出合作社既不会减少太多生产经营所得收入，甚至还免除了农民所承担的合作社义务。

为了解决农民与合作社之间联系少的问题，我们可以参考一些与合作社结构相似的经济主体的做法。例如，在股份公司中，为了鼓励公司员工提高效率，公司往往会支持员工以资本或科技、劳动等形式入股，年末可以与公司一起分红，与公司共同承担盈亏。在这样的模式之下，员工干活不仅仅是给公司打工，还进一步直接影响自己年末得到的分红。为了拿到更多的钱，员工就会更加努力，"为了自己"，而不仅仅是"为了公司"工作。效率提高了，公司的人工费用一定程度上就减少了，可容纳业务量增加了，公司收入也就相应变多了。

同样地，在合作社的体制内也可以据此推出类似的制度，以提高农民与合作社的联系，"绑定农社"，农民也会更多地为合作社考虑。

但是，采取"支持农民入股"这种发展模式既借鉴员工持股，又与员工持股有着很大的不同。与股份公司完全按"资本量"的多寡为分配标准所不同，农民专业合作社的盈余，除了一小部分留作公共积累外，大部分要根据社员与合作社发生的交易额的多少进行分配。按照按股分红与按交易额分红相结合的模式，以交易额分红为主是合作社分配制度的基本特征。

实践活动中，我们发现了当地农民入股的典型案例——包头市赋霖瑞发种养殖农民专业合作社。其经营模式大体如下：

首先是"定制收益"保底，确定粮食种植品种，年初向联合体成员下订单，以固定收购价保障农户的第一部分利益，确保种粮主体的粮食既能"卖得掉"又能"卖得好"。其次是"分红收益"增效，统一销售农产品获得的收入，在扣除管理成本后，将可分配盈余的70%根据联合体成员的交易额与股份进行二次分配。最后是"发展基金"共享，将每年净利润的20%作为发展基金，用于拓展销售渠道、支持成员扩大再生产等；将净利润的10%作为风险基金，建立自我管理、内部使用、以丰补歉机制，提高联合体成员应对天灾人祸、市场波动的抗风险能力。

我们主要关注的是"分红收益"增效部分。该合作社中农民的入股使其在二次分配中能够得到更多的分红,这是入股的激励策略。而其自身也因为入股与合作社绑定在了一起。"一荣俱荣,一损俱损",农民们就不会轻易退出,而是更努力地为合作社谋福利了。

　　农民专业合作社作为商品经济背景下农民增强市场地位的强有力手段,理应得到更好的发展。一社四联——通过合作社联系农民、市场、政策、科技,借鉴成功案例,知悉错误经验,坚持创新方为合作社发展的最终出路。坚持改善发展合作社,努力提高农业集约化发展,是为解决"三农"问题根本的方式之一。

关于东贾村、东卜村乡村振兴发展模式的调研报告

朱永强

一、调查背景

实施乡村振兴战略是党的十九大所作出的重大战略决策，这一战略决策旨在促进农业农村现代化，实现乡村的全面振兴，推进社会主义现代化国家的早日实现。如今这一战略实施已过去多年，部分农村已成为全国乡村振兴示范村落，这些乡村已经形成的乡村振兴的发展模式值得我们探讨分析，总结出可推广复制的模式为乡村振兴的全面推进提供必要的理论支撑。此外，2023年是全面落实党的二十大精神的开局之年，党中央号召大家掀起调查研究之风，我们作为青年学生理应响应党中央号召，深入基层，感悟祖国乡村大地的发展成就。

此次调研的目的地是山西省晋中市太谷区任村乡东贾村、东卜村，这两个村庄作为全国乡村振兴示范村落，是非常值得我们深入调查研究的对象。它们通过深入挖掘本地资源和优势，培育壮大具有竞争力的特色产业。这一举措不仅提高了农民的收入，也为当地提供了更多就业机会。其中的村企结对模式和东贾村的"零碳小院"治理模式更值得我们细致探究。它们的成功经验可以为其他地区乡村振兴的推进提供一些借鉴和启示。

二、现状与问题分析

（一）经济发展情况

东贾村是一个以种植经济农作物为主的绿色生态农业村，主导产业以葡

萄种植、番茄、彩椒种植为主。截止到 2023 年 7 月，东贾村各类经济作物种植面积总计达到 1200 余亩，带动从业村民 165 户，从业劳动力 281 人，年产量 1200 吨，产值 254 万元，亩均收入达到 3500 元，总收入达到 420 万元，仅酿酒葡萄一项就能为农民人均提供收入 6677 元，占到农民纯收入的 70.8%。

在东贾村种植基础和地理优势的基础上，1997 年香港企业家陈进强先生在此创建了怡园酒庄。酒庄现有葡萄园 1000 余亩，有产能近 3000 吨葡萄酒的生产设施，近年产量在 150 万~200 万瓶左右。怡园酒庄作为本地的特色产业，在坚持打造国产精品酒庄的同时，还积极带动当地农户种植酿酒葡萄，这不仅给周边各村带来了新的就业机会，吸纳各村劳动力资源，更为加快农业产业化发展步伐做出了贡献。

东卜村与东贾村相邻，也是一个以种植经济作物为主的绿色生态农业村。截止到 2022 年 8 月，东卜村现有 69 户，203 人，耕地 1200 亩，其中红枣经济林 1000 多亩，酿酒葡萄 140 亩，苹果 60 亩，桃、杏 100 亩，大棚 38 座。本地壶瓶枣基地就有 1000 多亩，东卜村的壶瓶枣由于其良好品质，现已远销华中、华北等全国各地。

与此同时，东卜村积极探索发展增加农民收入的新产业、新渠道，因地制宜利用本村大量果树形成的园林式农园开发绿色观光乡村旅游产业。此外，早期的采煤和砖窑产业致使东卜村内现在保留大量集体建设用地，东卜村党委充分利用这一资源，依靠自身优质的农业基础、良好的农事环境和便利的交通条件，积极引进第三方企业资本，2020 年田园东谷文旅公司入驻后，东卜村两委综合运用农村集体产权制度改革成果，运用"整体打包捆绑开发"模式，将现有的经营性资产整体打包入股该公司，统一调配，开发出乡村文旅、乡风民宿、野营采摘等增收新业务。

（二）社会发展情况

东贾村村内住房、交通、水电、通信、休闲娱乐设施等基础设施完备。东贾村党支部积极创建精神文明和谐生活，致力于营造满足农民精神文化需求。具体表现：第一，建设乡村书舍，积极开展诸如读书交流分享会的活动，丰富村民的精神内心生活；第二，任村乡党政文宣干部定期宣传党的农业惠民政策和农业科技服务；第三，红蓝融合，乡村书屋融合"小森零碳农院"，定期开展省内各高校学生志愿活动，向周边村民群众宣传消防安全知识、法律法规；第四，举办未来乡村市集节，开启美丽乡村在物质富裕后群众精神生活和村庄未来发展的新模式。

东贾村靠近太焦铁路、榆黄公路干线，交通十分便利。在公共交通方面设有专线，公交车连接太谷区与榆次区市区和东贾村之间的道路。在火车航空交通方面，距离较近的主要火车站、高铁站以及机场距离东贾村都有16公里以上的距离，距离较远。

东贾村地理位置优越，位于山西省中部地区，地势较高，空气清新，环境相对较为幽静。自然资源丰富，村庄周围有丘陵和山地，自然景观较为丰富，具有一定的旅游资源潜力。由于地理位置和气候条件，东贾村的植被覆盖相对较低，表土暴露，容易导致水土流失。土壤质量较差，土壤主要为黄土壤和砂土壤，质量较差，容易出现干旱、流失等问题，限制了农业的发展。

综上所述，东贾村的生态环境条件在地理位置、自然资源丰富以及生物多样性方面存在一些优势，但植被覆盖和土壤质量等方面存在一些不足之处，需要加强生态保护和环境治理工作。

东卜村村内道路全部为水泥硬化路面，所有道路都装有高亮度节能灯。通往村外的交通也十分便利，村庄修建有村民文化生活广场、运动场等文化休闲娱乐设施。村庄住房条件较好，水电、通信等一应俱全。现代化农业机械种类齐全，农业耕作一半能达到半自动化。

当地政府高度重视东卜村的民生问题，积极采取政策措施，重点解决村民的基本生活需求，提供社会保障和福利支持。近年来，当地政府投入资金建设医疗设施，村里设有卫生站或者诊所，提供基本医疗服务和健康咨询，方便村民就医。东卜村的基础设施得到改善，道路、供水、供电和通信等基本设施得到建设和完善，提高了村民的日常生活质量。另外，当地政府积极扶持农业发展，提供农资和技术指导，帮助村民提高农产品产量和质量，促进农民增收。政府引导和支持东卜村的农民就业，通过扶持农村产业发展和农民培训，提供更多的就业机会，改善村民的经济来源。总之，山西省晋中市太谷区东卜村通过政府关注、教育水平提高、医疗保障改善、基础设施改善、农业发展支持和农民就业机会增加等方面的努力，取得了一定的成就，在增进当地民生福祉方面表现出积极的态势。

东卜村靠近108国道，毗邻太长高速公路，交通条件较为优越。东卜村距离太谷县城较近，交通便利，便于村民前往县城工作、生活和进行其他活动。基础设施完善，村庄周边有公路和乡村道路相连接，道路宽敞，交通设施较为完善，有利于村庄内外的交通流动。但是，公共交通相对薄弱，缺乏直达县城和其他地区的公共交通工具，村民出行选择有限。另外，尽管靠近县城，但东卜村周围的交通网络相对欠缺，距离火车站、高速公路等交通枢纽较远。

如今的东卜村只有80多户人，却有2000多亩地，是一块完全"绿色·生态·环保"的风水宝地。东卜村四周枣园、葡萄园等果园环绕，与驰名中外的怡园酒庄相邻，是太谷区乡村振兴建设美丽乡村的典范，更是晋中市民营资本下乡、盘活"五地一产"整体打包发展的典范。

三、问题与对策

（一）东卜村、东贾村的发展问题与困境

1. 道路交通与公共服务不够完善

东卜村、东贾村虽然公路基本网格化，但是外部交通可达性较差，高速公路和铁路大交通体系尚未完善，前往车站、县城的公共交通工具甚少，整体交通薄弱。部分地区地理位置相对偏僻，区位条件差，制约了物流、电商等产业项目选址引进，成为两村经济发展的瓶颈之一。东卜村基本没有产品齐全的超市、便利店；没有沟通交流、休闲娱乐、健身锻炼的场所。东贾村以"零碳小院"为轴心设立起便民广场，但规模甚小，村民精神生活不够丰富多彩。两村地理位置邻近，但均未设置正规的乡村医院，医疗体系建设有待加强。就所考察的现状而言，两村教育资源相对匮乏，前往乡镇学校就学成为村民唯一的就近选择，且乡镇学校仅设小学、初中，难以为东卜村、东贾村适龄学生提供充足的教育资源。

2. 农村建设用地突显供需矛盾

东卜村、东贾村农村建设用地问题几乎成为所有村庄都无法回避的一个难题。土地是经济发展的载体，也是确保粮食安全的战略资源。随着乡村振兴的全面实施，农村经济社会快速发展，招商引资的步伐明显加快，对建设用地的需求也日益加大。但严格的用地政策和各村现有的用地指标已不能满足本村实际发展需要。土地资源是有限的，土地供需矛盾随着实际发展需求的扩大而不断加剧。据考察，东卜村将大量闲置土地用于建设商业"温泉小镇",虽有带动当地旅游发展的趋势,但无法让乡村振兴充满活力与持久的生命力,长此以往,极易形成"等、靠、要"的危险状态,收入不能完全取决于资方的回馈。东贾村的支柱产业"怡园酒庄"占地面积庞大,其种植的万亩葡萄园与当地居民原先的耕地面积存在冲突,以钱换地的方法同样不利于乡村振兴的长久发展。

3. 就地发展能力不足

东卜村集体产业较少,东贾村更是陷入无集体产业、无集体可自由支配资源、无集体财产、无集体收入等多个困境,导致村级组织自身"造血功能"不足。仅靠自主参与的特色农业产业项目经营性收入的收益,村民难以支撑家庭一年的花销。在调查过程中,紧缩的大门、家门口年迈的长辈都体现出当地青壮年劳动力缺少的现状,其根本原因与当地发展能力不足紧密相关。

(二) 对策与解决方案

1. 加大金融与信息技术支持

在发展乡村经济的过程中,东贾村、东卜村应积极探索"金融+集体资产"的模式,充分利用国家金融支持政策,寻求上级政府部分财政支持,让后备资金更加充足,设立乡村振兴、生态综合治理等专项基金,通过模式运作,盘活集体资产,以推动农村基础设施的整体建设与村集体经济的壮大。通过"互联网+"手段,帮助村民使用各种流行电商平台,如快手、抖音等,这些新媒体的应用可以有效加快东卜村、东贾村特色农产品项目的销售,数字技术在农村经济增长领域的应用取得的成绩,为乡村振兴提供了有利的条件。

2. 加强宣传,规范征地

通过加强宣传力度,来营造节约集约用地的良好氛围。同时要加强村民参与和监督的意识,促进土地利用方式的转变,为推行土地集约创造良好的舆论氛围。解决好征地过程中存在的矛盾,才能防止耕地大量闲置,使农民权益得到保障。禁止违法违规征地,要通过强化土地利用规划约束和用途管制、严格区分公益性和经营性两种不同性质的用地、严格控制征地规模和改进土地征用补偿方式等举措,解决好征地过程中村民与资方的矛盾。

3. 加快基础设施建设

农村道路是农村基础设施建设的重要组成部分，是农村发展的重要前提。城乡交通一体化是大势所趋，乡村交通加强不仅是农民们生活所需，也是各地政府为落实乡村振兴战略的必要举措。因此要加快配套齐全东卜村、东贾村两村的公共交通工具建设，提升与太谷市区的沟通交流能力；要在公共服务领域实施线上线下结合，加强信息化，在保障农民福利方面持之以恒，满足乡村居民多元化需求；要增加村级公共服务设施建设力度，建设规范、美观、实用的村级公共服务设施，逐步实现城乡一体化，真正实现地域共享，让农民享受到更为便捷、优质的服务。

四、可推广的模式

（一）乡村振兴党建联盟

任村乡党委抓住部分党支部组织薄弱、资源失衡、产业分散等短板，坚持以党建引领，与所辖地域相邻、产业相辅、优势互补的村建立乡村振兴党建联盟，搭建起一个全乡信息、资源、资金、技术、项目、市场共享的平台，引领全乡的乡村振兴，推动全乡各村一体发展。联盟成员原党支部格局并不改变，成员轮值联盟主席，轮流牵头组织开展一些特色活动，促进联盟成员共同发展。

（二）村企结对模式

东卜村、东贾村两村充分利用自身地理资源优势，积极探索村企共建新模式，与区、市多家企业达成联结合作关系。按照"党建引领，村企共建，互利互惠"的原则，让村企共建成为促进集体经济发展的有力抓手。

（三）共享零碳小院乡村治理模式

东贾村"零碳小院"乡村治理模式，以小院社区为基础单元，通过在农业、能源、交通和生活方式等方面实施低碳化措施，促进农村经济发展，改善生态环境，提高农民生活质量。这种乡村治理模式具有鲜明的特点：一是资源循环利用。该模式注重推广循环农业、有机农业等可持续农业模式，通过资源的最大化利用和循环利用，减少环境污染和资源浪费。二是社区自治。该模式鼓励社区居民积极参与决策和管理，建立相互信任和合作的社区自治体系，发挥社区居民的主体性和创造力。三是科技创新。该模式推崇科技创新，在农业生产、能源利用和生活方式等方面应用先进的科技手段，提高农村生产力和生活品质。四是可持续发展。该模式强调经济、社会和环境的协调发展，追求长远利益，重视对子孙后代的责任与尊重。

将政府、企业、社会组织和居民纳入一个协同合作的框架中，共同推动乡村的可持续发展。同时，该模式注重低碳生态、社区自治和科技创新，具有一定的适用性和可行性。

此次调研考察活动的内容十分丰富，我们感触颇深："零碳小院"模式以共享整合多方面资源、创新服务模式来促进农村产业升级，推动乡村振兴。在这里我们体验到了不一样的乡村农院，这里吸引了一大批热爱乡村事业的年轻人参与进来。这也让我深刻认识到推动乡村振兴的关键在于人，留住了青年人才，乡村现代化才能更早地实现。同时，推动乡村发展，一定要坚持党建引领这个核心，只有村党委敢于因地制宜，开拓创新，才能带领村民群众走向更好的未来。

关于传统手工艺文化中蜡染的传承与推广策略研究的调研报告

王富毅　傅璐茜　江秋儒　孙一凡　王舒琦

近几年来，非物质文化遗产（以下简称非遗）的研究和开发正在逐步被人们关注，但是有很多小众且具有强烈民族特色的非遗正在被人们忽视和遗忘。我国的非遗文化保护程度仍然需要大幅度的提升。这篇报告是以西部地区一个少数民族的非遗——蜡染濒临灭绝的状况为基础而成，主要是根据实地调研等方式收集到的资料，分析其存在的问题并给予建议，为这样难以被发现的民族非遗提供发展对策。目前根据我们的资料显示，蜡染这一项非遗的研究非常少，或者换句话说，对于小众非遗的特别化研究的数量都不多，所以本篇研究报告可以说是抛砖引玉，让人们更加努力去发现并保护自己身边的小众非遗。

一、蜡染存在的问题

蜡染存在以下问题：

1. 市场占比低：苏绣、湘绣市场占有率分别为83%和12%，而蜡染只占很小份额，市场较为萎缩。

2. 品牌影响力不足：蜡染未能形成品牌，机器替代手工导致质量下降，市场形象不佳。

3. 发展载体单一：产品主要集中在家居布艺等领域，缺乏设计、宣传等载体支持。

4. 知识产权保护不足：缺乏标准化产品鉴定文件，导致市场充斥假冒产品。

5. 传承人数减少：由于市场低迷，传承者减少，技艺面临失传危机。
6. 宣传不足：蜡染特色未得到外界充分宣传，与时代脱节，创新不足。
7. 创新不足：蜡染产品缺乏创新，难以满足现代多样化需求，落后于潮流。
8. 生产规模小：仅有少数规模较大的作坊，多为家庭个人手工作坊，产品单一，资金发展受限。

二、宣传媒体研究

（一）非遗题材的纪录片

1. 创作价值和意义

（1）美感的体现

纪录片透过影像记录非遗的制作过程，展现动态美感。透过详细拍摄工艺制作过程，展示非遗之美，传达手艺人的匠心和工匠精神，以及时代精神，弘扬传承精神。结合当地自然、风土人情、历史和宗教等展示，帮助人们更深入了解非遗，领略文化之美，提升非遗地位。

（2）时代精神和文化的传承

纪录片通过技术记录非物质文化遗产制作过程，多角度拍摄确保真实性和完整性。数字化处理后，以动态形式展示，增强文化传播效果，使纪录片更具感染力，观众更易被吸引和理解背后意义，传达效果更显突出。

2. 非遗题材纪录片的叙事方法

（1）叙事结构思维

在非遗题材的纪录片中，通常采用串联式叙事结构，这属于渐进式叙事结构的一种形式。这种结构通过多条故事线索来展示，主要以制作工艺、传统手艺人的发展和成功等为主线。通过非遗的传承人、见证者、保护者等角色构建主线，展示手工制作工艺的过程、历史发展以及现状，突出非遗的内涵，引发观众思考和关注，从而起到传承和保护作用。

（2）叙事技巧和手法

在纪录片创作中，空间叙事和历史空间构建是重要手法。解说词和声音的搭配至关重要，语调、节奏和质感要符合文化氛围。剪辑方法能全面展示制作过程，加强细节表达，体现手艺人的精神。在拍摄蜡染非遗传承的纪录片中，适合采用串联式叙事结构，以人物为中心构建多条线索，融入大自然和民族文化元素。设计悬念和伏笔，引发观众兴趣和共鸣。通过展示文化差异，传递文化内容，渗透文化内涵。借助剪辑和镜头叙事技巧，突出发展难题、文化历史，增强纪录片表现力和现实意义。

3. "抖音"等新媒体在非遗传承中的角色

新媒体在非遗传播中发挥着重要作用。随着抖音等短视频平台的崛起，传播方式和效率发生了革命性的改变。短视频形式生动有趣，展现非遗的制作工艺和特色，拉近观众距离，丰富文化内涵。抖音的活泼风格能使非遗内容更生活化，增强吸引力，让非遗成为"爆款"。通过将非遗与现代文化融合，提升公众文化素养，增强用户参与性和互动性，评论区互动促进用户兴趣和黏性，为非遗传播带来新思路。

三、案例分析

(一) 蜀绣的现状和问题分析简括

蜀绣与苏绣、粤绣、湘绣并列称为我国著名的四大名绣，是我国古代传统纺织工艺中技术成就较高、极具地方特色的刺绣手工艺，在四大名绣中以针法见长，具有传统文化的特色。

但是相对于苏绣、湘绣的蓬勃发展，蜀绣的发展后劲明显不足，发展的空间不够，更新速度相对迟缓。人才培养的机制也相对落后，大多数形式为师傅对弟子的口授心传，人才培养进度缓慢且未能形成规模。再拿蜀绣的相关企业来说，具有小、散等特点，更多的是家庭式手工作坊，生产能力不足，产品的样式设计等较为单一，不能很好地满足市场需求。

(二) 措施分析

1. 依托其他载体共同发展

(1) 与博物馆书画类藏品合作，开发文创产品

将书画藏品与蜀绣结合起来，在存放条件受限、无法与大众共赏的书画藏品与面临失传的蜀绣之间找到平衡点，彼此提升文化价值，实现共同发展。

(2) 将川剧戏服与蜀绣结合

将川剧戏服与蜀绣结合起来，以戏服作为蜀绣载体，每一次川剧的表演

都可以成为一次蜀绣的展示，每一次蜀绣的展览也可以成为川剧发扬的场所，作为两种特有的文化实物，具有强烈的地域特色和排他性，可以开拓新的消费领域而无法被其他产品所取代。

（3）在四川茶叶品牌形象中设计运用

四川是一个茶文化大省。蜀绣内涵美好、具有装饰意义，非常符合中高端川茶品牌的定位，顺应茶文化逐渐走向高消费人群的趋势，将蜀绣与川茶结合，有利于打造具有地域特色的产品，共同推动发展。

2. 将高新技术与传统技艺结合——以区块链的实践为主

当前，从国家层面、省级层面都认可了区块链技术。[1]所谓的将区块链技术与蜀绣结合，就是通过设备扫描，得出刺绣针数、用色数等数据把模糊的东西量化。所得数据嫁接区块链技术，利用其无法篡改的特性，或许可以制定一个市场通用的蜀绣价值标准，推动蜀绣市场化，助力蜀绣振兴。区块链具备了"去中心化""难以篡改""可追溯性""可跟踪性"等特点和优势。利用区块链技术可解决蜀绣绣品市场定价不标准、交易不流通等一系列的问题。[2]

3. 创新传统技艺

（1）传统技艺的交互运用

蜀绣蜀锦是中国民间的传统手工艺，具有特殊的地域文化内涵。但是随着传统产业链的变化，在传统技艺上可以进行创新，比如与扎染、钉珠、编织等巧妙结合，创造渐变的图案，同时结合刺绣，更加细腻，让染织作品更加抓人眼球。结合编织技法，编制的粗和刺绣的细形成对比，更加立体。用多种技艺创造出的作品不仅赋予产品更冲击的视觉效果，更是一次跨地域代表的文化交流。[3]

（2）植物染料的创新

植物染色是我国传统的染色方法，由于技术限制，在色系、色彩方面无法跟进时代多彩化的时尚审美要求，具有很大的提升空间。所以可以根据当代审美对传统色彩进行调整设计，满足蜀绣与流行趋势结合的设计需求。

---

［1］ 参见唐千惠等：《蜀绣与区块链穿越时空"对话"》，载《经营管理者》2018 年第 8 期。
［2］ 参见唐千惠等：《蜀绣与区块链穿越时空"对话"》，载《经营管理者》2018 年第 8 期。
［3］ 参见朱睿：《蜀绣蜀锦考察及其创新运用》，载《西部皮革》2018 年第 14 期。

4. 加强人才培养

（1）以职业教育为基础的人才培养

在成都市政府的支持和鼓励下，蜀绣和高职院校的合作发展已经走上了正轨。以职业教育为基础，培养能够传承蜀绣技法、领略文化内涵的高素质人才，增加蜀绣的创新开发人才，将蜀绣推向专业化和职业化。

（2）非遗传承与居家就业结合

成都市通过引导城乡剩余劳动力居家发展蜀绣，探索出"绣娘+绣坊（庄）+基地+合作社（公司）"的就业推动模式。[1]政府引进培训公司，在蜀绣传承良好的地区进行基地建立并主持培训活动，提高从业人员的技能和数量；引进民间资本建立蜀绣的相关企业，培训后的人员直接通过公司进行统一的就业，保证他们技术学到手后能够马上工作，留住技术人才，实现就近就业。政府扶持建立基地，搭建集培训、工作、销售、展览宣传为一体的蜀绣产业链，推动周边产业的发展。

5. 立足全媒体，增强蜀绣的宣传力度和质量

全媒体能够通过各种媒介全方位打造蜀绣内涵、宣传蜀绣文化，综合体现蜀绣的形态和美感，为受众打造一场多维度的视听感官盛宴。目前，蜀绣已经开始探寻这样的宣传道路了。例如，在纪录片的拍摄方面，在《中华绝技》第46集和《非遗中国·重庆瑰宝》第23集能够看到蜀绣较为全面、完整的介绍，而在2015年春晚上，《蜀绣》这首歌曲更是让全国的观众一下子将目光聚集到了它的身上。宣传和推广已经成为一个产业不可忽视的部分。

四、建议

（一）产学研模式——为蜡染培养人才

1. 以职业教育为基础的人才培养。实际上当地的高职院校完全可以开设相关的专业和课程，培养既能够传承蜡染制法，又能够发扬蜡染文化内涵的技术型人才，打造具有浓厚民族内涵的特色专业。

2. 学校可以与当地初具规模的手工作坊等达成协议，为相关专业的学生

---

[1] 参见孙艳：《非物质文化遗产传承与居家灵活就业——以蜀绣"成都举措"为例》，载《中共成都市委党校学报》2017年第4期。

争取机会，让他们在接受学校里的专业知识后，能够到作坊或者工厂真正进行实践操作，为他们提供更为丰富的资源，提升他们的能力。

3. 学校在开设专业之后，可以聘请当地的老手艺人进行授课讲解，那么也可以依托这些手艺人，成立相关的蜡染创新开发研究所，为他们搭建一个拥有自我话语权的平台。

（二）灵活利用就近劳动力

1. 培训职业性人员。培养这些技术人员更加注重对蜡染传统手艺的培训，而校园内专业学生的培训更加注重创新。在培训期间，政府可以进行一定的补贴，在培训结束后可以拿到相关的结业证明，从而可以从事蜡染制作相关工作，为蜡染制作储备人才。

2. 依托企业、工厂，探索培训就业一体化。政府可以通过引进民间资本成立一些有能力的新企业，培训人员经过政府的组织培训后直接安排到企业内部进行就业，政府给予企业相应的补贴。

3. 组织扶持基地建设，形成从培训到上岗再到产出、销售的一条龙产业化模式。政府组织扶持专业化的基地建设，将各大小相关企业的所在地、工厂规划到一起，形成一个较大的产业园，既可以实现规模化生产，形成规模效应，增加接受订单的能力。

（三）政府政策引导——为蜡染发展提供坚强的后盾

1. 加大产业投入力度。鼓励引进民间资本，为蜡染提供强有力的财力支持，对蜡染的发展可以减免税收，减轻负担，促进产业的资金利用和回流，促进产业发展。

2. 健全政策支撑体系。为蜡染打造一个由政府引导支撑的宣传和销售平台，推动企业与政府间的良好合作，共同打造具有代表性的示范性基地，打造龙头企业和重点产品，对原本的"蜡染一条街"重新设计打造，形成一个专业化的产业圈；也要搭建蜡染向外走出去的渠道，争取参与较为知名的展览等机会，引导企业的"抱团式"发展，提高走出去的能力。

3. 加强市场监管力度。目前我国市场上出现了许多假冒伪劣产品，政府应该加快与老手艺人等相关领域的专家、学者共同商讨辨识真品的措施和对策，如防伪标志的设计和运用、产品检测中心的建立等。此外也要加大市场的监管力度和打击力度，对假冒伪劣产品的生产方进行严肃处理，为蜡染的市场营销打造一个干净的环境，使其树立良好的产品形象和市场信誉。

（四）现代市场营销理论分析优化建议——差异化策略

1. 市场细分。将市场的消费人群和消费需求进行细分，将产品分为高级的个人定制和适合大众消费水平的一般制作。制定差异化的营销和产品战略。

2. 产品结构。注重产品的创新和开发，将产品的质感提升到一个新的阶层，创新更多的产品款式，跟进时代潮流。

3. 价格档次。价格是影响消费者的一个重要因素。蜡染作为一个纯手工制品，差异化的营销和产品战略中也应该设计不同价位的产品，通过控制成本来构造满足不同消费阶层的购买者的心理预期价位。

（五）高新技术运用

1. 区块链的运用

区块链就是将蜡染的实物量化，收集数据，利用区块链技术对数据进行整理，利用无法篡改的特性，制定一个蜡染的标准化要求，推动蜡染的真伪鉴别技术。

2. AR 技术的运用

AR 是一种实时的计算摄影机影像的位置及角度并加上相应图像的技术，对于蜡染一些较为珍贵的服饰品，为了防止其损坏程度加剧，可运用该种技术，从而使顾客得到良好体验的同时，也能够对蜡染制品起到保护作用。

（六）全媒体运用——信息时代的媒体宣传对策

纪录片可以采用串联式结构，通过多条线索来构建纪录片的结构，以人物作为中心来进行设想和构建。增强纪录片的正式性以及现实意义。

除了纪录片之外，微信公众号、微博等大型的交际应用也能够达到宣传的目的。此外，除了在形式上的开拓与发展之外，也要注重宣传的质量和水平。首先，就宣传内容来说，内容简洁而具有代表性、总括性才能够将人们的关注度高度集中，能够在较短时间内将核心思想传达出来，并能够适应人们的碎片化时间利用习惯；其次，就宣传频率来说，应该掌控宣传次数，宣传的频率应该保持在能让人时常想起而又不至于反感的范围之内，比如一周两次或者一个月三次等。

本文的写作是建立在查阅其他传统工艺资料和进行实地采访、观察的基础之上，社会实践调查使得我们能够深入了解蜡染这项传统手工艺在当地的发展，并了解其在传承和市场发展方面的困境，将传统工艺与现代技术发展结合起来，从现代化角度为其发展进行研究并且提出相应的建议。社会的进步并不意味着传统的丢失和抛弃，少数民族传统手工艺作为传承数年来无数代人的经验之作，仍能流传至今，证明其具有实用价值、审美价值。其中包含的少数民族的美学意义，一同构成了丰富的中华文明。所以，传承和发扬它们是我们维护文明多样性的必要之举。

习近平法治思想下基层法治建设的现状、困境与出路

以山西省石楼县基层法治建设实践为例

李群英

为深入贯彻落实习近平法治思想,赓续法治精神,传播法治火种,响应习近平总书记"让青春之花绽放在祖国最需要的地方"的号召,中国政法大学"薪法相传"实践队依托团中央"法治中国青春行"和中国政法大学与山西省吕梁市校地合作实习实训活动,以基层法治建设为主题在吕梁市石楼县开展了相关实践调研活动,取得了丰硕的调研成果。基层法治建设是社会治理体系的重要组成部分,对于实实在在维护公民合法权益、促进社会和谐稳定,推动经济健康发展具有重要意义。虽然基层治理是国家治理体系的"神经末梢",却是直面人民群众的第一线,法治建设有没有落实、法治观念有没有提升、法治效果好不好,都能直观地展现在基层法治建设的点点滴滴中。为了深入基层,实践队6名成员历时33天,踏遍吕梁市26个地方,到访政府单位、司法机关13个,开展普法宣讲6次,开展座谈会9次,进行红色教育活动7场,调研访谈100余人,发放宣传手册1000多份。通过扎实的实践和调研,实践队掌握了丰富的第一手资料,为更加全面地认识基层法治建设的现状和问题,进一步推动基层法治建设奠定了坚实的实践基础。

为抓住基层法治建设主要矛盾和关键群体,取得有针对性、可转化性的调研成果,实践队确定了以司法运行反射基层法治建设状况,抓主要节点铺陈法治文章的基本调研思路。即在开展具体的调研活动之前,先通过与法院、检察院等司法机关进行调研座谈,了解当地司法运行状况、主要法律纠纷,以及当地法律服务发展情况,透过司法活动这面镜子,找到基层社会治理的

焦点，针对突出法律矛盾和纠纷，以及有特定法律需求人群展开有针对性的调研，最终通过抓主要矛盾、重点人群，描摹一个基层社会的法治建设状况。沿着上述调研思路，实践队在与检察院、法院、司法局、律协等单位座谈后，了解到当地青少年犯罪问题突出、离婚案件数量较大、涉案企业合规案件突出、外出务工人员较多等特点，决定分别针对青少年、乡村社区、中小企业和外出务工人员展开基层法治建设的具体调研活动。

一、石楼县基层司法体制现状及其问题

员额制改革是司法体制改革的重点和焦点，其本意是要确保审判人员的专业性，让审判人员、辅助审判人员、司法行政人员各司其职，加强法官队伍的正规化、专业化和职业化，提升司法的效率与公平。

在近十年的发展中，司法员额制改革取得了一系列积极效果。这一改革促进了法官、检察官队伍的正规化、专业化和职业化。通过重新遴选法官、检察官队伍，优化法官、检察官结构，选拔出具备更高专业能力和素质的法官、检察官，从而提升了司法效能和质量。但是目前这一制度在基层司法机关的运行中存在员额法官和员额检察官数量不足、法官助理"入额难"、中院法官助理和检察官助理到基层入额情况不佳等问题。

1. 员额法官和员额检察官数量不足，专业审判人员办案压力和办案强度较大。石楼县属于人口小县，每年的民事案件在500件~600件，刑事案件100件左右，横向对比其他基层法院而言，案件数量并不算多。与之相对应的是石楼县司法机关中员额法官和员额检察官的数量较少，员额法官和员额检察官办案压力较大。目前石楼县人民法院员额法官13名、人民检察院员额检察官9名，员额人数已经超出了《关于司法体制改革试点若干问题的框架意见》中的标准，但由于基层法院多为一般案件，纠纷类型复杂，且与中院、高院进行纵向对比，基层法院的案件数量较多且法官需要直接面对各类冲突，导致基层员额法官、员额检察官的工作难度和工作强度都很大。

2. 法官助理和检察官助理的"入额难"问题，导致其工作态度和工作意愿消极。在现有的案件数量不会大幅度增加的情况下，法院和检察院的员额法官、员额检察官数量将一直维持不变，由此产生的问题就是法官助理、检察官助理的"入额难"问题，即在案件数量不变的情况下，助理想要入额就

只有等到现有的员额法官、员额检察官退休或者淘汰,从而空出位置,这样的机会渺渺无几,且法官助理和检察官助理的人数每年递增,导致"入额"的难度增大。并且目前法官助理和检察官助理的晋升渠道单一,若是无法入额则只能一直做法官助理或者检察官助理,职级不变,否则就是转向行政岗位,晋升途径十分有限,这就会导致法官助理、检察官助理的工作消极。并且,按照《关于司法体制改革试点若干问题的框架意见》在上海试行的标准,在法院除了1/3的员额法官之外,还应当配有52%的审判辅助人员和15%的司法行政人员,但是受困于"入额难"的问题,不少法学生和社会人员报考法官助理和检察官助理的意向都大幅度减少,这就导致很多法院和检察院由于"入额难"难以招到足够数量的法官助理和检察官助理。法检的工作"性价比"降低之后,甚至部分基层法院、检察院难以招录到足够数量的司法行政人员。在法官、检察院办案压力和强度越发增加的情况下,法官助理和检察官助理早已成为法官和检察官办理案件的有力帮手,但是,如果法官助理和检察官助理数量不足、工作消极,就会影响法官和检察官办理案件的效率,也势必会对整个司法运作都产生影响。

3. 在中级人民法院,中级人民法院法官助理和市级检察院检察官助理到基层入额也是一大难题。根据《中华人民共和国法官法》第17条的规定,初任法官一般到基层人民法院任职。由此,考入市级司法机关的法官助理和检察官助理不能在本院入额,而应当在基层法院工作后入额。但目前这一制度的实施效果却不尽如人意,主要存在以下四个方面的问题:入额机制运行效率低且不规范、各地入额标准不统一不适当、助理到基层入额的积极性差、缺乏与入额机制相配套的制度措施。这就导致市级司法机关的法官助理和检察官助理到基层入额的实际效果不佳,无法实现设置该制度的最初目的。[1]

首先,尽管司法体制改革已经10年之久,但是市级司法机关的法官助理和检察官助理到基层入额的模式并未在全国得到有效开展,很多法院对此只是持一种观望态度。其次,实行这项制度的不同法院之间,对于报名模式、入额模式和遴选模式等有所差异,各地标准不一。再其次,法官助理和检察官助理到基层法院入额意识存在较大偏差的错位,在市级司法机关有接近

---

[1] 参见余晓龙、杨富元:《中院助理到基层法院入额的模式探索与机制优化——以后员额制背景下法官选任多元化为视角》,载《南海法学》2022年第5期。

90%的法官助理和检察官助理报名意愿低、排斥到基层入额。最后，在实行基层入额制度时，相应的工资收入、工作保障、遴选制度却没有得到规范，导致市级法官助理和检察官助理并不想去基层入额。

4. 员额制法官、检察官的考核和监督缺乏规范且统一的标准，将导致司法队伍的专业化和精英化的目的落空。按照《关于司法体制改革试点若干问题的框架意见》的目标和要求，要想实现司法队伍的正规化、专业化和职业化，在实行员额制的同时必须要对员额法官和员额检察官进行监督，促使真正有所担当、专业能力强的人成为员额法官和员额检察官，但是各地法院和检察院对于具体的考核要求、考核标准、奖惩机制没有规范且统一的标准，导致入额即终身，不利于司法队伍的专业化和规范化建设。

二、基层司法中涉未成年人违法犯罪案件的治理掣肘及其应对

（一）石楼县基层司法涉及未成年人案件的司法现状

基层司法现状与其社会经济发展和人口现状有着密不可分的关系。石楼县属于人口小县，由于其经济发展较为落后，以农业为主，年轻人大多选择外出打工，留在农村务农的多为老年人以及由于父母外出而留守在家的青少年。而且，石楼县突出的社会问题在于离婚率较高，在石楼县人民法院每年受理的500件~600件案件中，有150件左右属于婚姻家庭纠纷，加上协议离婚的数量，整体的离婚率较高。从学校了解到，甚至部分班级离异家庭孩子的比例已经过半，由此导致许多青少年受到父母和家庭的影响。缺乏父母的关心和教育导致其心理叛逆，身心发展很不完善，甚至很多孩子处在无人能管、无人愿管的状态。由此出现很多涉及未成年人的违法犯罪案件，这些案件的特点为：

1. 涉未成年人刑事案件以轻罪为主且罪名单一。未成年人犯罪主要集中在帮助信息网络犯罪活动罪、盗窃罪、强制猥亵罪、交通肇事罪等罪，案件所涉及的刑罚较轻且案件事实较为简单，所以办理案件本身的难度并不大。与此同时，石楼县未成年人犯罪中多次犯罪、连续犯罪的情形较为普遍，典型的就是多次盗窃和连续盗窃的情形。所以最主要的问题在于对罪错青少年的矫治和教育措施，以防止其再次犯罪。

2. 针对涉未成年人案件，矫治罪错未成年人的司法资源、社会资源匮乏。

涉未成年人案件判处剥夺自由刑的案例较少，大多数都是缓刑或者管制，同时，在强制措施的适用上，《人民检察院刑事诉讼规则》第463条规定了检察院不予批准未成年人逮捕的情形。就石楼县而言，未成年人犯罪如果是初犯，不捕率、不诉率是100%，二次犯罪检察院可能会予以起诉，但即使起诉，法院判处剥夺自由刑的很少，近两年只有一个盗窃案件被告人被判处有期徒刑10个月。所以司法机关对犯罪的未成年人采取的强制措施主要是取保候审，拘留、逮捕的较少。在取保候审期间以及判处缓刑之后，面临的最大问题就是对其的矫治教育。

《中华人民共和国刑法》（以下简称《刑法》）第17条第5款规定："因不满16周岁不予刑事处罚的，责令其父母或者其他监护人加以管教；在必要的时候，依法进行专门矫治教育。"但是，由于大部分罪错青少年的原生家庭为离异破碎家庭，自然难谈家庭教育。首先，对罪错未成年人的社会矫治资源严重匮乏，石楼县人民法院和人民检察院办理未成年人案件的专门司法人员数量较少，检察院只有一个员额检察官，一个检察官助理，一个书记员；而法院也没有单独办理未成年人犯罪的庭审，未设少年法庭，对于未成年人的刑事处理上，至少在司法程序上，没有凸显未成年人犯罪的特殊性。其次，石楼县甚至整个吕梁市都没有针对未成年人违法犯罪的专门矫治学校。最后，社区矫正机构的管理人员较少，只有2人，但是需要管理人员达到70人~80人，且矫治措施主要表现为接受报告、组织参与公益活动等简单措施；同时有关机关对罪错未成年人的帮教措施不足，在人力和物力有限的情况下，石楼县的检察官对于罪错未成年人的管控措施仅限于每个月交一篇思想汇报，以及加微信关注朋友圈，及时关注其思想和行动动态。人手有限、场所有限加上措施有限，使得社区矫正尤其是针对未成年人的矫正和教育远远不够，难以真正教导其改过自新和认识到自己的错误。

3. 涉未成年人刑事案件从宽处理的幅度没有明确标准，司法机关难以把握。我国《刑法》第17条第4款规定："对依照前三款规定追究刑事责任的不满18周岁的人，应当从轻或者减轻处罚。"即未成年人犯罪属于法定的刑罚从宽情节，但是《刑法》及《最高人民法院关于审理未成年人刑事案件具体应用法律若干问题的解释》中重点强调的都是未成年人犯罪时哪些情形应当处理、哪些情形不应当作为刑事犯罪处理的规定，但是针对未成年人构成刑事犯罪时，应当如何从宽处罚、从宽多少处罚没有明确规定，这就导致司法工作人员在办理未成年人案件时无从适之，导致不同的法官和检察官、不同地方的司法机关对于未成年人犯罪的处理幅度不同，不利于司法公正的实现。

4. 基层机关开展未成年人法治教育工作成效甚微。关于未成年人涉及刑事犯罪的治理，根据《刑法》《中华人民共和国预防未成年人犯罪法》（以下简称《预防未成年人犯罪法》）的相关规定，对未成年人采用的是"预防为主、提前干预"和"教育为主"的原则。目前基层有关机关在法治宣传和教育上，虽然也有开展法治进校园的相关宣讲活动，但是效果不佳、质量不高。受互联网等多方面因素影响，目前的未成年人心智成熟较早，加之学校有相关的法治教育课堂，大多数未成年人具备一定的法律常识，但对于品行欠佳的学生来说，更关注法律对未成年人规制的"漏洞"，他们更关心未成年人违法犯罪但是不受处罚的情形，并且可能在知道自己不具备刑事责任年龄的情况下而对于犯罪无所忌惮，不利于预防未成年人犯罪。

（二）基层司法涉未成年人案件存在的主要问题及其应对方案

1. 做好家庭教育尤为重要。家庭背景对青少年的身心状况影响巨大，是犯罪的最大诱因，必须予以重视。同时，家庭教育不仅是家庭个人的责任，更需要社会承担责任，在家庭人员法律知识欠缺、法律观念淡薄的情形下，有关部门必须及时向家庭成员传播法律知识，明确父母的抚养和教育责任；同时，在开展相关的法律宣讲的时候，应当告诉家长在教育孩子遵纪守法上的有效措施和合理途径，才能联合家庭、举社会之力护航未成年人的成长。

2. 涉未成年人刑事案件的合法处理是对未成年人的实质保护。在犯罪处理上，石楼县检察院对于未成年人轻罪的初犯，几乎都不作为犯罪处理，只有在未成年人涉及重罪或者是继续犯罪时才会用刑事手段予以规制。这显示出我们基层司法机关对于未成年人犯罪的司法治理不足，涉未成年人案件需要合法合规处理而不是一味放纵与容忍，否则无法让未成年人认识到自己行为的社危害性，只会招致更严重的违法犯罪行为。按照《刑法》和相关司法解释的规定办理涉未成年人刑事案件，不轻纵但也从宽有度才是对罪错未成年人的最大教育。同时，根据《预防未成年人犯罪法》的相关规定，政府部门及司法机关应当采取相关措施预防未成年人犯罪，但是基层司法机关专门办理涉未成年人案件的专业人员数量有限，故为了减轻司法人员的工作负担，确保提前预防和精准司法，应当从村委、社区这些最基本的单位开始，统计了解相关情况、做好相关追踪和预防工作，为未成年人犯罪的预防和惩治做好准备工作。

3. 对涉案的未成年人进行矫治教育是做好未成年人司法保护的必要环节。有关机关应当承担预防教育的责任，公安机关、法院、检察院、司法所、各级人民政府应当主动采取有关措施加强对未成年人的法治教育。而针对不作为犯罪处理的未成年人，缺乏必要的专业人员、专门场所，使得对罪错未成年人的矫治教育工作难以有效开展，而专门矫治机关的设立及专业矫治人员的配备是实现矫治效果的必要前提。受制于经济发展，许多地方缺乏对未成年人进行矫治教育的场所，这是导致罪错未成年人再次犯罪的主要原因。因此，在有条件的情况下应当建设专门的学校，即使不能有专门学校，也应当在罪错未成年人所在学校设立相关的班级或者由司法工作人员、学校老师和监护人组成的矫治小组，实现对矫治人员的合理管控及其违法犯罪行为的有效预防。并且，针对追究刑事责任的未成年人，更要做好矫治教育和保障工作，一方面，要持续监控其矫治教育的情况，避免再有相关违法犯罪行为；另一方面，罪犯出狱后面临的社会问题在未成年人罪犯中尤其严重，更要注重对其出狱后的身心健康、受教育权、劳动就业权等相关权益的保障，确保学校和社会能对其包容接纳，杜绝其再犯罪。

三、基层司法中企业合规制度适用的困境及其应对

基层司法对于企业合规制度无从开展。就石楼县而言，由于其经济发展较为落后，受制于地形、人口等因素的影响，难以建立大型工厂且劳动人口较少，这就导致石楼缺乏大型企业，多为农产品加工类型的小微企业，企业的制度建设和法治建设也就比较欠缺。而地方的法治化水平和地方经济水平紧密相连，企业合规制度适用的前提是企业的规模较大、有较为完备的规章制度和法治建设，显然在缺乏制度健全的大型企业的情况下，企业合规在石楼适用空间有限。自企业合规制度设立以来，石楼县人民检察院仅做过一个企业合规的案件，是针对一家液化气企业，但是由于企业规模不大，合规适用也不完全，依然不属于典型的企业合规。且企业合规在监管、评估等环节需要多方专业机构的参与，在专业机构和专业司法工作人员不足的情况下，

基层地方难以有效开展。

完善企业合规制度，是其适用于小微企业未来法治发展的重要环节。小微企业在我国市场经济中占据多数地位，小微企业虽然规模不大、制度建设不够健全，但是其整体数量多、规模大，带动的劳动力就业和带来的经济效益都是不可忽视的，而现有的企业合规制度只适用于规模企业，在小微企业无用武之地。因此，正是这样的小微企业的法治建设才是最欠缺的。在如此现状下，合规建设不应当只为高端的大型企业、规模企业设立，也应当考虑小微企业的特点和法治需求，对企业合规制度进行完善，为小微企业适用企业合规扫清障碍，真正促进小微企业的合法合规发展，让企业合规制度为我国经济建设保驾护航的作用发挥得更好、更大。

四、基层司法对认罪认罚从宽制度的适用现状及其潜在问题

2019年10月24日，最高人民检察院联合最高人民法院、公安部、国家安全部、司法部召开新闻发布会，共同发布《关于适用认罪认罚从宽制度的指导意见》，对认罪认罚从宽制度的基本原则、当事人权益保障等作出了具体规定。认罪认罚从宽是指犯罪嫌疑人、被告人自愿如实供述自己的犯罪，对于指控犯罪事实没有异议，同意检察机关的量刑意见并签署具结书的案件，可以依法从宽处理。其作为一项新设立的刑事制度，目前已经在全国范围内得到普遍适用，石楼县也不例外。在石楼县人民检察院办理的刑事案件中，有80%~90%的案件属于认罪认罚案件，而在人民检察院提出量刑建议后，人民法院对该量刑建议的采用率几乎为100%。这也就意味着，在认罪认罚普遍适用的情形下，检察院的量刑建议权实质上对于法院最终的定罪量刑判决有着决定性的影响。

与此同时出现的问题就在于，有的案件原本事实不清、证据不足，但是由于出现被告人认罪认罚而不得不判，这实质上是一种不公的司法现状，如何使认罪认罚制度真正适用于有罪的情形，而不是成为无罪的人的牢笼，需要在司法检验中得到更加具体化和针对性的完善。此外，《中华人民共和国刑事诉讼法》（以下简称《刑事诉讼法》）第176条第2款规定："犯罪嫌疑人认罪认罚的，人民检察院应当就主刑、附加刑、是否适用缓刑等提出量刑建议，并随案移送认罪认罚具结书等材料。"就检察院的量刑建议权而言，虽说

是"建议权",但是其实质效力很大,因为《刑事诉讼法》第 201 条规定:"对于认罪认罚案件,人民法院依法作出判决时,一般应当采纳人民检察院指控的罪名和量刑建议,但有下列情形的除外……人民法院经审理认为量刑建议明显不当,或者被告人、辩护人对量刑建议提出异议的,人民检察院可以调整量刑建议。人民检察院不调整量刑建议或者调整量刑建议后仍然明显不当的,人民法院应当依法作出判决。"可见虽然法律规定法院可以让检察院调整量刑建议或者不顾量刑建议作出判决,但是其要求较高,且受制于司法实践中法检本身的考核制度,法院不会因为可能导致检察院的工作绩效落后或者受到影响而直接作出判决,这也就意味着,量刑权实质上很大程度是检察院在掌控,但是我国司法制度明确规定,审判权属于人民法院,而量刑权显然是属于审判权的核心。因此,认罪认罚制度的适用范围及其适用之后检察院提出量刑建议的法律规定需要在司法实践中检验其可行性和价值性,并适时做出相应的调整,以确保我国司法机关的相互制衡与司法制度有效性。

关于家庭结构对小学生综合素质影响的调研报告

张聪琦

一、研究问题

自 2021 年我国脱贫攻坚战取得了全面胜利以来，乡村振兴成为核心任务，其中人才与文化振兴、教育事业紧密相连。乡村小学教育作为国家教育的基石，虽有所提升但整体仍显不足。师资薄弱、设施不足和教育体系滞后制约了其发展。外出务工导致家庭结构变化，影响学生家庭教育。家庭教育是教育体系的基石，但常被忽视，影响学校教育效果。本文旨在探究不同家庭结构对小学生综合素质的影响，提出建议缩小差距，使家庭教育与学校教育、社会教育形成合力，培养全面发展人才，为国家繁荣贡献力量。

二、研究意义

（一）实践意义

乡村振兴与学生综合素质息息相关，尤其受家庭结构变化影响。深入研究此现象并提出对策，对提升学生综合素质及推进乡村振兴至关重要。此研究有助于解决学生在学业和行为上的挑战，使父母认识到家庭功能的重要性，并为政府和社会提供新思路，创造更多发展机会。深入探讨家庭结构的影响，有助于提升乡村学生素养，为乡村振兴和社会进步注入新活力。

（二）理论意义

尽管我国家庭结构研究丰富，但对家庭结构如何影响学生综合素质的研究尚不深入。本文以山西省吕梁市石楼县小学为例,设计并实施问卷调查,探讨家庭结构与学生综合素质的关系。研究发现家庭结构与学生综合素质有重要关联,并补充了以往未提及的影响因素。本文提出建议,旨在促进当地教育发展和学生综合素质提升,为后续研究提供理论参考。希望本研究能为改善家庭教育、优化学校资源配置、推动学生全面发展提供启示和帮助。

三、调研目标与思路

(一)调研目标

本次调研的核心目标是深入探究不同家庭结构对小学生综合素质的具体影响,并明确这种影响是如何作用于学生个体及其影响程度的大小。通过收集和分析相关数据,期望能够精准地识别不同家庭结构对学生综合素质产生的正面与负面效应,以及这些效应之间的差异。在此基础上,研究小组将提出针对性的建议与措施,旨在强化家庭结构对学生综合素质的积极影响,同时尽可能减小其负面影响。通过实现这些调研目标,期望能够为家庭教育的有效实施提供理论支持和实践指导,促进小学生综合素质的全面提升,并为培养具备全面能力的未来国之栋梁打下坚实基础。

(二)调研思路

本文以山西吕梁石楼县三所小学1年级~6年级学生及其家长为对象,探究家庭结构与学生综合素质的关联。研究预设不同家庭结构对学生素质有不同影响。首先,调查学生家庭状况及综合素质,包括家庭构成和规模、学业、社交、心理素质等。其次,分析家庭结构对学生素质影响的差异性。最后,提出针对性建议,为父母和教育实践提供理论依据,改善家庭教育,促进学生素质提升。

四、调研内容

本文选取了山西省吕梁市石楼县县域内的三所小学,即第七小学、第五小学和东风小学作为调研对象,重点关注这些学校1年级至5年级的学生。调研过程中,共发放了1542份问卷,并成功回收了1542份有效问卷,有效回收率高达100%。具体来看,各年级问卷分布情况如下:一年级392份,二年级218份，三年级341份，四年级263份，五年级327份，六年级1份。

（一）核心型家庭对小学生综合素质的相关性分析

核心家庭由一对夫妇组成，通常以父母及未婚子女为一个单位。根据调查，核心家庭在石楼县占比达到了49.81%，成为最普遍的家庭形式。

1. 核心型家庭对小学生学习能力的相关性分析

调查显示，核心家庭孩子成绩优异，75%在班级排名前40%，30%排名在前10%。课外阅读时长方面，近一半孩子每周阅读少于1小时，但仍有近30%能保持3小时内阅读。做作业方面，52%学生1小时内完成，33%需1小时~2小时。核心家庭结构稳定，双亲在家，母亲有更多时间陪伴孩子成长。相比其他家庭结构，核心家庭孩子成绩更优，学习习惯更好。

2. 核心型家庭对小学生兴趣培育的相关性分析

问卷调查显示，约33%来自核心家庭的孩子除学校的社团活动外仍参加了课外兴趣班，而66%的孩子没有参加。相比于母亲陪读型家庭只有25%的学生参与了课外兴趣班，核心家庭的家长因为较好的经济条件，通常能为学生提供更优质和丰富的学习资源，满足其发展需求。另外在运动时长方面，近一半的学生每周运动时长达2小时以上。

3. 核心型家庭对小学生劳动与社交能力的相关性分析

调查结果显示，约49%的孩子在一周内协助家长做1至2次家务，大部分孩子在家或多或少都会协助家长做一些简单的家务。另外仅有7%的孩子在家从不做家务，这一数据在四种不同的家庭结构类型中是最低的。在社交关系上，有33%来自核心家庭的孩子拥有5位以上的好朋友，有18.75%的家长并不了解孩子的交际情况。

4. 核心型家庭对小学生学校活跃度的相关性分析

调查结果显示，来自核心家庭的孩子几乎不参与校园活动的仅有8.05%，而每次都参加的孩子占比则高达31.77%，在家校沟通频率上，仅3.65%的家长从不与老师沟通，高达30.73%的家长表示经常沟通，通过主动了解孩子的学校生活督促其学习成长。

（二）单母核心型家庭对小学生综合素质的相关性分析

单母核心型家庭指母亲独自承担家庭管理和子女教养工作。在本报告调查的1542份样本中，有661份样本来自单母核心型家庭，其中约9.83%、共计 65 份样本来自单亲离异家庭；剩余 90.17%，596 份样本为父亲一方长期在外务工。

1. 单母核心型家庭对小学生学习能力的相关性分析

调查显示，单母核心家庭孩子成绩略低于核心家庭，但多数处于班级中等水平，基本能掌握小学知识。在阅读时长方面，与核心家庭孩子相差不大。约 49% 的孩子能在 1 小时内完成作业，但也有 16.64% 需 2 小时以上。总体而言，家庭结构虽不同，但孩子在学习上的差距并不显著。

2. 单母核心型家庭对小学生兴趣培育的相关性分析

在兴趣培育方面则出现了较大的差异，来自单母核心型家庭的孩子参加校外兴趣班的比例明显低于核心家庭型，仅为 25.57%。相反，在每周运动时长上则没有较大差异，大部分孩子都有 1 小时以上的运动时间。

3. 单母核心型家庭对小学生劳动和社交能力的相关性分析

在帮助父母做家务方面，根据调查显示，单母核心型家庭的孩子约 50% 每周协助家长做 1 至 2 次家务，约 25% 的孩子每周协助家长做 2 至 5 次家务，该数据略高于来自核心家庭的孩子。在社交方面，大部分孩子都有 3 位以上的好朋友，值得注意的是，有高达 22.24% 的来自单母核心家庭的家长不了解自己孩子的交友情况，这或许表现出单母核心的家庭的家长更容易忽视孩子学习外的其他事项。

4. 单母核心型家庭对小学生学校活跃度的相关性分析

在校园活跃度方面，单母核心型家庭的孩子相比核心家庭的孩子有了明显的差距，28.74% 的孩子每次都参加校园活动，17.4% 的孩子经常参加，上述两个数据均明显低于核心家庭的孩子，另外，有 11% 的孩子几乎从不参与校园活动。在家校联系方面，大部分家长都选择了偶尔联系老师，经常与老师沟通的家长占比约 22%，明显低于核心家庭的家长。

（三）隔代监护型家庭对小学生综合素质的相关性分析

隔代监护型家庭指父母双方因工作、生病等情况均长期在外，子女与家中长辈长期共同生活的家庭结构。在笔者采集的 1542 份样本中，只有 2.59% 的样本来自隔代监护型家庭，在这些家庭中，约 67% 的孩子主要由奶奶负责其生活起居。

1. 隔代监护型家庭对小学生学习能力的相关性分析

来自隔代监护型家庭的孩子与上述两种家庭结构的孩子相比，在学习成绩上明显有些落后，42.5%的孩子能排进班级的前10%~40%，然而，有近20%的学生排在班级的70%以后。然而，在课外阅读方面，45%的孩子每周的阅读时长在1小时~3小时，平均阅读时长是四种家庭结构中最长的。最后，在完成家庭作业时长上，大部分孩子在2小时内即可完成作业，且主要集中在30分钟~1小时，与核心家庭的孩子相差不大。

2. 隔代监护型家庭对小学生兴趣培育的相关性分析

在兴趣培育方面，隔代监护的孩子是四种家庭类型中表现最差的，仅10%的孩子参加了课外兴趣班。周末没有额外的兴趣课程，孩子们便将时间花费在室外活动上，相对应地，隔代监护的孩子每周的运动时间是四种家庭类型中最长的，近60%的孩子达到了2小时以上。

3. 隔代监护型家庭对小学生劳动和社交能力的相关性分析

在劳动和社交能力的调查中，也表现出了隔代监护下父母对孩子关注的明显不足。在协助家长做家务方面，有20%的孩子从不协助做家务，这在四种家庭类型中占比最高。同时在孩子社交能力调查中，32.5%的家长表示并不了解孩子的交友情况，除此之外的其他孩子大部分都有3位以上的好朋友。

4. 隔代监护型家庭对小学生学校活跃度的相关性分析

令人惊讶的是，隔代监护的学生在学校似乎有着突出的表现，40%的孩子表示每次都参加学校的集体活动，几乎不参加的学生也仅有2.5%。另一方面，隔代监护的家长是四种家庭类型中与学校最疏远的，大部分家长表示偶尔与老师沟通，而12.5%的家长从不主动联系老师。

（四）多成员型家庭对小学生综合素质的相关性分析

多成员家庭指家中除父母双亲外，还有其他家庭成员，通常表现为三代人共同居住。调查结果显示，在石楼县县域内，父母、四老共同居住的多成员家庭占比约4.73%。

1. 多成员型家庭对小学生学习能力的相关性分析

与其他三种家庭结构相比，多成员家庭的学生学习成绩多集中在班级中段，约56.16%的学生在班级中处于前10%~40%，前10%和后30%的学生相对较少。在课外阅读时长方面，约42%的孩子每周阅读1小时左右，与其他家庭结构相差不大。最后，在家庭作业完成时间方面，约72%的学生在回家后1小时内能够完成全部家庭作业。

2. 多成员型家庭对小学生兴趣培育的相关性分析

在课外兴趣养成上，多成员家庭的孩子参加课外兴趣班的比例最高，达到了38.36%；在每周运动时长方面，约60%的孩子有2小时以内的运动时间，这一数字与核心家庭相差不大。综合四种家庭结果的统计数据，多成员家庭似乎是在学生兴趣培育方面最为重视的，在学校开展"双减"政策的基础上，仍有超过1/3的孩子参加了课外兴趣班，且丝毫没有挤占孩子的户外运动时间。

3. 多成员型家庭对小学生劳动和社交能力的相关性分析

问卷调查显示，大部分多成员家庭的孩子每周协助家务次数在1次~5次之间不等，值得注意的是，多成员家庭的孩子从不协助家务的比例仅有5.48%，在三种家庭结构中是最低的。同时，在社交能力方面，大部分多成员家庭的孩子都有3位以上的好朋友。

4. 多成员型家庭对小学生学校活跃度的相关性分析

与上述数据一致，多成员家庭的孩子在学校活跃度上也同样有着优异的表现，约43.84%的孩子每次都参加学校组织的集体活动，仅6.85%的孩子几乎不参加。另外在家校联系上，仅有1.37%的家长表示从不与老师沟通，63.01%的家长表示偶尔沟通，35.62%的家长经常与老师联系了解孩子在校情况。

五、对策建议

（一）家庭方面

1. 建立和睦的家庭关系

不同家庭结构对学生产生不同影响，原因在于不完整的家庭或冷淡的氛围影响孩子心理健康。为避免心理创伤，家庭成员应营造温暖和谐氛围，增强凝聚力，满足孩子成长需求。单母核心和隔代监护家庭孩子易有疏离感，父母应建立平稳环境，及时关心沟通，助其成长。

2. 实施科学的教养方式

每位家长都希望孩子全面发展，但不当的教养方式易产生反效果。如

"隔代亲"导致过度关心,使孩子依赖、懒惰。农村家长常因教育压力大而采取高压教育方式,易引发孩子叛逆和自我怀疑,丧失学习兴趣。家长应学习科学教养方式,结合积极与反向教育,推动孩子主动学习成长。

3. 合理分配教养责任

研究表明,母亲在儿童成长中扮演重要角色,尤其在偏远地区,女性既承担经济压力又负责子女教育。母亲在教育上更细致,更关注孩子学习和表现。但母亲精力有限,易忽视子女。完整的家庭应合理分配教养责任,发挥父亲的榜样作用,增进情感交流,共同培养孩子健全人格。

(二)学校方面

1. 严格落实"双减"政策

"双减"政策的推行,旨在缓解学生的学业负担和家长的教育焦虑,同时彰显新时代下对素质教育育人需求的重视。政策通过构建科学的课后服务体系,积极引入社会资源,以低于市场价的方式为学生提供素质教育机会,旨在平衡教育资源分配,弥补家庭教育的不足,减少家庭背景差异对学生教育机会的影响。

2. 调动家长参与学校教育的积极性

家庭教育与学校教育相辅相成,共同塑造学生的成长轨迹。鉴于家庭教育在孩子成长过程中的深远影响,学校应致力于与家长建立紧密的合作关系。针对部分家长对教育的漠视态度,学校应通过定期家访、家长会等形式,加强与家长的沟通与交流,传授科学的家庭教育方法,促进家校之间的良好配合,共同为学生的全面发展创造有利条件。

3. 建立留守儿童帮扶机制

针对留守儿童等特殊群体,学校应予以特别的关注与帮扶。作为班级的管理者,班主任应时刻保持对班级中弱势孩子的关注,及时发现并反馈他们的问题。学校应调动内部资源,建立有效的帮扶机制,为这些孩子提供必要的经济和心理支持。此外,学校还可以积极寻求社会力量的支持,成立资助项目,为家庭经济困难的学生提供经济援助;同时,构建任课教师轮流辅导制度,帮助缺乏家庭辅导能力的学生克服学习困难,促进他们的健康成长。

关于密云区北庄镇旅游开发状况的调研报告

邓毅琳

习近平总书记强调，党的二十大对建设农业强国作出部署，希望同学们志存高远、脚踏实地，把课堂学习和乡村实践紧密结合起来，厚植爱农情怀，练就兴农本领，在乡村振兴的大舞台上建功立业，为加快推进农业农村现代化、全面建设社会主义现代化国家贡献青春力量。这是在呼唤青年人在乡村振兴的大舞台上建功立业，书写与时代同行的青春篇章，用自己的心去感悟祖国的一草一木，把富春山居图描绘在乡镇大地之上，笔笔生辉、划划见功。

北京市密云区位于北京市东北部，是首都重要饮用水源基地和生态涵养区。近年来，密云区北庄镇依托良好的生态环境，整合各村域民俗户和民宿企业资源，发展乡村旅游接待，更大限度地促进了村民增收致富，实现全镇的高质量发展，开展农事体验、社会大课堂、活动拓展等完善的旅游产品服务，打造全季全域旅游新业态。

本团队通过网上查阅资料、问卷调查、实地走访等具体形式，以党的二十大精神作为行动指南，结合实践，选取"为北京市密云区宣传赋能，助力北庄乡村旅游发展，探究如何扩大北庄镇旅游影响力，提升其知名度"为项目主题。

一、基本情况

本次调研以北京市密云区北庄镇为目的地，希望通过实地走访，调查当代年轻人的旅游偏好，为北庄镇的旅游项目开发提出一些切实可行的意见。

项目开始后，小组成员首先制作了关于当代年轻人旅游偏好的调查问卷，共设计了 12 个问题，累计有 100 余位来自 14 个地区的年轻人参与填写了问卷。

通过对问卷分析，小组成员基本了解了当代年轻人的旅游偏好。调查表明：超过半数的年轻人在旅游时需要有同伴陪同，大多数人倾向于有计划的旅游，多达 80% 的年轻人喜欢将大城市作为旅游景点，他们更加喜欢旅游时在酒店住宿。在数据的加持下，小组制定出了详细的调研计划。

在参与调研前，我们还开展了"志行中国，青年力量——青年红色筑梦之旅"的主题团日活动，参与学习了党的二十大精神，希望在党的二十大精神的指引下，我们能将青春的答案书写在祖国的大地上。

2023 年 8 月 25 日，我们一行 5 人踏上了前往北庄镇的旅程，从昌平区出发，在长达 3 个半小时的车程后，我们到达了北庄镇政府，当地的叔叔为我们介绍了本地的旅游项目。接着我们又继续前行，来到了山里花露营基地，在基地，我们品尝了当地的农家宴、柴锅炖鱼，我们又参观了当地的帐篷、采摘园以及亲子活动基地。在参观结束后，我们还采访了露营基地的老板，老板耐心地解答了我们对于当地旅游业发展的一些疑问。顺着河流，我们又来到了河流附近的露营基地，人们在河流附近露营、烧烤、垂钓。我们又对露营地老板进行了采访，了解了当地的业态形式、主要营收、发展阻碍等。

整个调研过程，我们力求通过实地调研走访获取最真实的数据以及当地人最真实的感受，最后通过数据以及采访内容的整理，得出了一些切实可行的意见建议，最终服务于当地建设。

二、存在的问题及分析

（一）来往交通不便

北庄镇位于北京市密云区东北部，东邻河北省兴隆县石门山镇，北邻河北省兴隆县苗耳洞镇，四面环山，中间为盆地。经小组成员调研，北庄镇自然风光好，空气质量极佳，十分适合旅游度假，但地理位置相对偏僻，交通相对闭塞。北庄镇附近暂无地铁线路，公交车班次少且站台无明确标识，游客来往时间成本高且交通方式选择单一。

(二) 游客人群单一

北庄镇山里山花亲子乐园的工作人员透露，游客基本都是家庭形式，或是亲子出游，或是朋友一起带孩子来玩；来往游客基本是附近城市的居民，而少有全国其他地区的游客前来，与附近的古北水镇不同，北庄镇几乎不在外地游客来北京旅游的选择范围内。这些情况与小组成员在调研过程中的所见一致。这反映了北庄镇当前所吸引的人群比较单一、吸引力范围狭窄等问题，极大地限制了北庄镇旅游业的持续向好发展。

(三) 项目选择单一

根据当地商家介绍，北庄镇主要景点即密云水库及附近的河流，游玩项目多为钓鱼、戏水、露营及农作物采摘，当地并无其他游乐设施。可见其可供游玩的项目相对单调，对自然资源和本地原有产业的依赖程度较高，独特性与创新性较弱，难以形成不可替代性。加之交通上的缺陷，对于许多年轻游客的吸引力普遍也就较弱。

(四) 商家同质化程度高

商家基本经营模式为提供露营场地及部分设备、农家乐、农作物采摘体验与民宿结合，小组成员通过采访当地居民了解到，北庄镇这样的商家大约有十多家，都是当地的原住民发现商机而自发运营的，导致商家间同质化程度高，不利于形成市场良性竞争和资源高效分配。

此外，北庄镇只有民宿可供游客选择而没有酒店。据小组前期调研，有超过60%的年轻人出游时倾向选择住酒店。民宿的管理、卫生及安全性保障通常良莠不齐，对于年轻人来说，舒适安全的住宿条件是出游时的重要一环，而北庄镇当前的住宿情况仍然很难令许多年轻人放心选择。

(五) 缺乏统一管理

首先，小组在调研过程中发现，北庄镇的景点开发尚不完善。没有明确的指示路牌和景点入口，景点名称也难以明晰。水库和河边缺少安全防护措施及看护人员，河水虽然不深，但因儿童较多，仍然存在一定安全风险。

其次，景点附近的商家都是当地居民，店铺的门面建设缺乏统一性和正规性，有时也不够醒目，难以获得游客的关注和信任。

最后，景区附近缺少统一管理的停车场。路边、河边等地杂乱地停放着各种车辆，这可能会降低游客的观感和体验感，也可能因为道路占用造成拥堵和交通事故。另外，车辆停泊在靠近农田和河流的位置，也有造成经济损失及危害人身安全的风险。

三、对策

针对以上调研中发现的问题，我们提出以下建议，希望能对北庄镇的旅游产业发展有一些帮助或启发。

针对客流量不足、游客类型单一的问题，我们从宣传、设施开发的角度出发。首先建议加大宣传力度、丰富宣传途径。通过新媒体等形式在网络大量曝光，例如建立旅游景区公众号、微博账号、小红书账号、抖音账号等，利用多平台在互联网进行宣传推广，并及时更新旅游景区相关信息，如天气、美食等，同时做好客服工作，及时为游客答疑解惑，每周、每月、每季度策划营销活动。

经我们了解，当地民宿和组织基本没有充分应用社交媒体依托当地特色进行宣传，只有周围少数居民对北庄镇的旅游资源有所了解。如果之后有机会，我们团队也会帮忙拓展宣传路径，建立公众号、抖音账号、小程序等，帮助介绍和宣传北庄镇，并为高校及企业团建与北庄镇旅游景区牵线搭桥。

据我们采访调查得知，当地的食宿条件和娱乐项目都较为单调，也难以吸引多年龄阶段的游客。在我们收集到的百余份问卷中，年轻人外出旅游都会优先选择酒店作为住宿地点，但是北庄镇酒店与景区相距过远，周边只有稀少的民宿，卫生和安全都无法切实得到保障，这也是游客多以家庭为单位出行且年轻游客较少的原因。因此，我们建议北庄镇加强对民宿的统一监督和约束，我们也会向当地民宿宣传讲解，帮助和推动当地民宿建立规范化产品和服务。

我们还走访调查了清水河畔的景区设施和项目开发情况。清水河畔缺少合适的交通工具和娱乐设施，我们建议沿河的商户开发更多适合年轻人的娱乐项目，比如提供按小时收费的单双人自行车，按小时收费的自助烧烤设备，适合不同年龄的捕鱼捞鱼工具等，同时我们也建议当地官方或通过我们后续帮忙宣传，吸引集团将沿河商户进行整合。

同时，根据走访调查发现，当地民宿和娱乐项目都缺乏官方统一管理，大多以当地家庭式经营为主，从业人员多为土生土长的本地人，没有受过专业的培训，缺乏经营管理知识，服务不规范，服务质量不高。因此，我们建议北庄镇政府应发挥引导、指挥、监管的作用。一方面，制订出台相关经营政策和管理办法，规定经营标准，规范经营。通过规范商家的经营活动，保障游客和经营者的权益，促进当地有序竞争和可持续发展；统一服务质量和价格，避免不良竞争造成游客和商家双方权益的损失；引导形成行业组织，扩大市场竞争力，使商家有组织、有制度、有活力、有市场。另一方面，加强旅游行业的行风建设，开展职业道德教育和岗位培训，提高从业水平和服务能力。

在调研过程中我们也发现当地的交通水平并不发达，基础设施建设还需继续完善。一是政府需要加大前期投入，加快乡村旅游资源开发和相关配套基础设施建设，重点建设旅游景区周边的道路以及景区之间的连接道路，完善公共交通，方便游客出行。二是进行景区周边的绿化亮化建设，一个成熟景区的周边环境应该是干净漂亮的，给广大旅客一个良好的印象。

根据我们收集到的百余份问卷，年轻人愿意在游玩方面消费，同时，在旅游过程中喜欢逛自然风景区，这说明年轻人注重生态自然，享受沉浸于自然之中带来的愉悦。因此，我们建议要加强生态保护建设，将乡村旅游与美丽乡村建设有机结合。

在走访过程中发现，北庄镇有许多农田，可以进一步提高利用率，与旅游业相结合，深化农旅融合发展，延长产业链，深度开发柿子、板栗、苹果、花生等一批质量好、深受游客喜爱的旅游产品，将地标产品的效益放大，在旅游纪念品开发上做足文章。在发展旅游业的同时，推动当地农业发展，真正做到乡村旅游的可持续发展。

四、结语

广袤神州大地上，乡村振兴日益呈现新图景。从世界百年未有之大变局看，稳住农业基本盘、守好"三农"基础是应变局、开新局的"压舱石"。党的十九大提出实施乡村振兴战略，并将其提升到战略高度、写入党章，把农业农村工作摆在更加重要地位，为农业农村改革发展指明了航向。党的二十大报告把"三农"工作摆在突出位置作出全面部署，吹响了新时代新征程全面推进乡村振兴的号角。农村的"面子"就是中国的"里子",只有让农业成为有奔头的产业,让农民成为有吸引力的职业,让农村成为安居乐业的美丽家园,才能走出一条具有中国特色的乡村振兴道路。

眺望前方的奋进路,凝聚众智、集聚众力,继续巩固拓展脱贫攻坚成果,全面推进乡村振兴,青年一代接下时代重任,在推动祖国宏伟复兴蓝图上奉献出自己的一份力量,广大人民的生活定能芝麻开花节节高,农业强、农村美、农民富的美好画卷也必将更加恢宏。

五、调研收获

社会实践调研是一种直接、深入地了解社会现象和问题的方式,在我撰写调研报告的过程中发挥了举足轻重的作用,是一篇报告完成的基石。通过亲身参与实践,我从实际反馈和数据中抽象出理论,再从理论回归到实际,找到实际问题,提出对策。这种反复将问题抽丝剥茧的过程极大地丰富了我的报告内容,并使之更具深度和说服力。

调研内容的丰富性为我的报告提供了充足的素材。在实践调研中,我接触到了各种各样的人物、事件和环境,这些都是单纯的文献阅读所无法替代的。这些一手的经验和数据,使我在撰写报告时能够更具体、生动地描述和分析问题。同时,实践调研也帮助我发现了许多预先未曾设想到的问题和角度,从而使我的报告更加全面和深入。

此外,实践调研还锻炼了我观察、分析和解决问题的能力,这些能力在撰写报告时都发挥了重要的作用。我学会了如何从复杂的社会现象中提炼出核心问题,如何运用理论知识去解释这些问题,以及如何提出具有针对性和可行性的建议。

回顾整个实践调研和报告撰写的过程,我深感二者的紧密相连和相互促进。实践调研为我提供了丰富的素材和深刻的体验,而报告的撰写则是对这些素材和体验进行整理和提炼的过程。在这个过程中,我不仅学到了知识,更学到了如何运用知识去认识世界和改变世界。

总的来说,实践调研是我撰写调研报告的基础和关键,它为我提供了独特的视角和深入的理解。在未来的学习和研究中,我将继续重视实践调研的作用,努力将理论与实践相结合,以更好地认识和解决社会问题。

无锡市老年助餐服务运营分析及优化路径

陈晓桐　盛明茗　吴宇婷

一、实践背景

民政部、全国老龄工作委员会办公室发布的《2022年度国家老龄事业发展公报》显示，截至2022年年末，全国60周岁及以上老年人口28 004万人，占总人口的19.8%；全国65周岁及以上老年人口20 978万人，占总人口的14.9%。随着老年人口规模扩大，助餐服务需求持续增长。《中国社会报》评论员称，老年助餐服务是需求量最大的养老服务，因为"民以食为天"[1]。根据第四次中国城乡老年人生活状况抽样调查，我国老年人消费结构中位居前三的分别是食品烟酒、医疗保健和居住，城市占比依次为42%、18%和15%，农村占比为39%、27%和16%。根据此次调查，22.1%的老年人有助餐服务需求，在养老服务中需求量最大。看似简单的吃饭问题，实际上是许多居家老年人生活中的一大难题。大力发展老年助餐服务，是党和政府解决老年人急难愁盼问题的重要举措。很多老年人称赞这项服务是"吃在嘴里，暖在心里"。[2]同时，老年助餐服务是促进健康老龄化的关键内容。根据中国老年学和老年医学学会老年营养与食品专业委员会的调查，我国约有一半老年人营养不良，尤其是80岁及以上高龄老人和农村老人。而其主要原因并非贫困，而是不良生活习惯造成的，特别是居家生活的失能、患病、高龄及独居

---

〔1〕参见复旦大学老龄研究院调研组：《当社区食堂肩负起老年助餐服务的使命——山西省太原市探索微利可持续老年助餐模式》，载《中国社会报》2023年8月31日，第A04版。

〔2〕参见吴玉韶：《把老年助餐服务这件民生实事办好》，载 https://www.mca.gov.cn/n1288/n1290/n1316/c1662004999979995886/content.html，最后访问日期：2023年11月30日。

老年人，普遍存在做饭难问题，而助餐服务能够比较好地解决老年人做饭难、饮食单调、营养不良问题。

鉴于此，相关政策举措亦纷纷出台。民政部等11个部门联合印发的《积极发展老年助餐服务行动方案》（本文以下简称《方案》），明确要积极稳妥、因地制宜发展老年助餐服务，提出"发展老年助餐服务是实施积极应对人口老龄化国家战略的重要内容和重要民生工程，是支持居家社区养老、增进老年人福祉的重要举措"，体现出党中央、国务院对这一养老服务的高度重视。《方案》以习近平新时代中国特色社会主义思想、党的二十大精神、以人民为中心的发展思想为指导，以提升全国城乡社区老年助餐服务覆盖率、持续完善服务网络，不断提高老年助餐服务质量和水平为总目标，以扩大和优化服务供给、保障服务质量、确保服务可持续、加强质量安全监管和强化实施保障为具体实施进路，构建政府、市场、社会力量广泛参与机制，推动老年助餐服务高质量可持续发展。

《方案》鼓励实行多元化的运营模式，建立"个人出一点、企业让一点、政府补一点、集体添一点、社会捐一点"的多元筹资机制，使助餐服务行稳致远；同时，明确政府统筹和扶持老年助餐的基本定位，即当务之急不是解决老年人"吃不起饭"的问题，而是解决"做不了饭"的问题。因此，老年助餐服务要聚焦居家养老的失能、患病、高龄及独居老年人"做不了饭"的难题，通过多种方式提供送餐到家服务。

根据《方案》中这两大亮点，"ZHI老·惠老"实践小队通过前期考察选择了三处运营模式迥异的助餐点进行考察，并重点关注送餐到家服务的实施。小队以国家政策方针为导向，以社会需求为依托，以发展现状为目标，希冀以实践经验指导思想，走好为民服务之步伐。

二、实践形式

为了解社区老年助餐服务供给状况及老年人对该项服务的满意度，小组成员通过实地走访调查收集数据，进行老年群体满意度分析，最终针对老年助餐服务中存在的问题提出相应建议。

通过线上线下多种途径，根据关键词、区域、运营情况、政府评级、辐射范围等筛选标准，选出10家调研意向较强的助餐机构（其中80%以上的助餐机构属于民办非企业单位,其余助餐机构以民办民营为主)进行线下调研。并选取30位年龄在60岁及以上、意识清晰、能正确表达意愿的老年人进行一对一访谈式调查。

三、实践过程

（一）无锡市养老助餐服务现状

2022年6月，江苏省无锡市发布《无锡市"锡心香伴"惠老助餐攻坚行动实施方案》，把提升老年助餐服务水平作为构建高质量养老服务体系的重要环节，满足老年人多层次、多样化助餐需求。

近年来，无锡市聚焦老年人就餐这件"民生大事"，勇于先行先试，敢于实践探索，形成了政府、社会、企业三方发力，政府主导、需求激活、社会参与、供给扩容"四环"紧扣的无锡模式，倾力打造"锡心香伴"惠老助餐城市品牌：积极引进经营范围涵盖餐饮、物业业务的相关企业，鼓励其基于自身已有设备、人力、资金、食材供应链、运营经验等优势，拓展惠老助餐业务，由政府给予助餐场地租金、水电费减免、建设补贴、运营补贴等支持。同时，鼓励餐饮企业通过社会化经营盈利，反哺老年人用餐折扣，以企业造血反哺惠老事业，进而实现老年助餐的可持续运营。

同时，为护航助餐服务高质量推进，无锡构建了"政府补一点、慈善捐一点、企业让一点、个人出一点"的"四个一点"多渠道资金筹措机制，市、区两级给予每家助餐中心每年最高15万元运营补贴、最高5万元一次性建设补贴，为高龄、特困等特殊老年群体给予每餐1元到10元的阶梯型用餐补助。

目前，全市已建成"街道（镇）区域性助餐中心＋社区助餐点＋小区（村）送餐上门"的三级助餐服务网络，建成并投入运营133家助餐中心，638个社区（村）助餐点，日均就餐人次达2.7万人。

（二）三家典型助餐点运营现状

团队成员利用假期时间走访调研了数个社区助餐点，其中选取三个具有代表性的助餐点进行运营现状与存在问题的具体分析。

1. 锡山区春江花园助餐中心

春江花园社区"智慧食堂"是东亭街道党工委、办事处与区民政局大力支持的助餐项目，餐厅由正规的永旺餐饮公司提供配餐，供餐采用了智能化模式，可满足社区居民多样化就餐需求，提升居民幸福感。

该餐厅对外开放，每顿饭人均15元左右。对辖区老年人优惠政策为60周岁~69周岁8折，70周岁~79周岁7折，80周岁以上6折，目前已有1000多位居民登记了就餐优惠。据了解，该餐厅午餐供餐时间是11：00~12：30，晚餐供餐时间是17：00~18：30，周末只供应午餐，法定节假日另行提前通知。

"智慧食堂"约120平方米，餐厅内有10张餐桌，可容纳40位居民同时就餐，居民也可以选择点餐后打包带回家吃。其中配备了7台自助称重一体机，打菜区有荤素均衡搭配的14种菜品，每种菜前都有一个智慧显示屏，上面标签化显示菜品、价格、热量等信息。老年居民可以通过刷脸、刷卡等多种消费模式自助选购。同时，助餐点采用"智能称重"的就餐模式，居民只需挑选自己喜爱的菜品放在餐盘内，称重系统便可自动结算出就餐金额，大大节约了人力成本。

同时，令人惊喜的是，取餐后15分钟，绑定的手机就会收到当餐的营养分析报告，上面清楚标明这一顿摄入的热量，其中蛋白质、脂肪、碳水化合物分别占多少百分比，最后还有饮食建议。许阿姨与老姐妹结伴光顾"智慧食堂"，她说："年纪大了，总归有血糖高、血脂高的毛病，这个营养分析报告可以帮我们调整饮食结构，让我们吃得更加健康。"

2. 滨湖区河埒街道助餐中心

滨湖区河埒街道助餐中心位于河埒街道日间照料中心一楼，由原来的稻香社区服务中心改建而来。助餐方式有老人集中堂食、送餐上门、分餐点取餐三种。

小组成员调研时，75岁的马锡炎正在河埒街道的助餐中心拿饭。一块红烧大排10元，六只肉酿面筋20元，莴苣炒鸡片6元，清炒茼蒿5元，土豆鸡块5元，三盒米饭3元，总价54元。这是他和老伴中午和晚上的饭菜，平均每个人每餐的餐费是13.5元。这样的模式，在他们家已持续了好几年。助餐中心可选择的菜品比较多，味道也不错，帮了他们的大忙。

在这个助餐中心，中午有约20个品种的饭菜可供选择。当天最便宜的蔬菜是蒜泥生菜，4元；西红柿炒蛋、皮蛋拌豆腐、咸菜长豆、包菜粉丝都是5元；还有15元的椒盐小黄鱼、芙蓉蹄筋。周末，这里还可预订38元的东坡肉和60元的甲鱼炖鸡，方便老人改善生活。

河埒街道助餐中心的多品种又是如何实现的呢？负责人张彦表示，他们是第三方运营，经过4年多的时间，这里已扭亏为盈，即便没有政府补贴，他们也能运营下去。目前，老人用餐享受充值优惠，整体价位比市场价便宜30%。河埒街道的这个特点，吸引了周边众多老人，每天都要制作三四百份老年餐，已达到最大负荷。

张彦表示，他们当时定位老年群体时做了大量调研，发现这里的老人对品质有要求，就没有做盒饭，而是为老人提供了更多的选择。同时，他们还推出了代加工服务，老人可以带食材请厨师加工，也可以在亲友聚会时，来这里点些大菜。"平均每单客餐价为20多元"，张彦表示，做好品质，老人自然舍得花钱。

3. 太湖街道耘林大食堂

为帮助老年群体解决"吃饭"问题，切实提升老年人居家养老生活品质，无锡经济开发区太湖街道党工委、办事处携手耘林锡海养老服务有限公司、耘林乐老基金会于2023年8月29日启动"太湖街道老年人助餐中心"。

耘林大食堂采取完全商业化运营模式，对外市场化运营。助餐菜品包含各类蒸菜、热炒、炖盅、主食面点等50多种新鲜营养膳食。但目前送餐上门仅提供固定价格为12元与15元的快餐盒饭。持助餐卡的老人无论是堂食或者送餐，都可享受太湖街道助餐补贴以及耘林用餐折扣多重优惠：业主就餐享七折优惠，其余人员充值即享九五折优惠。若就餐者为满足一定年龄条件的老年人，即可在折扣的基础上再减除相应的政府补贴。

自2023年9月起，耘林大食堂每天为太湖街道瑞星、大桥、尚贤、南桥、太湖国际、利农、万科7个社区200多位60周岁以上老人提供助餐服务，营业仅2个月，就已完成助餐服务1.2万人次。南桥社区接受助餐服务的陈爷爷表示，做饭的时间可以省出来和邻居下下棋，到饭点了就各自回家吃饭，非常方便。"我们都觉得非常满意，每天都是不同的菜，咸淡刚好，荤素搭配，口感好，价格也实惠，特别贴心。非常感谢党和政府，以及耘林大食堂对我们老年人的关注和照顾！"

（三）助餐服务机构运营存在的问题分析

据本小组此次的实践调研可知，总体来说，目前无锡市的助餐中心存在供给缺口、惠老力度缺口、配送缺口、补贴缺口的问题。

1. 供给缺口

供给缺口指当下仍然存在老年人的需求未得到完全满足的情况。本小组经过调研将供给缺口分为供给对象缺口与供给菜品缺口两种情况。

供给对象缺口：本小组此次调研的锡山区春江花园助餐中心、滨湖区河埒街道助餐中心、太湖街道耘林大食堂覆盖范围均为对应的小区或者街道中进行过小程序注册或者办卡的老年人，覆盖范围虽然较广，但仍然存在以下疏漏：（1）存在智能电子产品使用障碍的老年居民。针对存在智能电子产品使用障碍的老年居民，尽管目前部分社区已经开通办卡服务以替代利用小程序进行注册，但以微信群、小程序为老年人订购餐食仍然是一些社区的主要方式。而老年人智能手机拥有率与操作能力均较低，因此订餐对老年人仍然存在一定困难。（2）辖区内非居民的老年人。由于社区食堂目前是通过街道、小区将食堂的助餐服务通知给住户中的老年居民，因此那些属于小区辖区但并非住户的老年人则较难通过通知得到相应的惠老服务。

供给菜品缺口：以本小组进行实践调研的太湖街道耘林大食堂为例，该助餐中心的堂食服务较为完善，每天可以提供20种菜品左右。此外，菜品种类还会随着时令时常更换。且考虑到不同老年人需求的口味不同，该助餐中心主要菜系为无锡本帮菜，同时也包含一些特色菜。但该助餐中心所提供的配送服务中可供选择的只有价格为12元与15元的盒饭，相较于堂食，盒饭之中的菜品就减少很多。不仅如此，配菜虽然随着时令有一定改变，但整体固定。尽管能够在一定程度上满足老年人群体"吃得饱"的需求，但距离"吃得好"仍然存在一定差距。于是"惠老"这一目标也不能完全实现。

2. 惠老力度缺口

以本次调研的太湖街道耘林大食堂为例，该助餐中心的优惠规定主要为业主就餐享七折优惠，其余人员充值即享九五折优惠，若就餐者为满足一定年龄条件的老年人，即可在折扣的基础上再减除相应的政府补贴。依据该规定可以得知，该助餐中心主要以营利性为主，且其主要优惠对象为餐厅所属小区的业主。其中确实包含一定量的老年人，但相较于整个街道的老年人而言,其所占比例较小,覆盖范围较少,折扣力度较小。相对于本次调研的另一助餐中心——春江花园助餐中心的优惠规定:60周岁以上老人享八折优惠、70周岁以上老人享七折优惠、80周岁以上老人享六折优惠,太湖街道耘林大食堂的惠老力度就相对较小。

3. 配送缺口

配送缺口指配送时出现的配送人员较少、老年人配送需求得不到满足的情况。本小组经过调研将配送缺口分为配送员缺口和配送需求缺口两种情况。

配送员缺口:在本小组实践调研三个小区、街道的助餐服务中心时,我们了解到以小区为单位的助餐服务中心,例如,春江花园助餐中心,由于覆盖范围相对较小,尚未开通配送服务。其余的以街道为单位的助餐中心如太湖街道耘林大食堂、河埒街道助餐服务中心均开通了配送服务。据了解,这些助餐中心的配送服务所选择的配送员以机构雇佣的工作人员为主,其次是一些零工性质的工作人员,每配送一单给予相应报酬,最后则是一些社区的志愿者。可以看出,总体上工作人员流动性较强,因此,在需求量较多时助餐中心存在难以及时招揽到足够的工作人员的困难。与此同时,倘若一单配送较多,对于配送员的交通工具要求也较高,这增加了配送员的成本,加大了招聘配送员的难度。

配送需求缺口:尽管以街道为单位的助餐中心存在配送服务,但这些配送大多仅配送至社区的送餐点而非直接配送到老人家中。对于一些出行不方便的老人来说,他们难以直接拿到餐食,这便出现了"最后一公里"的障碍,使得助餐中心这一项目原本的"惠老"益处受到了一定减损。

4. 补贴缺口

依据调研情况,尽管当前大多数非营利性助餐中心如春江花园助餐中心和河埒街道助餐中心均得到了不同程度上的政府或社区补贴,诸如免费提供的场地或者社区提供的水电。但也存在助餐中心负责人反馈政府补助不及时、不确定的情况,以至于不得不对助餐中心进行市场化改革,以维持助餐中心日常活动。这在一定程度上损害了助餐中心的活力,不利于助餐项目"惠老"目的的达成。

(四)针对目前助餐机构存在问题的对策建议与优化路径

由本小组调研可知,目前无锡市助餐中心存在的问题主要为供给缺口、惠老力度缺口以及配送缺口。这些问题产生的原因涉及社会的方方面面，解决也非一日之功，接下来本小组将从政府、机构以及社区的角度提出拙见。

1. 政府层面

政府应在了解老年居民需求的基础上与相关的街道、社区进行协商，在一定的范围内建立助餐中心，由点连成线，最后织成无锡市的"助餐中心服务网"，扩大助餐中心的服务范围，确保更多的老年人了解助餐中心这一惠老机构的存在，并从中受益。

此外，在助餐机构的经营过程之中，政府也应充分发挥其社会职能，确立稳定的扶持政策，加强对助餐机构发展的保障，降低其经营成本，提振助餐机构经营者的信心，减少其进行惠老助餐的后顾之忧。

2. 社区层面

社区是助餐机构得以发展的根基。只有社区中的老年居民存在需求，助餐机构才有存在的必要。同样地，助餐机构健康的良性发展，也离不开社区的支持与帮助。在政府提供必要且稳定的补贴之后，社区应该积极地提供诸如场所、水电及其他基本设施，为助餐机构的发展与经营提供物质保障。

此外，社区也即街道是多个小区的联合体，街道有责任与各个小区沟通，将助餐机构这一惠民工程通过网格管理员告知每一位老年居民。之后了解各个小区的需求、融合各个小区的资源，积极设立助餐点，并发动物业工作人员作为志愿者或有偿雇佣配送员，将餐食配送上门，解决老年人餐食配送"最后一公里"的难题。

3. 机构层面

助餐机构是助餐惠老这项民生工程的主体，对于满足老年人日常的饮食需求起着举足轻重的作用。

在接受政府稳定补助以及社区积极支持的基础上，助餐机构应更多地从营利性转化为公益性。机构应充分了解老年居民的需求，在保证本机构正常运转的条件下降低餐食、配送的价格，加大"惠老"力度。同时增加菜品，照顾不同口味的需求。适当减少盒饭在餐食中的比例，增加自选菜，满足老年人多样需求。并在如工作日晚上、周末这些尽管需求并不旺盛但确实存在需求的时间点准备适量餐食，以备老年人不时之需，使得"惠老"这一目标真正落于实处。

此外，助餐机构还应做出努力以减少配送员的流动性。扩大固定的岗位数量，进行市场化的招聘，或者提高半流动人员每单的报酬，增加其积极性。同时为配送员提供合适的交通工具，适当降低配送员参与配送的成本投入，提高配送员进行配送的意愿，以更好地满足老年人的需求，实现"惠老"目标。

四、结束语

当前养老助餐服务逐渐全面化，涉及范围更加广泛，为老年人提供了更多优质的服务。多元主体不断参与助餐服务，扩大了社区治理的社会力量，衍生出多种老年助餐服务模式，使得老年人的就餐方式越来越多样化，较好地缓解了家庭养老压力。但在老龄化浪潮加剧的影响下，仍有许多社会养老问题亟待解决，且需要政府、企业、社区、家庭等多方共同努力，稳步构建适合于老年人的助餐体系。对于本文提到的问题，相信养老机构可以在未来不断解决改善，使助餐服务更加贴合于老年人的需求。

在国家的政策支持和市场推动下，以人为本的中国式养老助餐服务体系一定会建成，并为有需要的老年人提供优质、方便、实惠的助餐服务，从而缓解社会老龄化难题，最终达成多赢局面，让老年人颐养天年。

东北乡村振兴背景下农民专业合作社在推进农村农业现代化进程中的实践探究

以哈尔滨市通河县为起点

张洛宾　王　增　杜睿思　史达菲　史雨淅　李雪薇

一、调研背景与通河县情况简介

聚焦黑龙江省哈尔滨市通河县，通河县紧紧依托自身地理、生态、人文、产业优势，在推进农业农村现代化进程中立足于农业产业特性和乡村地域特征，在引领农业农村产业全面振兴的道路上高质量发展。

从地理位置来看，通河县位于黑龙江腹地，小兴安岭南麓，松花江中游北岸，是黑龙江中部重要的交通枢纽，京抚、鸡讷国道贯穿全境，哈同、铁科（在建）高速绕城而行，松花江水运上至哈尔滨、吉林，下到龙江口岸、俄罗斯。随着哈佳高铁的开通，通河已纳入哈尔滨、佳木斯一小时经济圈；从人口面积来看，通河县辖区面积5678平方公里，辖8个镇、82个行政村，第七次人口普查常住人口17.98万人；从生态环境来看，通河县环境优良，资源丰富，是国家重点生态功能区，具有"蓝天、黑土、碧水、绿树"典型特征，全年大气环境优良天数为332天，有80厘米厚的优质寒地黑钙土，营养丰富，有机质含量高，有大小河流27条，泡泽275个，水质清澈；从农业基础来看，地处世界公认的北纬45度优质农产品黄金带，耕地面积220万亩，其中水田160万亩，年产优质水稻86万吨，是全国重要的绿色农产品原料标准化生产基地，袁隆平院士亲笔题词"中国优质生态米之乡"，"通河大米"品牌价值2023年达到125.05亿元。大果榛子种植面积13.6万亩，年产量在3200吨以上，地标品牌价值1.64亿元，是国家"大榛子产业标准化示范县";五味子、黄芪、蒲公英等北药种植面积6.2万亩,享有"参王故里""长寿之乡""稻米王国""大榛子第一县""蓝莓之乡""北五味原产地"等美誉;从商业基础来看,通河县建有省级经济开发区,2023年开发区规划面积调整为5.25平方公里,达到供地条件的土地面积为3.29平方公里,建成区实现"七通一平",十月稻田、百家得食品、哈中药六厂等50余家企业入驻,有利于推进构建农副产品深度加工的全产业链生产体系。[1]

近年来,通河县委县政府连续出台一系列促进招商引资工作的相关政策文件,进一步加大对落户企业的扶持力度。完善各类产业扶持政策,先后出台稻米、中草药、食品、循环经济等特色产业扶持办法,对符合条件的企业和项目给予相应资金扶持。

二、通河县农民合作社现状——与机关单位座谈记录

(一)县合作社生产经营情况介绍

我们实践团到达通河县后,与通河县委办公室、乡村振兴局、自然资源局、农业农村局等机关单位以及清河镇、富林镇、乌鸦泡镇政府的负责同志展开座谈。此次座谈是我们通河调研活动的核心任务,目的是了解通河县农民合作社目前的规模和现状、实践中存在的问题以及相应帮扶政策。

首先,农业农村局的相关同志为我们介绍了通河县农民合作社的规模。截至2022年年底,在通河县市场监督管理局登记注册的农民合作社达到1192个,合作社成员总数9767户,注册资金32.4亿元,经营土地总面积63.7万亩。其中粮食作物种植合作社613个,中草药种植合作社39个,食用菌栽培合作社32个,畜牧养殖合作社167个,水产养殖合作社26个,蚕蜂业7个,林业38个,农机175个,秸秆67个,其他9个,农民专业合作社联合社19个。从合作社行业分布情况看,种植业合作社占比较高,达到59%,养殖业占比17%,农机服务业占比15%,其他产业占比9%。[2]这与通河县农业总产值构成的比例是相近的。

发展农民合作社,对于深化农村改革、发展壮大农村集体经济、增加农

---

[1] 参见《通河县基本情况介绍》。
[2] 参见《通河县农民合作社经营情况汇报》,2023年6月13日。

民收入都有着极其重要的意义和作用。合作社改变了以往小农户分散经营的生产方式,通过联合生产、规模经营,将分散的资金、劳动力、土地整合起来,解决"小农户"和"大市场"的对接问题。[1]

同时通河县水稻专业合作社通过"六统一"生产模式,即统一品种、统一肥药、统一技术、统一管理、统一品牌、统一销售,通过集中采购生产资料、统一品牌销售等方式推动农业生产节本增收、提质增效。2022年通河县已年检的574个农民合作社经营收入总额9029万元,合作社盈余2530万元,入社成员人均分红7345元。合作社统一购买农业生产资料1.6亿元,其中统一购买农资比例达80%以上的合作社有31个;统一组织销售农产品总额2.8亿元,其中统一销售农产品比例达80%以上的合作社有35个;拥有注册商标的合作社50个,通过农产品质量安全认证的合作社达到11个。[2]

(二)县合作社存在的问题及成因分析

虽然近年来通河县农民合作社发展势头迅猛,但是经过调研,我们团队发现其中仍然存在许多问题,并将其归纳为三点:

1. 合作社规模普遍较小

经过相关单位提供的数据统计,全县1192个农民合作社入社社员仅为9767人,平均每个合作社不足10人,人员少,规模小,辐射带动能力有限。且部分合作社注册时存在多户出面,实际为一人出资,其他成员根本不参与合作社运行的问题,这些合作社的成立完全起不到合作经营、助农增收的作用。

2. 经营管理能力有限

许多合作社的社员都是村庄里普通的农户,管理不严,内设机构流于形式,章程混乱形同虚设。与此同时,乡村人才流失严重,许多东北农村的青壮年选择外出务工,在家务农的农户往往年龄偏大、文化程度低、接受新生事物能力较差,尤其是懂技术、会管理、善经营的人才更加缺乏。身处信息化时代,生产资料采购、生产技术运用、农产品销售都可以通过网络来实现,合作社这类专业人才相当匮乏,制约了合作社的进一步发展,由此导致的后果就是东北农民合作社在全国市场范围内往往竞争力弱,无法有效充分参与

---

[1] 参见赵金英等:《推进黑龙江省农民合作社高质量发展的思考》,载《中国农民合作社》2023年第5期。

[2] 参见《通河县农民合作社经营情况汇报》,2023年6月13日。

市场竞争。

3. 信贷融资问题严峻

由于许多合作社成立之初并没有太多内部资产，而大规模的农业生产离不开大型机械的使用以及批量购买种子、化肥、饲料等，在播种或者开始务农的季节，这都是一笔不小的支出，许多合作社往往选择向当地银行借贷以获得充足资金投身农业生产。但是对于银行而言，部分合作社经营混乱、流于形式，很难满足银行的信用资质和要求，银行往往不愿意向他们发放贷款。虽然有现代农业生产技术的加持，农业在一定程度上也算是"靠天吃饭"，一年的亏损往往引发下一年的贷款难、还不上贷款等问题。

(三) 县政府目前采取的政策与举措

针对上述问题，相关负责人为我们介绍了"通河答案"。在政府层面，县委县政府成立农民专业合作社领导小组，通过明确任务目标，细化工作措施，各有关部门各司其职，齐心协力，不断创新服务内容和模式，提供多样化和精准化服务，全面提升农民合作社管理规范化水平。同时从优秀的合作社带头人、乡土专家、种养能手、农技专家中选聘合作社工作辅导员，指导合作社规范发展和质量提升，做到"引导不强迫、支持不包办、服务不干预"。

在技术层面，县农村经济指导站积极履行好指导和服务职能，常态化开展业务培训工作，邀请哈尔滨市农经专家为全县21名农民专业合作社辅导员、78名专业合作社理事长（管理人员）、36个家庭农场主（专业大户）进行现场业务培训，讲解政策，分析形势，帮助农民更好选择产销模式，推动市场参与，助力产业振兴。[1]

在制度层面，编制印发《通河县农民专业合作社示范社评定管理办法（试行）》，指导农民专业合作社依法设立登记、产权明晰、制度健全、管理民主、财务规范、分配合理、服务完善、诚信经营，切实规范农民专业合作社组织行为，指导全县农民专业合作社规范发展。截至目前，全县培育农民专业合作社规范社38个，其中省级农民专业合作社示范社8个、县级农民专业合作社示范社30个；共培育家庭农场示范场77个，其中省级示范场15个、市级示范场5个、县级示范场57个。[2]

---

[1] 参见《通河县农业农村局2023年工作总结》。
[2] 参见《通河县农民合作社经营情况汇报》，2023年6月13日。

三、大米榛子何去何从——农民合作社营销创收分析

（一）农民合作社的营销优势和策略选择

农副产品从田间地头走到城市餐桌，离不开产到销"一条龙"式的产业模式，农业产业化发展离不开"产、销、运、加、配"全方位的现代化发展。[1]近年来，我国农业发展迅速，农产品属于需求弹性较小的生活必需品，农产品供给的迅速增加和相对稳定的需求之间的矛盾，导致农产品出现了销售难的问题。

传统一家一户的小农生产方式在产品销售、参与市场竞争方面，往往缺乏有效的信息支持，不能及时把握市场需求调整生产模式。只有从生产端和销售端一起入手，才能促进农产品市场的均衡发展、保证农民收入不断增长、确保农产品的安全质量问题、满足消费者的需求。建设发展农业专业合作社能够对农产品的现代化销售起到极大的助力作用：合作社这一载体将农业生产的专业知识、市场营销、物流研发、商业网络等聚集起来，共同应对市场竞争，并在销售领域提供最新技术。[2]

但是，在我们调查研究的过程中，我们也发现了通河县农业专业合作社在农产品销售方面存在的问题。正如前文所提到的，目前通河县农民合作社规模小、管理差、竞争力弱，虽然登记在案的合作社达1000余个，但是真正形成规模、能够实现产到销全流程产业化的合作社少之又少。

为进一步提高农民合作社在农产品的现代化销售方面的专业性，有必要结合通河县特色农产品改进农产品营销方式。首先，企业要树立关系营销的观念，针对六个市场的特质制定特定的营销策略，决定六个市场的重要程度排序。[3]

可见，农产品营销的核心理念应当是顾客市场，即消费者需求。而消费

---

〔1〕 参见《张恩龙：一体化服务助力哈尔滨粮食和农产品产业链蓬勃发展》，载http://www.hlj.news.cn/20230927/1bfce3341b074276be6edd83cb40df9c/c.html，最后访问日期：2024年3月1日。

〔2〕 参见黄祖辉：《发展农民专业合作社，创新农业产业化经营模式》，载《湖南农业大学学报（社会科学版）》2013年第4期。

〔3〕 参见于振伟：《基于产品特性的农产品营销问题研究》，东北林业大学2011年博士学位论文。

者需求的研究无法离开各农产品自身的特点，依据农产品生产中自然资源和劳动投入比例的不同，农产品可以分为三类，分别为自然资源数量规模依赖型农产品、自然资源禀赋依赖型农产品和劳动力资源依赖型农产品，与其相对应的营销策略也有所不同。[1]自然资源数量规模依赖型农产品主要是指依赖土地等自然资源的大宗农产品，其产品往往具有产量大、数量多等体量优势；自然资源禀赋依赖型农产品是指依赖当地独特的自然资源形成的农产品，其产品往往具有鲜明的地域特征；劳动力资源依赖型农产品，往往是鲜活农产品，需要向其中倾注较多的劳动力。

（二）通河县农民合作社的营销策略介绍

通河县具有丰厚的物产，其生产的稻米、大榛子、野山参以高质量闻名我国，故合作社在制定营销策略时，有必要针对通河县农作物的特色制定相应的措施。通河县坐落在肥沃广袤的松江平原北岸，空气湿润，黑土肥沃，适合水稻生长，这里种植的水稻既能够在数量上取胜，又有独特的地理环境优势，因此对于农民合作社销售大米方面而言，在数量优势上，要拓宽销售渠道，让更多农产品走出东北；在地理优势上，要建立品牌优势，使"通河大米"成为响当当的品牌。

传统的线下销售方式依旧是东北大米主要的销售渠道，但是近年来，随着直播带货、电商平台的兴起，通河县积极探索如何用数字经济赋能农业，着力加强通过直播赋能电商助农，提升农民收入和幸福感。建设54个村级电商服务站，配套9000平方米县域物流配送中心，配送速率达到每日一次，农产品的"最初一公里与最后一公里"运输问题得到有效解决。2018年通河获批全国电子商务进农村示范县；2020年通河县举办首届电商扶贫年货节，参加展会的企业110余家，产品品类280余种，电商平台上线品类千余种。[2]除此之外，通河县积极搭建直播行业交流平台，助力通河振兴发展。该实践表明，随着信息技术革命的发展，以互联网为核心的网络技术可以大大提高农产品营销的效率，缩短传统的营销过程，促进农产品营销渠道、交易、促销、服务等职能的统一，实现交互式的营销活动。

---

[1] 参见庄贵军：《关系市场与关系营销组合：关系营销的一个理论模型》，载《当代经济科学》2002年第3期。

[2] 参见《通河县大米推介情况汇报》。

围绕品牌强县发展理念和农业现代化产业发展方向，通河县坚持以"粮头食尾""农头工尾"为抓手，全力推进"通河大米"品牌建设。一是扩大特色品种，积极培育"虾稻共生"生态种养模式，发展虾稻、蟹稻、鱼稻等特色稻米1.1万亩，实现了"一水两用、一田多收"；二是构建产业标准，整合改组稻米协会，水稻种植全程实行"六统一"标准，强化行业自律，通过品牌商标整合、包装整合、销售整合，形成品牌合力；三是龙头企业带动，组织种植面积200亩以上的676户经营主体与各大米企业对接订单，针对市场需求调整种植结构，加大政府牵线搭桥力度，推动合作社与龙头企业"绑定"发展。[1]

(三)"旅游+基地"经营模式带动合作社致富创收

除了正常的销售农副产品营利之外，通河县的农民合作社还自己开辟出另一种新的营收形式。他们以通河县乡村旅游为依托，在自己的合作基地开发多种旅游项目，形成"合作社+旅游营地"的创收模式。

通河县祥顺镇新乡生态农业田园综合体，由众禾水稻农民专业合作社联合社建设和经营，采取现代农业、休闲旅游、田园文化为一体的乡村综合发展模式。田园综合体内集中规划农耕体验、亲子拓展、原生态采摘、花海观光、风车长廊、稻田小火车等功能区域，集生态旅游与观光休闲餐饮为一体，发展养殖稻田鸭、稻田鱼、稻田虾、稻田蟹，拓宽增收渠道。去年成功举办"通河县龙虾产业现场会"，进一步提升"新乡稻田小龙虾"的知名度、美誉度。

长生平欧榛子农民专业合作社，位于通河县富林镇林胜村，是4A级景区铧子山入山的必经之路，种植平欧大榛子300亩。同时在榛子4米行距中套种寒地玫瑰、套养鸡鹅鸭，每年中秋节前后是大果榛子的盛果期，游客可享受采摘乐趣，也可作为旅游商品带走。[2]

采取上述经营模式的农民合作社往往具有规模较大、资金充裕、政府扶持力度大等特点。在实践中，这种经营模式不能真正解决通河县绝大多数农民合作社所面临的发展窘境。但是这种盈利策略可以给我们带来一些思考，除了传统的销售农副产品以外，合作社应当试图发掘自身的优势，可以与政

---

[1] 参见《通河县大米推介情况汇报》。
[2] 参见《通河县乡村旅游发展报告的落实情况汇报》。

府、企业进行合作，探索新型发展模式。

总之，通河县不断发展创新农产品营销方式，促进农业产业化纵深推进。虽然农民合作社在其中的规模化作用尚未充分发挥，合作社所蕴含的巨大潜力有望为通河县农业销售"更上一层楼"提供巨大助力。

四、科技助力农业生产——参观果蔬基地与农机公司

我们实践团认为，一方面，东北农业机械化的历史较为悠久，这里土地平旷，农用机械可以轻松下地工作；另一方面，在当前农民合作社雨后春笋般发展的情况下，一个合作社经常承包几千亩土地，个人简单的体力劳动完全无法承担大面积种植的任务，农用机械就有了用武之地，利用农用机械，几个人就可以轻松收割大片水稻，劳作效率得到了飞速提升。可以说，农业机械化、信息化、生产技术科学化是农民合作社存在的绝对基础。

实践中通河县的室外温度为-25℃，我们实践团走进位于通河县城西的绿康果蔬温室大棚基地。一打开门，只觉得带起了一层层的云雾，温室里面一片水雾朦胧，温暖如春的景象。架子舒展开绿色的藤蔓，小树上结着红彤彤喜庆的樱桃，地上盛开着一簇簇紫色的凤仙花。很难想象，外面是一片片天寒地冻的萧瑟景象，室内外近乎50℃的温差，却能种植出草莓、水蜜桃等反季水果，真是令人啧啧称奇。

绿康果蔬温室大棚基地是由通河县通河镇政府设计、立项、招标建设的乡村振兴产业项目，总投资1200余万元，共建有20栋果蔬温室大棚及附属设施，栽植大樱桃、锦绣黄桃等特色果蔬1.7万株。[1]基地的温室大棚采取阳光集能板技术，以太阳辐照能为主体热源，实现了设施农业的零能耗、零污染、零排放。

在参观的过程中，基地的工作人员为我们展示了用电子遥控器操控大棚内外双层棉被起落。白天有太阳的情况下，温度稍微高一些，可以操控棉被掀开，让植物经受自然光照；入夜温度下降很厉害，此时需要将棉被落下，保持室内温度。室内采用滴灌方式进行浇水，为了避免从外面流进来的水温度过低伤害植物根系，大棚内采用长且弯曲回环的水管通向滴灌的装置，这样可以使得从外面抽进来的低温冷水能够利用超长水道充分升温变暖，以保

---

〔1〕 参见《探营"大棚群"堪比"逛车展"》，载《哈尔滨日报》2023年2月27日，第4版。

护作物。

除通河镇城西村的绿康果蔬温室大棚基地之外，在通河镇桦树村、乌鸦泡镇五四村，依托温室大棚涌现出了通河冰雪大樱桃种植农民专业合作社、山前有机蔬菜合作社等众多农民生产合作社，打造了寒地大樱桃、桦树村草莓等名头响亮的"一村一品"，实现村民合作社入股分红、农产品销售、就近务工"三重收益"。温室大棚技术在加快种植业产业结构调整、促进特色农业向好发展的同时，带动通河县8个镇31个村1117户脱贫人口和监测对象持续稳定增收，使群众切实受益。[1]

五、法律为农民保驾护航——举行普法并参观法检

作为中国政法大学的法学学子，我们的目光从未离开过从制度层面对农民合作社的分析和探讨。为此，我们的行程中专门安排了面向社区居民的普法活动和参观通河县人民检察院、通河县人民法院的行程。之所以选择面向社区居民普法，主要的考虑是东北的农村过于寒冷，很多当地农民选择进城避冬取暖，因此很大一部分社区居民其实依旧是农民。而参观法检的理由是，我们想通过与当地司法机关进行沟通，来了解在通河县司法实践中，有关农民合作社的纠纷是如何处理和解决的。

我们实践团参观了通河县人民检察院与通河县人民法院。在通河县人民检察院，我们与当地检察官进行交流，了解未成年人司法保护相关举措，参观线上审讯室、智能司法等内容；在通河县人民法院，我们与立案庭的邓法官深入交流，向她询问有关农民合作社纠纷的立案情况。邓法官表示，农民合作社的相关民事纠纷依然是围绕土地流转与确权纠纷以及信贷债务纠纷。法院在审理此类案件时，一般会采取先调解再立案的方式，因为合作社涉及多个社员以及农民种植等民生事务，不能简单地用冰冷的法条去切割原被告双方的权利义务，应该尽力将双方当事人叫到一起，条分缕析利弊，尽可能使双方需求达成一致。

我们还通过互联网检索等方式，了解黑龙江省对于农民合作社的相关法律法规和帮扶政策。例如，《黑龙江省农民专业合作社条例》第21条、第23条明确规定了农民合作社享受农业保险补贴、税收优惠以及在贷款方面的放

---

[1] 参见《探营"大棚群"堪比"逛车展"》，载《哈尔滨日报》2023年2月27日，第4版。

宽政策。在行政管理方面,该地方性法规减少了农民合作社在办理行政事务方面的流程,为农民提供便利。

尽管农民合作社拥有诸多法律优势,但是我们认为,农民合作社依然有需要规避的法律风险,除了组织管理亟需完善以外,社员的法律意识也要提高。但是我们看到了东北这片土地为农民事业保驾护航而奉献出的司法热情,有了这片热情,就能融化寒冬,拥抱春天。

六、项目总结

回顾几天来在通河县这座依山傍水的小城度过的日日夜夜,我们见证了东北农村的兴旺与先进,也看到了许多的问题和挑战。东北的农民合作社是农业产业化的一个具象表现,这里有营养丰富的黑土地,优良的气候生态,为东北大米及其他农副产品的生产创造了得天独厚的环境;同时,辽阔平整的土地,为农业机械化铺垫了道路,农业信息化、生产技术化作为技术保障,促进了大规模的农民合作社的形成。当地的法律环境、营商环境,又为农民合作社盈利、带动老百姓致富提供了坚实的基础。

以农民合作社、家庭农场为代表的农业产业化,更是农业农村现代化的基础。未来的农村,将逐渐摆脱简单的小农经济,不断联合资源、人力、财力、物力进行规模生产种植,这是现代化农业的大势所趋。农业产业化是加快农业从传统农业到现代农业转型的手段。在通河县,我们很清晰地感受到了这一点:通河县有完整的大米产销流水线,从种子的采购、播种、看护、收获、加工、包装到出售,最后流向城市的餐桌,这是以往传统农业无法做到的,因为在以往的农业模式下,每个人都各司其职,彼此之间不沟通,但是如今信息壁垒被打破了,即使是在田里耕作的农民也知道自己生产的大米在南方市场的行情。不同上下游市场之间交换信息,使得大米的供应方,包括农民、加工企业、销售企业和电商主播结合成为一个市场,依托农民合作社大步向前。

通河县农业向现代化转型的第二个表现是,除传统农作物以外,通河县的合作社不断开拓新的产业领域:水产养殖、林下经济、食用菌栽培。可以说,面对市场需求的增加,通河县的农业也能够适时调整以便更好地参与市场竞争。而上述种种,都是传统农业无法做到的,因为信息技术的缺乏,他们只能因地制宜，种植可以自然生长的植物，但是绿康果蔬温室大棚基地用自己的案例告诉我们，现代化农业技术加持下，一切皆有可能。

至此，我们调查研究的逻辑链条已经浮出水面：从农民合作社到农业产业化，从农业产业化到农业农村现代化，从农业农村现代化到乡村振兴。一个使命宏大、任务艰巨的历史工程，正悄无声息地在通河县这座松江小城上演，我们作为实践团，亲眼见证了这一历史的发生和变化。诚然，以通河县现有的农民合作社规模，还不足以带动县域经济全面发展，还有很多实践问题。但是我们相信，农民合作社必然能够在传统农业与现代农业的撕裂与阵痛中寻找到新生和出路。

作为一名法大学子，我们在此次实践中对乡村振兴有了新的认识和领悟，也更坚定了树立崇高的理想信念、练就高强的专业本领、积极主动投身乡村振兴的想法，为推进农业农村的现代化进程、实现乡村全面振兴、建设乡村美好生活贡献青春力量，在建成社会主义现代化强国这一场接力跑中跑出青春最好的成绩！

乡村振兴要求下基层治理的困境及疏纾路径

基于对云南省昭通市回龙村的实践调研

李群英　李　畅

一、实践背景

为深入学习贯彻习近平新时代中国特色社会主义思想，认真落实习近平总书记关于青年工作的重要思想，坚持"受教育、长才干、作贡献"的宗旨，强化实践育人导向，牢记"国之大者"，充分发挥中国政法大学学科优势，结合自己家乡的实际特点，开展社会实践活动，了解基层治理现状、促进乡村振兴并在社会实践中坚定志向理想、发挥智慧才干、促进知行合一、培育致公精神，中国政法大学两名硕士研究生李群英、李畅组成实践队，返回云南家乡开展实践活动。

乡村振兴战略，是党的十九大提出的重要战略部署，是决胜全面建成小康社会、全面建成社会主义现代化的重大历史任务，对于解决"三农"问题、实现中华民族伟大复兴的中国梦具有重大现实意义。在乡村振兴过程中，基层治理是实现乡村振兴的重要保障，其不仅是带动农村发展的引领力量、为乡村振兴创造和谐稳定的环境，更是激发村民内生力量、为乡村振兴保驾护航的"战略后院"。基于此，针对基层治理在乡村振兴中能否发挥应有作用是当前亟待解决的难题之一，在充分实践调研的基础上的意见也具有重要的现实意义。因此，实践队深入家乡农村、开展乡村振兴中的公益服务、社区服务、兼职锻炼等内容，在实践中发现社会焦点、热点、难点问题，形成真实、可靠、可用的调研报告，以期为乡村建设要求下的基层治理贡献青春力量。

云南省昭通市威信县回龙村位于中国西南边陲，属于典型的农业村落，其经济发展基础薄弱，教育与医疗资源相对匮乏。而这些特征并非该村独有，而是云南甚至中国许多农村地区普遍存在的问题。在国家积极推进基层治理与乡村振兴战略的大背景下，回龙村面临着历史性的转型与升级机遇，如何抓住机遇、促进乡村发展便是其主要难题。围绕产业兴旺、生态宜居、乡风文明、治理有效及生活富裕为农村发展目标，全面提升农村地区的综合发展水平，实践队开展了此次社会实践活动，旨在通过实地调研和深入分析，探索基层治理在促进村庄发展中的作用与路径，并促进村庄在经济、教育、基础设施等方面的发展。团队成员为两名来自中国政法大学的研究生，依托于团中央及中国政法大学开展的"2024'返家乡'社会实践活动"，以团支部副书记身份参与到回龙村的基层治理工作中。通过深入参与村委工作、了解并观察村庄在组织建设、村民管理、公共服务、村民参与及村庄建设等方面的现状，总结回龙村在实施乡村振兴战略和加强基层治理过程中的具体做法、取得的成果以及存在的问题；并通过与村民的广泛交流，捕捉村庄在经济发展、教育提升、基础设施改善等方面的实际需求和期望；同时，本次社会实践亦注重有效结合理论知识与实际工作，以科学的方法和手段，解决基层治理工作中遇到的具体问题，提升基层治理的整体效能。最终总结乡村发展与振兴过程中基层治理的经验启示和重点难点，及其应对措施，以期为回龙村及类似农村地区的可持续与高质量发展提出针对性和建设性意见，助力乡村振兴！

二、参与基层治理的实践内容

尽管实践队的负责人为本村村民，但由于长期在外学习、对本村的了解并不全面，因此在实践开始之时，实践队通过与村长、村委委员沟通交流等方式对回龙村的基本情况进行了深入了解，包括村庄的地理位置、人口结构、经济发展现状以及教育和医疗资源的分布情况。之后便以团支部副书记的身份在村委与同事共同开展工作。期间的具体实践工作如下。

（一）组织会议与资料整理

为加强组织生活的规范化和系统化，提高团队工作效率，实践队协助团支部书记撰写和整理与党团活动相关的会议材料，包括月度党组织生活会和团日活动等。此外，实践队还参与了会议策划、记录会议要点，以及后期的资料归档和整理工作等，确保资料的完整性和准确性。

(二) 下乡入户调研

为直接了解村民的生活状况、经济发展情况和安全需求，建立与村民的直接联系，为后续工作提供依据。实践队采取挨家挨户地走访村民的方式，通过半结构化访谈，收集关于村民生活、工作、教育、健康等方面的第一手资料。听取了村民关于乡村发展的意见和建议，并将这些信息反馈给村委会和相关政府部门。实践队通过积极的沟通和协调，促进了社区服务的优化和改善，如修缮道路、解决用水问题、改善基础设施等，让社区的发展更加符合村民的实际需求。

(三) 群众会议宣讲

为普及相关政策知识，提高村民的安全意识和文化水平，在春节等重要节日期间，实践队与党支部书记及村委会工作人员共同组织群众大会，宣讲相关政策和安全教育知识。尤其是针对村民关注的问题，如反电信网络诈骗、防一氧化碳中毒、留守儿童关怀、防火防电安全等方面进行宣讲和交流。并充分发挥专业优势，结合《中华人民共和国宪法》《中华人民共和国未成年人保护法》等法律法规对村民进行答疑解惑。首先，针对当前社会中日益严峻的电信网络诈骗问题以及生活中常见的一氧化碳中毒事件，实践队组织了一系列的安全教育宣讲会。在这些会议中，实践队邀请了专业的安全教育讲师，利用生动的案例和易于理解的语言，向村民详细解释了如何识别和防范电信网络诈骗，以及在日常生活中如何采取有效措施避免一氧化碳中毒的发生。通过这些宣讲，村民们不仅提高了自我保护的能力，也加强了整个社区对于安全问题的关注和应对能力。

其次，实践队特别重视留守儿童的教育和心理健康问题。为此，实践队组织了一系列针对留守儿童的关怀活动，包括定期的心理健康工作坊、学习辅导班和文化娱乐活动。这些活动旨在为留守儿童提供一个温馨、充满关爱的环境，让他们感受到社区的温暖和支持。通过心理健康工作坊，留守儿童学会更好地表达自己的情感和需求，同时也帮助他们建立自信心，提高社交技能。实践队组织的学习辅导班和文化娱乐活动等不仅丰富了他们的课余生活，也促进了他们的全面发展。通过这些公益服务活动的实施，不仅提升了回龙村村民的安全意识和自我保护能力,也为留守儿童营造了一个更加健康和具有支持性的成长环境。这些措施加深了社区成员之间的联系,增强了村民对公共安全和社会责任感的认识,为构建和谐、稳定的乡村环境奠定了坚实的基础。

(四) 村委会议参与

为参与村级自治组织的管理和决策过程,了解基层治理的实际运作,实践队参与村委会组织的各类工作会议,如安全生产工作、党员教育会议等,了解并参与讨论村庄治理和发展的相关议题,并协助团支部书记记录会议讨论内容,提出建议,参与制定村庄发展计划和治理措施。在回龙村的社区服务实践中,实践队着重参与了命案防控安保维稳工作会议,并积极响应社区的需求,以加强社区的安全管理和改善社区服务为目标展开了一系列的实践活动。首先,实践队参与组织和实施了命案防控安保维稳工作会议。在此次会议中,实践队与村委会和乡镇政府紧密合作,共同讨论并制定了命案防控和社区安保的工作方案。其次,通过会议,实践队明确了各方责任和任务分工,提出了有针对性的安全管理措施,如加强巡逻防范、提升社区警示标识、建立安全巡查制度等,以确保村庄的安全和稳定。这些实践活动不仅加强了社区的安全管理和服务水平,也增进了村民与政府的互动和信任,提升了社区的凝聚力和发展活力。实践队也为回龙村的社区建设和社会稳定作出了积极的贡献,为构建和谐社会提供了有力支撑。

(五) 技能培训活动组织

在县政府的组织下,回龙村结合村民的实际需求和地方资源情况开展如云南特色小吃制作、叉车驾驶等形式多样的技能培训。培训过程中,村委与县政府合作,获取了支持和资金,确保了培训活动的顺利进行。在活动策划阶段,为了确保村民参与的积极性,采取聘请当地的专业人士、分时段灵活学习的方式开展培训,就云南特色小吃制作而言,村民通过一周的培训便系统掌握了米线、烙烤、烧烤、凉面等特色小吃的制作方法且成品色香味俱全,这不仅提升了村民的职业技能,鼓励村民开展自营饭店等方式谋生,由此拓宽了就业渠道,更提升了村民的生活水平,对村庄经济的发展和村民生活质量的提高都具有十分重要的意义。

三、乡村振兴中基层治理的问题及其应对策略

通过上述全方位、多层次的深入实践，实践队深入村委的各项工作、了解村庄与村民发展的现实情况，总结村庄在经济发展、文化教育、基础设施等方面存在的问题及村委会可以采取的措施，为助力乡村振兴而建言献策。

回龙村位于云南省昭通市威信县，是一个具有深厚历史文化底蕴的农业村落，但其发展面临诸多问题。在经济发展上，该村以农业为主，村民主要从事水稻、玉米等粮食作物的种植以及土豆、大豆等部分经济作物的培育，但农业生产的种类单一且产量较低，经济发展单一且主要依赖农业，缺乏多元化发展模式，使得村民收入来源较为单一，经济发展缓慢；同时，农业种植需要耗费大量的人力、物力和财力资源，但生产粮食和经济作物的价格不高，导致村民务农的积极性不高，且村内无其他产业、更无企业建立，进而出现大量劳动人口外出打工、土地资源荒废闲置等情况。在文化上，回龙村是一个多民族的村落，其中苗族人口占据1/3，因此回龙村保持着传统的民族风情和习俗，村中还保留着一些传统节日和庆典活动，但缺乏有效的文化传承机制，年轻一代对传统文化缺乏了解和兴趣，文化资源丰厚但亟待挖掘。在教育上，村内设有基础教育学校一所且为民族学校，受限于当地的经济发展，教育的设施设备落后且匮乏，教师队伍不足且稳定性差，教育质量及覆盖面有待提升，严重影响了孩子们的教育质量，与当地的经济落后形成死循环。在基础设施上，村内的基础设施建设同样滞后，交通、通信、卫生等方面的设施不完善，尤其是道路建设不到位随之而来的通信难、出行难等问题严重影响居民的生活质量和经济发展，不利于人民生活幸福感的提升。

基于村庄存在的上述现状，对应乡村振兴的要求，可以采取以下措施。

（一）经济发展策略

特色农业是回龙村经济发展的根本，回龙村种植水稻、玉米等历史悠久，可以依托本地资源优势，发展特色经济作物和农产品深加工，提高农业附加值。在传统粮食作物之外，回龙村的佛手属于特色经济作物，可以鼓励规模化种植佛手并集中开展佛手中药材、红桃种植科技培训，实现120余名种植户的全覆盖培训。通过对职业技能和创新能力科普，提高村民特别是脱贫群众的科学素质，加快科技成果转化，促进脱贫群众稳定增收和经济社会持续

发展。同时，金秋梨作为回龙村的传统产业，回龙村应当因地制宜，抢抓政策机遇，积极引导群众种植金秋梨，并从技术指导、拓展销路等方面提供帮助，着力打造精品水果，推动特色产业发展，为乡村振兴打下坚实的基础。在此过程中，村委应当做好指导和保障工作，一是做好指导，农业的发展离不开规模化的种植以及专业的人才引进，这就需要村委引进专业人才、开展集中培训提升农民的科技文化素质，激发贫困群众主动发展产业脱贫的内生动力，加快推进乡村振兴。二是做好保障，针对农民的各类后顾之忧要做好预期方案，对于种植后的采购处理、政策补贴等应当做好保障。

（二）文化传承策略

深挖和利用回龙村丰富的传统文化资源，尤其是苗族的文化资源，可以通过建立文化展览馆或非物质文化遗产传习所进行集中展示和传播，并定期组织和举办各类文化活动，如传统节日庆典、民俗艺术展演等，来促进村民特别是年轻一代对本土文化的了解和传承。同时，将本地文化知识纳入学校教育体系，强化青少年的文化认同感和传承意识，确保回龙村深厚的文化底蕴得以有效保存并且代代相传，从而在乡村振兴的进程中发挥出文化的独特价值和作用。

（三）教育提升策略

全面提升回龙村的教育水平需要一个多方面协作、系统性的策略，具体方法如下：一是加强教师队伍建设，此举措需要加大支出、吸引更多有资质的教师到村内任教，同时对现有教师进行定期培训，提升他们的教育教学能力和专业知识，可以设立教师奖励制度，通过提供竞争性的薪酬和职业发展机会，增强教师的工作动力和提高留任率。二是整合教育资源，通过引进和利用数字化教学资源，如在线课程和电子图书，扩大学生的知识获取渠道。注意与高校、教育机构和非政府组织建立合作，引入优质的教育项目和资源。三是改善基础设施，改善和升级回龙村的教学楼、实验室、图书馆等基础设施，为学生提供更好的学习环境。此外，可以增加信息技术在教学中的应用，如建立智能教室，利用多媒体和互联网资源丰富教学手段。四是创新教学方法，实时更新课程内容。需要不断更新和优化课程内容，确保教学内容贴近实际，符合学生发展需求。同时鼓励采用项目式学习、探究式学习等现代教学方法，提高学生的主动学习能力和创新思维。五是开展家校互动，加强家长和学校的联系，鼓励家长参与孩子的教育过程，共同关注孩子的学习和成长。同时利用社区资源，如开展社区教育活动和志愿服务，为学生提供实践和服务学习的机会。通过这些综合措施，可以有效提升回龙村的教育水平，为村内儿童和青少年提供更全面、高质量的教育，从而为乡村振兴的人才培养奠定坚实基础。

（四）基础设施改善策略

改善交通设施，重点改善和维修连接回龙村与周边地区的主要道路，确保道路畅通，方便人员和物资流通。引入或优化公共交通系统，比如增加班车频次，为村民提供更便捷的出行选项。建设或升级供水设施，确保全村居民能够获得稳定和安全的饮用水供应。加强电网建设，提高电力供应的稳定性和覆盖范围，支持村内产业发展和居民日常生活需要。在公共区域如村委会、图书馆等地设置免费 Wi-Fi 热点，便利居民获取信息和进行数字化交流。建立或改善卫生间、垃圾处理系统等公共卫生设施，提升村庄整体卫生条件。通过政府引导与政策支持，吸引社会资本参与基础设施项目，采用 PPP（Public-Private Partnership，公私合作伙伴关系）等模式进行建设和运营。鼓励村民参与到基础设施的规划和建设中，不仅可以提高项目的适应性和满意度，还能增强村民的归属感和自豪感。

基层治理视阈下
养老诈骗犯罪惩治及防控研究

以长春市、安庆市、天长市为例

蒋文超　张晓玉　赵婉雯

一、规制难点

在养老诈骗犯罪高发的态势下，诈骗活动与反诈活动之间的博弈日趋白热化。养老诈骗犯罪既有电信网络诈骗犯罪的共性特征，也有区别于其他网络诈骗的个性特征，而正是这些个性特征和迭代更新的犯罪手段对养老诈骗犯罪的治理工作提出了新的挑战。在司法实践中，养老诈骗犯罪的治理难点主要表现在以下几点。

（一）查控追赃挽损难

养老诈骗犯罪主要围绕信息流、资金流和人员流展开，而资金流是整个养老诈骗犯罪链条的重心。查控资金流向、追回被骗赃款、挽回经济损失不仅事关整个案件的侦破工作，而且影响整个社会的和谐稳定。在侦查实践中，查控追赃挽损已成为公安机关非常棘手的难题。养老诈骗犯罪打破了传统犯罪中的"面对面诈骗"模式，诈骗团伙利用虚拟信息注册手机卡、银行卡、微信号及对公账户实行高度智能化的"点对点诈骗"，诱骗老年人将钱财转到指定账户，而后迅速对赃款进行分散、转移、漂白及挥霍。诈骗团伙深知网上转账有额度限制，转账层级越多犯罪风险就越小，他们急需用大量银行卡进行分散转账，于是就催生出一大批"卡农"，通过收购大量银行卡为赃款的分散流转提供卡源，而后将赃款转到对公账号"水房"进行洗白，随后伙同散布全国的"车手"将赃款提现，实现多个账户的交替循环使用。资金流动速度极快、流向错综复杂，再加上账号背后犯罪嫌疑人的真实身份很难确认，致使公安机关在控赃追赃挽损时困难重重，有时即便抓到犯罪嫌疑人，也很难查清资金流向、冻结追回赃款，老年人的经济损失也很难挽回。这种尴尬窘境制约了养老诈骗犯罪的整治效果，严重影响了老年人的身心健康。

(二) 反诈宣传推进难

在养老诈骗犯罪中，诈骗团伙针对老年人网络知识匮乏、辨别能力减退、思想固执的特点，有的放矢地进行诈骗活动。同样，老年人的这些特点也在一定程度上给司法机关反诈宣传工作的推进造成障碍。由于年轻人常年在外打拼，"空巢"老人越来越多，老年人的心理依赖、情感寄托变得愈发强烈，加之对社会新生事物的关注度不够、信息相对闭塞，对新型网络诈骗犯罪了解甚少，防范意识较为薄弱。在这种情况下，诈骗团伙只要稍微"嘘寒问暖"，施以小恩小惠，老年人就会相信诈骗分子；与此同时，由于开展反诈宣传的民警大多是青年民警，比起老年人略显稚嫩，老年人认为自己年纪大、社会经验丰富，对年轻民警的反诈宣传半信半疑，甚至带有不理解、排斥的情绪，反而对诈骗分子和诈骗产品深信不疑；有些老年人在尝到诈骗团伙给的"甜头"后，还积极加入诈骗团伙的宣传队伍，亲自向周围的邻居、朋友和亲戚推荐各种养老诈骗产品，使得诈骗产品在老年人群体中受到欢迎，越来越多的老年人通过"人拉人""人传人"的方式陷入诈骗旋涡，待公安机关发现时，不仅浑然不知自己被骗，而且还为诈骗产品辩解、替诈骗分子开脱，更有甚者隐瞒案件事实、干扰案件调查。这种情况使得公安机关的侦查工作屡屡受挫，司法机关的反诈宣传进退维谷，传统的反诈宣传工作亟待转型。

(三) 协同机制不健全

虽然养老诈骗犯罪的受害群体仅有一个，即老年人群体，但治理养老诈骗犯罪不仅需要公安机关、检察机关、法院之间的协同作战，而且需要民政、市场监管、医疗等部门之间的通力合作，更需要银行、企业、社会组织、社会团体等各种力量、各种资源的合作。由于养老诈骗犯罪波及范围广、牵扯部门多、治理难度大，而各部门、各单位之间又缺乏健全的协同治理机制，导致养老诈骗犯罪的治理联动能力不足，司法机关在办理养老诈骗案件时捉襟见肘、效率不高，无法满足新时代犯罪治理的客观需要。养老诈骗案件中大量涉案数据广泛散布于各部门、各单位和社会其他信息系统中，而现行的养老诈骗犯罪治理模式缺乏信息共享机制，治理手段和方法相对比较单一，很多基层部门之间搭建的协同治理平台也都是临时的，导致隐藏在各部门、各单位、各系统的大量涉案线索和信息数据未能有效地被整合和利用，很大程度上影响了养老诈骗犯罪的治理效率。由于各部门、各单位、各系统缺乏统一规范的数据操作程序，涉案数据信息的储存方式各异、使用习惯不同，这种情况导致对涉案数据的搜集、共享、整合、研判程度不高，致使养老诈骗犯罪的协同治理深受机制内部层层约束，很难达到协同治理、资源共享、联合发力的整治目标。

（四）技术理念待更新

养老诈骗犯罪是一种典型的非接触式犯罪。犯罪场景一般发生在网络虚拟空间，其犯罪行为地和犯罪结果地经常是分离的。犯罪分子之间往往是"点对点"联络交易，没有实体的犯罪现场可供勘查。诈骗团伙只需通过一部智能手机即可实现实时通信、联络、推销、转账、分赃等行为。养老诈骗犯罪的信息流、资金流、人员流等都是以数据化的形式表现出来，犯罪痕迹大多是以电子数据的形式存在，而电子数据兼具开放性、易毁性、离散性等高科技特征，对侦查取证的技术、设备、方式和方法要求更高。养老诈骗犯罪打破了传统犯罪的地域限制，涉及面覆盖全国各地。各地公安机关在养老诈骗案件中侦查取证的技术、设备、方式和方法存在明显差异，加之各地区各部门缺乏统一规范的数据操作程序，对涉案数据的录入、储存和使用方式各异，直接影响了养老诈骗犯罪的取证效率和水平。尤其是在大数据侦查时代，西部偏远地区囿于财政支持有限、专业人员匮乏、技术设备落后等因素，公安机关在侦办养老诈骗案件时，频频遇到电子数据提取不力、资金流向难以查证、侦查取证效率不高等问题，导致养老诈骗犯罪的侦防工作困难重重，严重影响养老诈骗犯罪的综合治理。

二、解决措施

在"人口老龄化+犯罪智能化"的"双化"社会背景下，养老诈骗犯罪的综合治理是国家治理体系和治理能力现代化的重要组成部分，事关国家长治久安、社会和谐稳定、人民安居乐业。治理养老诈骗犯罪应着重从理念、机制、方法出发,探寻综合治理路径,具体应从以下几个方面展开。

(一) 建立数据化资金查控模型

养老诈骗犯罪搭乘大数据互联网的"顺风车",将受害人的资金链层层分流,割断涉案账户之间的直接联系,利用虚拟信息骗取老年人的大量财物,这些极具智能化的反侦查手段给公安机关的资金查控工作带来了挑战。侦查实践迫切需要运用大数据技术建立养老诈骗犯罪数据化资金查控模型,以应对养老诈骗犯罪智能化的冲击。

首先,政府部门应加大对公安工作的财政资金支持力度,重点向实施数据驱动警务工程的项目倾斜,支持公安机关引进大数据技术建立数据化反诈作战平台,高效利用设备更新、技术引擎、资源整合等手段,加快建设数据化警务的步伐,提升对养老诈骗犯罪的数据化治理水平。其次,公安机关应瞄准大数据智能产业发展前沿,以先进技术全面助推智慧警务、智慧侦查、智慧查控等智能化应用,根据可疑转账、可疑通话、可疑人员等各种异常行为表现建立养老诈骗犯罪数据化资金查控模型,为可疑账户附加系数和分值。公安机关在侦查实践中,应将养老诈骗团伙遗留在各个平台中的信息进行分类整合,及时录入养老诈骗犯罪数据化资金查控模型,并按照建模规则将各项分值予以累加,当分值达到预警值时便会自动锁定账户,进而查控涉案资金、发现可疑线索、实现落地查控。最后,公安机关应加强与高等院校、大数据公司之间的战略合作,主动吸收高科技人才加入公安队伍;以公安院校为依托大力培养数据化警务人才;积极从科研院所、公司内部挑选最优秀的技术人才组成超级团队,共同运营养老诈骗犯罪数据化资金查控模型,不断提升公安机关的人机交互智能和犯罪治理能力。

(二) 推进立体化反诈宣传教育

立体化推进反诈宣传教育,可以切实增强老年群体的防骗意识,有效降低老年人的财产损失。基层公安机关面对养老诈骗案件多发的现状,应结合辖区情况探索适合老年群体的反诈宣传方法,以老年群体喜闻乐见、容易接受的方式,将反诈宣传教育深层次推进。针对老年群体网络知识匮乏的特点,公安机关在进社区发放反诈宣传资料的同时,可以将反诈宣传知识录制成语音或视频,借助社区广播在固定时间段循环播放;针对老年群体爱贪小便宜的心理特点,公安机关应充分发挥微博、微信、快手、抖音等网络平台宣传范围广、速度快的优势,制作反诈宣传短片定期推广;基层公安机关可以在老年人经常跳广场舞、下棋舞剑的地方布置反诈宣传栏、发放反诈宣传材料,可以在老年人活动中心开展反诈知识讲座、反诈知识竞赛、播放反诈电影等活动;此外,还应与物业公司加强合作,在小区门口、广场、楼梯口等处布置反诈宣传栏,全方位、多层次、广覆盖地开展反养老诈骗宣传教育。

在少数民族地区,公安机关可以与寺庙、道观、教堂等宗教场所通力合作,充分发挥宗教活动场所在反诈宣传教育方面的积极作用,将反诈宣传教育与宗教活动相结合,向老年群体宣讲反诈知识、开展反诈教育,切实增强老年群体的防骗意识。基层公安机关在下基层进社区开展反诈宣传时,要综合考虑老年群体自我感觉社会经验丰富的特点,尽量选派年龄大、经验多的老民警带头去开展反诈宣传教育,彻底打消老年群体的思想顾虑,立体化推进养老反诈宣传教育。

(三) 健全协同型反诈治理机制

新时代背景下,建立健全协同型反诈治理机制既是推进社会治理现代化的内在要求,也是综合治理养老诈骗犯罪的必然选择。养老诈骗犯罪的资金流、信息流、人员流主要依靠银行机构、通信公司、社交软件三大平台进行流转,此外还掺杂一些第三方支付平台,而这些平台的监管主体各异,有些平台的监管主体尚不明确,容易发生监管真空、推诿扯皮等问题。因此,根治养老诈骗犯罪这一社会顽疾,需要建立健全协同型反诈治理机制。具体应从以下几个方面展开。

一是政府部门应积极推动养老诈骗犯罪相关法律修订工作,协调推进老年人权益保障法,进一步促进老年人法律维权相关法规的建立,明确各大平台的监管主体和法律责任,建立健全常态化养老诈骗犯罪协同监管机制。二是司法部门应当加强对涉老诈骗案件的立案、审理和执行工作,并为老年人提供法律援助,同时对于较为复杂的案件,应当及时回访并提供必要的法律支持。三是各监管部门应明晰自己的监管范围和职责,认真履行对养老诈骗犯罪的协同治理义务,主动配合公安机关的反诈宣传、调查取证、查控赃物、查缉嫌疑人等业务工作,对管理不善、推诿扯皮、违法违规的企业及时列入异常黑名单进行重点关注。四是各部门应积极推动养老诈骗犯罪数据共享系统的建设,将各部门在日常工作中发现的可疑线索、违规处罚等信息及时进行共享，打破信息壁垒，做到涉案信息的共联共通共享。五是各部门要加强与公安机关的沟通和协作，建立健全对养老诈骗犯罪协同作战机制，针对养老诈骗犯罪侦查中发现的突出问题和日常工作中发现的共性问题，定期进行协商会晤，研究制定联合整治方案，以养老诈骗专项整治行动为契机，形成司法机关与行业主管部门的整治合力，实现对养老诈骗违法犯罪活动的综合治理。

（四）树立数据驱动型侦查理念

养老诈骗犯罪呈现出的犯罪产业化、手段智能化、链条碎片化、证据电子化等新特点，促进了传统侦查理念的革新。在这种犯罪转型背景下，公安司法机关应牢固树立数据驱动型侦查理念，具体应从以下几个方面展开。

首先，侦查人员应树立数据化线索分析理念和预警式情报研判理念，积极拓宽养老诈骗犯罪线索的获取渠道，改变过去单纯依靠群众举报、专项行动、协查通报等渠道被动获取涉案线索的做法，学会主动去收集分析数据、研判发现线索。侦查人员要学会运用大数据技术深挖养老诈骗犯罪数据信息，积极获取符合侦查实践的"主动型"情报线索。要学会运用养老诈骗犯罪数据化资金查控模型，将养老诈骗团伙遗留在各个平台中的涉案信息进行整合研判，按照预警分值提前主动出击、精准查控资金和犯罪嫌疑人。其次，侦查人员要树立复合式侦查理念和多维度研判理念，综合运用多种方法发现、固定、提取、收集和保管电子证据。既要重视侦查取证的结果，也要重视侦查取证过程的记录；既要重视实物证据的提取，也要重视电子证据的提取。在情报研判过程中既要将网侦、技侦、刑侦、经侦、交管、海关、工商等部门的涉案数据信息进行整合，也要将相关通信公司的涉案通信信息进行整合，还要将银行、第三方支付平台等涉案转账信息进行整合。总之，侦查人员要学会利用一切社会资源为养老诈骗犯罪治理服务。最后，侦查人员应树立证明式侦查理念，明晰侦查活动的最终目的是为审判活动服务，而不是为侦查活动自身服务。尤其是在"以审判为中心"的诉讼制度改革背景下，侦查人员更要明确侦查活动的任务不仅仅是查明养老诈骗犯罪事实，更应该是证明养老诈骗犯罪事实，从而确保刑事诉讼活动的顺利进行。

三、结语

在人口老龄化与犯罪智能化交织的"双化"背景下，养老诈骗犯罪的治理应积极借助大数据、云计算、人工智能等新兴技术，将公安司法机关、行业主管部门、企业事业单位及社会其他机构的数据信息深入融合，探索我国养老诈骗犯罪治理新路径：以建立数据化资金查控模型为引擎、以推进立体化反诈宣传教育为先导、以健全协同型反诈治理机制为保障、以树立数据驱动型侦查理念为核心，积极塑造养老诈骗犯罪治理新模式，以期实现对养老诈骗犯罪的综合治理。

乡村公共法律服务调研报告

以河南省商丘市、信阳市为例

王春晓　　王金玉

一、研究背景

2021年1月10日中共中央印发的《法治中国建设规划（2020－2025年）》中指出紧紧围绕人民日益增长的美好生活需要加强公共法律服务，加快整合律师、公证、调解、仲裁、法律援助、司法鉴定等公共法律服务资源，到2022年基本形成覆盖城乡、便捷高效、均等普惠的现代公共法律服务体系。规划还指出要积极引导人民群众依法维权和化解矛盾纠纷，要完善调解、信访、仲裁、行政裁决、行政复议、诉讼等社会矛盾纠纷多元预防调处化解综合机制，整合基层矛盾纠纷化解资源和力量，深化法律援助制度改革，扩大法律援助覆盖面。

本次调研以河南省商丘市、信阳市的部分基层公共法律服务人员为对象，具体包括区乡村三级的法律援助律师、司法所所长、村组织干部以及普通村民。调研主要以问卷调查、实地走访的形式进行，通过对众多受访者的认真咨询以及相关资料的收集、汇总后，撰写完成此份乡村公共法律服务调研报告。

二、河南省商丘市宁陵县华堡镇调研结果

（一）基本情况

河南省商丘市宁陵县华堡镇，隶属于河南省商丘市宁陵县，地处宁陵县

南部，东与睢阳区勒马乡接壤，南与柘城县尚寨乡交界，西与黄岗乡相邻，北与张弓镇、程楼乡相连，行政区域面积 72.53 平方千米，辖 41 个行政村。2011 年末，华堡镇总人口 6.06 万人。其中城镇常住人口 12 800 人，城镇化率 21%。另有流动人口 3850 人。总人口中，男性 32 700 人，占 54%；女性 27 800 人，占 46%；14 岁以下 16 300 人，占 26.9%；15 岁~65 岁 37 600 人，占 62%；65 岁以上人口 6720 人，占 11.1%；总人口均为汉族。2011 年，人口出生率 11‰，人口死亡率 6‰，人口自然增长率 5‰。[1]

经济上，华堡镇以农业和工业为主。粮食作物以小麦、玉米为主。主要经济作物为棉花、大棚蔬菜。畜牧业以饲养生猪、牛、羊和家禽为主。工业则以面粉加工、塑胶生产、新材料包装、家具生产为主导产业。

(二) 乡村公共法律服务现状与特点

1. 民风淳朴、纠纷较少且易于解决

华堡镇民风淳朴，农民们之间纠纷并不常见，即使有也都比较容易解决。在与华堡镇兴华社区的工作人员访谈中，实践队员了解到，过去村里邻里纠纷比较常见，但现在已很少见。村民普遍比较淳朴，纠纷比较少，小矛盾在居委会或村委会调解下也基本能解决。同样地，华堡镇司法所所长也表示，"小事不出村、大事不出镇、矛盾不上交，在基层化解"落实比较到位。

2. 助法下乡、法律服务形式多样

在法律援助服务、纠纷解决以及法律宣传等几个方面，华堡镇都做到了线上线下融合。通过网上平台、驻村律师、网格员等形式，村民能够接受到比较完备的法律服务。在华堡镇司法所，实践队员观摩了当地的法治建设考核平台的运行状况，从文件通知的发布到村民反馈问题的解决，每一项事务都有时间限制，每一项事务都有事后评定，并附带扣分机制，与工作人员的绩效挂钩，切实地保障了法律服务的落地。司法所所长告诉实践队员，现在镇上落实一村一律师的制度，负责的律师每周要下到村上待两三天，帮助解决村民们的法律问题。

在华堡镇彭庄村，村支书向实践队员具体介绍了网格员的职责，表示目前在法律援助和纠纷调解上，网格员起到了中流砥柱的作用，每天的巡视能

---

[1]《华堡镇》，载 https://baike.baidu.com/item/%E5%8D%8E%E5%A0%A1%E9%95%87/5009280，最后访问日期：2024 年 9 月 20 日。

够让网格员及时发现问题、上报问题并解决问题，且网格员一般为当地人，相比外来的法律工作者对当地和各户情况更加了解。可以说，网格员是乡村法律服务比较重要的一环。此外，实践队员了解到"三员三长"的工作机制，"五会"组织机构以及矛盾调解的全套流程。可以说，目前该地的法律服务供求关系是平衡的，不存在供需不匹配的情况。

3. 法律服务体系相对完善，呈现专业化和本土化

目前，乡村法律服务体系较为完善。一方面，法律服务更加专业化。实践队员了解到镇上已经落实了"一村一律师"制度。过去的乡村因没有专业律师涉足，涉及纠纷解决和法律服务的事务主要由村委干部负责。村委干部虽然经验丰富，但对法律并不精通，甚至只能说略懂皮毛，起到的常常只是协调各方的作用。而一村一律师的制度让每个村都配备有专业的法律服务资源，有专业的公益律师常驻，使法律服务更加专业。同时，法律队伍人员构成本土化。第一，乡村法律队伍的构成（网格员、村干部）大部分还是当地居民，公益律师也是离村比较近的。第二，"谁执法谁普法"的制度将普法的任务交给当地执法部门，也促成了法律服务队伍的本土化。

4. 调解占乡村民间纠纷解决形式"主流"

根据受访群众及工作人员反映，目前调解是纠纷解决最常用也是民众最偏好的方式。调解适用范围广，特别是在农村，纠纷的原因并不复杂，标的也并不大，争执双方很多情况下都是为了"争一口气"。因此调解很大程度上能够将问题在最基层解决。其次，调解的成本低，既不需要花大价钱请律师诉讼，也不用花大把时间等待，也不会留下"案底"，这是目前调解成为乡村民间争议解决模式的主要原因。

(二) 乡村法律服务存在的困境

1. 人员及资金存在缺口

在与华堡镇彭庄村支部书记交流中，他提到了目前具体开展乡村公共法律服务时，资金和人员的不足是一大问题。当地公共法律服务人员多为村干部，受限于其个人工作经验和知识水平，往往只能通过"人情"和最普遍的"法治理念"进行调解，对具体的法律知识了解甚少。且乡村的相关培训工作不够扎实，人才队伍缺口较大，缺乏相应的资金资助，法律服务推进的压力较大。

2. 民众法治意识仍待提升

虽然乡村也会不时进行主题普法活动，但一方面有文化的村民大部分时间都在外务工，接受宣讲的大多是老人孩子，接收度不高，另一方面普法方式仍显单调，往往讲座过后群众记得的甚少，普法效果并不明显。虽然访谈中受访群众皆表示民众法治意识有提高，但其对于一般的法律知识仍没有概念，常常出现错位的理解。受限于其个人的文化水平与时代背景，对法律法规条文会出现错误理解与误用，不能很好地区分部分法类别，对其案件所属范围认识不够到位。

3. 民众接受度不高

一方面是部分群众存在倔强固执的问题，长期的人情社会浸染使他们习惯于坚持自己的意见，最多"和你谈谈双方各退一步"，若告诉他们根据法律规定其主张毫无合理之处，他们无法接受。另一方面则是民众对新形式的网络法律服务接受度不高。受限于文化水平、智能服务接受度等因素，农村老人在使用线上产品时存在困难，更加愿意采取线下方式。因此，互联网时代很多新兴的法律服务形式尽管新颖，但触角恐怕难以真正企及。

（三）乡村公共法律服务困境的解决方法

1. 公共法律服务资源下沉

在走访华堡镇司法所和周边乡村的过程中，工作人员谈到资金和人员的不足是当前乡村公共法律服务的突出问题。此外，实践队在调研过程中了解到，村民更加希望"专业的、免费的、面对面的"法律服务。从以上社会痛点出发，实践队查阅全国多个法治建设进行乡村的治理经验，认为将公共服务资源有力下沉，有利于为法治乡村建设注入坚实力量。例如江苏省太仓市通过打造镇村公共法律平台，在乡村便民服务大厅普遍设立法律服务、人民调解窗口。济南为更好地解决"到哪里找公共法律服务"的问题，开通法律咨询、人民调解等功能为一体的法律服务便民直通车，每周定期到乡村开展现场面对面法律服务。加强乡村法律服务体系建设，选聘法律顾问、培养乡村中的"法律明白人"、建设村级调解委员会等都是符合中国乡村基层法治发展现状的有效手段。

2. 构建普法宣传矩阵，促进基层普法覆盖范围

为解决普法活动频率低、覆盖受众局限、民众法治意识有待继续提升等

情况,定期的法治宣传是应有之义。从司法部发布的简报来看,已经有多个乡村做出了有益探索。例如,湖北省就着力推进法治乡村建设,定期地、系统化地开展尊法、学法、懂法、守法宣传教育,逐渐在乡村中营造出"社会新时尚"。法治意识有待提升不仅需要"定期"还需要"定量"。调研发现,有的先进乡村形成了在一村一个律师顾问、一村一个定点工作室、一村一个法律宣讲员、每个家庭一个法律明白人的"四个一"法律体系,从多角度出发实现法律浸润式宣传。

3. 深入群众,打造"身边的"公共法律服务

对于普通村民而言,"打通公共法律服务最后一公里"尤为重要,接受度的提升需要潜移默化的影响。政法机关工作人员、政法干警走进乡村、深入群众,真正做到架通政法单位服务基层群众的桥梁。通过走访可知,司法所工作人员、兼任法律明白人的网格员、党员群众服务中心干警等与村民保持着较为良好的沟通频率,有利于发挥沟通优势。商丘市郏县长桥镇建立"三员三长"工作机制,"三长",分别是村网格长、责任区长、户长,每个户区内明确"三员",即联户党员、矛盾调解员、帮办代办员,破解基层事多人少的难题,取得显著成效。[1]这一先进实践恰恰反映出春风化雨的态度和"深入群众"的工作思路对于基层公共服务之重要性和必要性,为解决民众接受度不高等问题提供借鉴。

三、河南省信阳市潢川县来龙乡调研结论

(一)基本情况

河南省信阳市潢川县来龙乡,隶属于河南省信阳市潢川县,地处潢川县北部,东隔潢河与谈店乡相望,南部和西部与魏岗乡为邻,北临淮河,东、北部与踅孜镇接壤。2011年末,来龙乡辖区总人口48 809人,其中城镇常住人口7649人,城镇化率15.7%,另有流动人口1816人。总人口中,男性25 463人,占52.2%;女性23 346人,占47.8%;14岁以下8298人,占

---

[1] 中原盾:《【新时代"枫桥经验"河南实践】郏县长桥镇:深化基层治理创新 "三长三员"解三难》,载https://mp.weixin.qq.com/s/KOQ5D5PmTywtZE77KgLnug,最后访问日期:2024年8月28日。

17.0%；15 岁~64 岁 35 826 人，占 73.4%；65 岁以上 4685 人，占 9.6%。总人口中，以汉族为主，达 48 628 人，占 99.6%；有少数民族回族 181 人，占 0.4%；2011 年，人口出生率 7.4‰，人口死亡率 5.2‰，人口自然增长率 2.2‰。[1]

经济上，来龙乡以农业和工业为主。粮食作物以水稻、小麦为主。主要经济作物为油菜、花生。畜牧业以饲养生猪、羊、鸭、鸡为主。工业则以建材、加工业为主导产业。

（二）乡村公共法律服务现状与特点

1. 援助形式

总体而言，两个村子的法律援助形式较为一致，主要通过人民调解与代理案件两种形式开展工作。

第一，人民调解内容丰富，重乡土而轻律法。以河南省商丘市华堡镇彭庄村为例，乡内纠纷主要集中于婚姻家庭纠纷与土地纠纷，具有浓厚的乡土气息，人民调解往往选派乡镇内各个下辖村的村支书、具有威望的乡贤老者等人，在村民发生纠纷时开展调解活动。河南省信阳市潢川县来龙乡乡内纠纷也集中于婚姻家庭纠纷、借贷纠纷等。而针对河南省商丘市华堡镇彭庄村与河南省信阳市潢川县来龙乡，两县司法所提供法律援助的形式较为一致，主要是法治宣传和司法调解。县司法所建立法律服务工作站，承担了法治宣传教育、人民调解服务、社区矫正、解答法律咨询及收集民情民意的工作。

第二，代理案件数量较少，村民"厌讼"情绪仍长期存在。以河南省信阳市潢川县来龙乡为例，村民优先选择自行和解，自行和解不成求助双方共悉的亲朋好友。司法所接待的案件 100 余次，结案率 80% 以上，直接代理起诉案件较少。

2. 宣传形式

总体来看，各地的宣传形式也较为统一，创新特色较少。一般镇司法所进行法治宣传的形式包括法治文化广场、公开普法活动及不定期下村普法等。从两处实践调研地来看，目前在彭庄村与来龙乡均建设有法治文化广场，通过广场灯箱、广场张贴宣传栏、板报栏进行普法宣传，广场不定期开展普法

---

[1]《来龙乡》，载 https://baike.baidu.com/item/%E6%9D%A5%E9%BE%99%E4%B9%A1/7085800，最后访问日期：2024 年 9 月 20 日。

讲座。镇司法所在国家宪法日等大型法治节日会开展公开普法活动，现场向村民宣传法律相关知识并为村民就法律问题答疑解惑。另外，司法所的干警也会不定期下村实地走访以及进入村小学开展普法教育活动，发放宣传手册、讲解日常生活中的法律知识。

3. 线上线下融合发展

在线上，基层依托司法行政网、省级司法大数据网络中心、社区矫正等网络建设运营，基本实现了法律援助网上受理、法律咨询等在线办理，努力实现数据多跑路，群众少跑腿。在线下，基本建立起县、乡镇、村三级的公共法律服务实体平台，县级有服务中心、司法局圆桌会议、公共法律服务职能部门，乡镇有其各自乡镇司法所、调解中心服务站，村里有法律顾问、法律明白人。积极整合律师、公证、司法鉴定、法律援助、法治宣传、人民调解等涉及公共法律服务的职能资源，探索一次办好模式。集中受理解决群众法律服务事项，依托县区公共法律服务中心、乡镇公共法律服务站、"一村一法律顾问"和专兼职人民调解员队伍，结合社会治安综合治理部门等的建设，使公共法律服务直接面向农村群众，触角延伸到了最基层。同时，线上预约咨询与线下面对面指导交流服务相结合，方便快捷高效的基层公共法律服务网日趋完善。

4. 专业法律服务能力进一步提升

在推进线上线下平台建设的基础上，各地政府主动横向延伸法律服务链条，与相关部门对接，在公安、法院等单位建立了法律援助工作站，注重涉及民生的法律服务，为农村弱势困难群众开辟法律援助"绿色通道"。大力推广积极探索多元调解模式，加强专职人民调解员队伍建设，积极吸纳专职调解员，重点在农村医患纠纷、交通事故处理、民间借贷、家庭矛盾、农民工维权、弱势群体保护等领域吸收专职调解员，"情""理""法"三者相结合，实现矛盾最小化、各方利益最大化。

(三) 乡村公共法律服务的困境

1. 法治观念薄弱与法律援助知晓率低

改革开放以来，我国法治建设取得了巨大成就，法治观念逐渐深入人心。然而，传统的"厌讼"情绪、"家丑不可外扬"等思想在乡村地区已根深蒂固，阻碍法律援助工作的开展。加之乡村居民受教育水平相对较低，乡村社会还具有"熟人社会"重人情而轻规则的特征，因此乡村居民的权利意识、规则意识以及法治观念相对薄弱，在遇到法律纠纷时，即使是寻求免费法律援助的积极性也很低，更倾向于以和解、调解等方式解决问题，这就在主观上阻碍了法律援助工作的深入开展。

表1 各调研地法律援助知晓率

地区	知晓率
河南省信阳市潢川县来龙乡	80%左右
河南省商丘市华堡镇彭庄村	85%左右

此外，由表1可知，各地法律援助知晓率不尽相同，最高可达85%，而最低的为80%，部分调研地的法律援助知晓率较低，法律援助内容不清晰、界限不明确，乡村居民对法律援助缺乏了解，不仅不知道如何获取法律援助，甚至不知道法律援助是做什么的，这也是乡村居民寻求法律援助的一大阻碍。

2. 法律援助主体有限

大多数调研地形成了县（区）司法局下设的法律援助中心—乡镇（街道）司法所下设的法律援助机构—村（社区）法律服务工作站三级法律援助工作体系，在以司法所为重要中间点的同时，辅以驻村律师制度，力图将社会律师的力量引入法律援助工作中。而在现实情况中，一方面各级法律援助机构或驻村律师能够提供的法律援助的数量和质量都是有限的，另一方面还有很多社会组织或个人可以参与到法律援助中来。比如，我国有不少高校建立了法律援助中心，高校法律援助中心的老师和法学生具有坚实的法学知识基础，无疑能够为乡村法律援助提供极大的帮助，这也有助于高校老师积累实践素材、法学学生在实践中提高自身法学素养。

3. 法律援助经费不足与人才紧缺

各地法律援助机构经费紧张、人员数量短缺且专业程度不高是乡村法律援助机构所面对的主要问题。

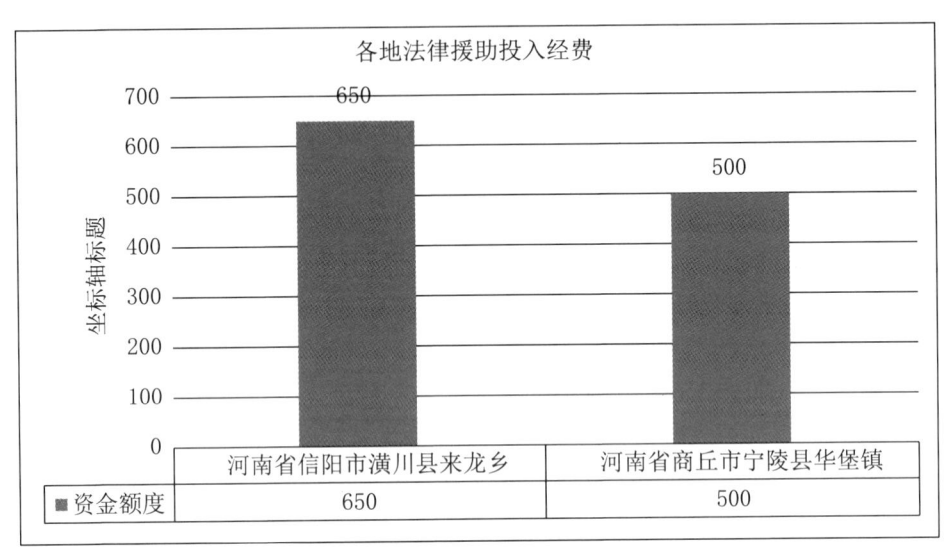

图1 各地法律援助投入经费（单位：元/月）

由图1可以看出，在经费方面，调研地的法律援助经费远远无法支撑法律援助机构开展丰富多样、行之有效的法治宣传活动，可提供的办案补贴相较社会法律服务的收费额也相当单薄，这不仅影响法律援助工作的质量，而且打击了工作人员和受援者的积极性。

在人员数量方面，各地亦参差不齐，最高可达10人，最低的仅有1人，总体来说法律服务人员数量少，难以满足百姓需求。在人员专业程度方面，尽管调研地乡镇一级司法所法律援助机构的大多数工作人员为大学本科毕业的公务员，但鲜有工作人员通过了国家统一法律职业资格考试，只有个别调研地的司法所设置了通过该考试的法律顾问，而这些顾问也并不只是对口负责法律援助。

人员职责分工不明确也是乡村法律援助机构的弊病之一。由于人员不足、经费紧张，即使是名义上专职负责法律援助工作的人员，往往也还要负责司法所的其他事务，如社区矫正工作、普法宣传工作等。更有甚者，乡镇一级的法律援助机构与司法所的其他机构一套人马两块牌子，人员配置完全重合，对于法律援助工作并无指定的责任人。混乱的职责划分，也影响乡村法律援助工作的顺利开展。

（四）乡村公共法律服务困境的解决方法

1. 健全党委领导的综合机制

紧密联系基层党建与基层治理。健全党建服务网络，依托党建服务中心，对整体运行情况进行管理，切实将"乡村公共法律服务"作为解决基层民生的重要抓手。通过基层党组织，将区域内各条线、各区块党建资源凝聚起来，实现资源与需求的顺畅对接，实现共建共享，不断提高资源整合度。充分发挥党员示范作用，使之更好地成为参与者、志愿者、引领者，动员更多群众。

2. 改善宣传形式

推动基层治理信息化、现代化。借助新媒体平台，整合县乡村三级资源，以司法局、人民法院调解队伍为主要依托，对已有的信息平台要破除信息壁垒，做到全面共享，同时还要建设统一的智能化建设标准，加强这方面的监管。强化功能整合，引导群众积极参与和学会应用，更好地发挥现代科技在乡村公共法律服务治理中的作用。

未来的法律宣传须进一步改善宣传内容，使普法内容更通俗易懂。同时丰富宣传形式，经问卷调研和实地访谈发现村民更倾向于抖音、快手、微信视频号等短视频的形式，可加入以案释法的小视频等新颖的形式提高村民参与普法活动的热情。

3. 落实村一级的法律服务，积极深化推进"一村一顾问"

未来应持续落实基层法律人才培养，扩充基层法律服务队伍，积极深化推进"一村一顾问"，尽快在每个村派驻律师或调解员做"法律明白人"。同时也可利用定点扶贫办的驻村帮扶干部开展法律援助和普法宣传工作。帮扶干部相较于普通村民文化程度更高，对法律的理解能力更强，培训成本较低。且定点扶贫在我国基层村落已全部铺开，利用好这部分的人员，将极大改善我国基层乡村的法律服务现状。

四、结论

扶贫必先扶智，助农必不离法。乡村公共法律服务是维护乡村（社区）居民合法权益、促进乡村治理体系和治理能力现代化的重要依托。作为法学专业的学生，我们应当关心乡村地区的乡村公共法律服务，以自己的青春力量，为祖国事业添砖加瓦。我们调研了两个乡镇、四个行政村，在实地走访、访谈司法局、司法所工作人员、收集资料后得到以下结论：

首先，发挥基层综合治理体系在矛盾化解中的主要作用。调研地区将党的领导、村民自治、政府主导三者有机结合起来，运用现代网络技术手段，建设综合治理网站，连接政府各职能部门与基层网格员，有效、快速解决问题，通过建设法治平台进行考核，有效督促各职能部门积极履职。通过落实一村一律师制度、三员三长制度、谁执法谁普法政策，有效推进普法宣传工作和纠纷的实质性化解。

其次，存在普法不够专业、民众接受度较低的情况。司法所和村委会介绍普法宣传工作成绩斐然，我们对普通村民进行访谈时，发现村民对法治相关情况不了解，虽然维权意识、守法意识普遍提升，但当地普法宣传工作还是存在实效性不够的问题。此外，从事基础法律服务工作的人员不够专业，除司法局部分领导有法学专业背景外，其他基层人员从事法律服务工作都是凭借经验、基本常识进行处理，缺乏专业性。

总体而言，调研地区法治建设水平较高，村民法治意识较强，传统土地纠纷、邻里纠纷较少，在新时代推进乡村振兴的大背景下，如何运用我们的专业知识服务于乡村振兴，解决乡村振兴中新出现的问题，诸如产业发展中知识产权纠纷成为新的专业任务，如何运用法制健全乡村综合治理体系也是我们新的思考方向。

关于仙人洞村公共法律服务体系建设的调研报告

葛思彤　丁　威　段云鹤　刘　畅　万姝彤　张　瑞

一、十三陵镇仙人洞村农村公共法律服务供需现状与结构分析

（一）十三陵镇仙人洞村基本状况

十三陵镇为北京市昌平区下辖镇，地处昌平区西北部。仙人洞村位于十三陵镇东南城乡接合部，村域面积2250亩，农用面积1100亩；总户数348户，其中农户与非农户各占一半；总人口694人，其中农业户籍352人，非农户籍342人，流动人口296人。

（二）十三陵镇仙人洞村农村公共法律服务供给状况分析

1. 立法工作

十三陵镇严格按照《关于加快推进公共法律服务体系建设的意见》相关要求，将提升农村公共法律服务作为本地区乡村振兴战略实施的考核目标。仙人洞村"两委"认真贯彻落实"北京市美丽乡村建设三年专项行动计划"的决策部署，突出党建统筹引领，发挥民间主体作用，积极构建"一核多元"村级治理模式，仙人洞村先后被评定为全国"一村一品"示范村、全国乡村旅游重点村、全国乡村治理示范村。

2. 基础建设

十三陵镇根据昌平区"三级公共法律服务实体平台全覆盖"工作目标，在各村居社区建立法律援助联络点，同时以"一村（社区）一法律顾问"活动为重心推动服务落地落实。仙人洞村积极推进"民主法治示范村"创建，

以七吉文创基地为场地依托,开办"村民夜校""法治大讲堂"等普法阵地,以文化浸润强化法律宣传教育,以串门送法开展法律调解,以联动联调实施法律援助。

3. 服务开展

十三陵镇坚持以实践需求为导向,以立体化服务网络为载体,充分发挥各级服务平台的作用,缩减公共法律服务资源与农村居民现实距离,不断丰富服务内容、提升服务质效。仙人洞村作为昌平区十三陵镇"法治村居项目"试点村,率先于2017年开展乡村治理规范工作,依法经民主决策程序通过《仙人洞村规范管理手册》,创新性地组建了仙人洞村乡贤参事会,形成政府主导、律师参与、群众受益、持续发展的村居法律顾问工作长效机制。

(三) 仙人洞村农村公共法律服务的需求状况分析

1. 调研说明

(1) 调查对象与问卷设计

本次调研以十三陵镇仙人洞村农村居民为对象进行问卷调查与访谈,采用随机抽样法及等比抽样法进行。

(2) 数据来源及样本特征

根据村委会提供人口统计数据等比例抽样后进行随机抽样,共发放调查问卷58份,收回有效问卷52份,有效问卷率89.7%,符合调研预期要求(参见表1)。

表1 基本情况描述统计

类别	项目	频数(人)	比例(%)	类别	项目	频数(人)	比例(%)
性别	男	25	48.08	职业	学生	3	5.77
	女	27	51.92		企事业单位	7	13.46
年龄	18-31岁	6	11.54		个体经商	19	36.54
	32-45岁	12	23.08		其他	6	11.54
	46-59岁	21	40.38	家庭人口数	三口及以下	19	36.54
	60岁及以上	13	25.00		四口	24	46.15

续表

类别	项目	频数(人)	比例(%)	类别	项目	频数(人)	比例(%)
文化程度	小学及以下	22	42.31		五口及以上	9	17.31
	初中	18	34.62	家庭年人均收入（元）	8000及以下	1	1.92
	高中	7	13.46		8000-20000	8	15.38
	大学及以上	5	9.62		20001-40000	16	30.77
职业	务农	9	17.31		40001-60000	14	26.92
	企业职工	8	15.38		60000以上	0	25.00

2. 农村居民对农村公共法律服务的需求状况

表2 农村居民需求和认知情况描述统计

类别	项目	频数（人）	比例（%）
对农村公共法律服务需求程度	很少	8	15.38
	较少	14	26.92
	一般	18	34.62
	较多	7	13.46
	很多	5	9.62
加强农村公共法律服务建设	完全没必要	1	1.92
	没必要	2	3.85
	不清楚	6	11.54
	有必要	20	38.46
	非常有必要	23	44.23
运用法律解决纠纷效果	效果很差	2	3.85
	效果一般	18	34.62
	效果很好	32	61.54

随着经济社会不断发展与农村经济结构优化，农村第一、二、三产业结

构融合调整，农村居民对农村公共法律服务的高需求性逐渐显现。在土地流转、农业产业化、就业多元化等新形势要求下，纠纷类型及项目涉及繁多，原有的公共法律服务已难满足现阶段新需求。对于法律服务宣传力度、服务渠道、队伍水平、制度完善、组织及经费保障等方面表现出的高认同性和高需求性认知，也必然对农村公共法律服务的专业化、多元化和质量效果提出更高要求。

3. 农村居民对农村公共法律服务的需求特征

(1) 高需求与高认同并存

问卷调查结果显示（参见表2），受访居民普遍对农村公共法律服务具有较高需求。在加强农村公共法律服务建设必要性问题的认知上，82.69%的受访者呈积极态度。在运用法律解决纠纷效果的调查中，仅3.85%的受访者认为"效果很差"，绝大部分居民表示认可。

(2) 普遍性与多样性并存

农村居民长久以来以乡土环境中的农业事务及宗族关系展开社会生活，形成密切的关联网络，因此在矛盾纠纷化解方式上以仍寻求熟人和村干部调解为主要方式（参见下文图2），可见调解为主、避讼无讼依然是农村纠纷化解的主要特征。

表3 农村较为普遍的纠纷类型

选项（多选）	人次
宅基地纠纷	8
家庭纠纷	9
邻里纠纷	4
经济合同纠纷	20
土地承包经营纠纷	15
劳动合同纠纷	12
行政诉讼类	1
企业经营类	8

调查结果显示（参见表3），"经济合同纠纷""土地承包经营纠纷""劳动合同纠纷"等关注度较高的纠纷类型体现出明显的涉农性和乡土性。随着

农村经济社会发展和产业结构优化升级,农村居民的生产经营和社会生活超越农业农村的传统局限,新型诉讼纠纷亦发生于日常生活。

(3) 关注宣传度与保障性

表4 农村公共法律服务应从哪几个方面加强

选项（多选）	人次
加强公共法律宣传教育和法治文化创建	43
扩宽公共法律服务渠道	28
提升公共法律服务队伍专业化水平	24
增强基本法律服务公益性和普及度	35
强化组织保障和经费保障力度	39

有受访者表示,宣传深度和广度的不足,部分农村居民对法律法规和服务政策了解不足,致使缺乏寻求法律服务的有效意识与便捷途径。从调研数据来看（参见表4）,绝大部分受访者认为公共法律宣传教育和法治文化创建的加强是公共法律服务应着力的方向。

(四) 仙人洞村农村公共法律服务供需结构分析

1. 高认同与低了解的矛盾

如前分析,受访对象对农村公共法律服务具有较高认同度,但了解度的表现与之相反（参见表5）。走访过程中发现,大部分受访对象对公共法律服务项目内容了解片面,宣传的普及性和有效性仍待加强。

表5 对公共法律服务了解程度

类别	项目	频数（人）	比例（%）
对农村公共法律服务了解程度	很少	3	5.77
	较少	14	26.92
	一般	24	46.15
	较多	8	15.38
	很多	3	5.77

2. 高需求与低参与的矛盾

受访农村居民对农村公共法律服务质量和数量上的高需求与其参与意识与参与程度对比明显（参见图1）。一方面，宣传工作与活动开展形式主义特征的存在制约农村居民参与度；另一方面，供给决策仍欠缺根据当地经济社会发展状况因地制宜的考虑，致使供需失衡问题突出。

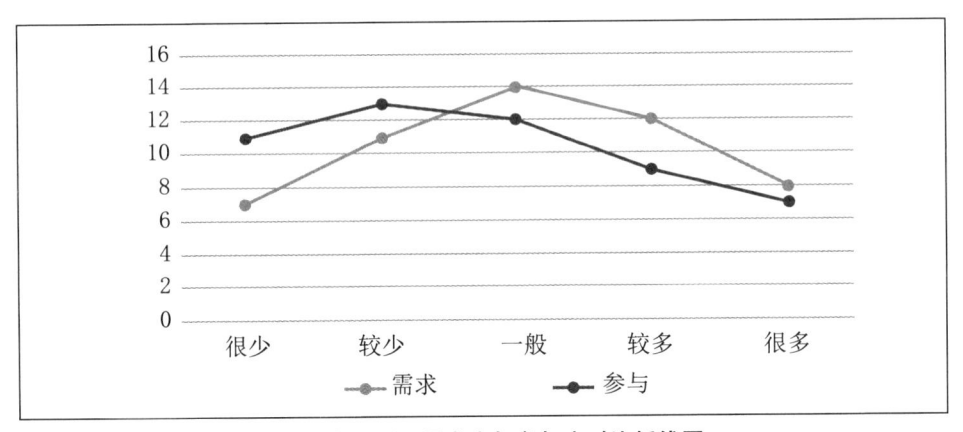

图1　农村居民需求度与参与度对比折线图

3. 服务项目结构供需失衡

问卷中，服务项目接触熟悉度与现实需要度的对比差异（参见图2），体现出当前农村公共法律服务项目结构存在的失衡问题。

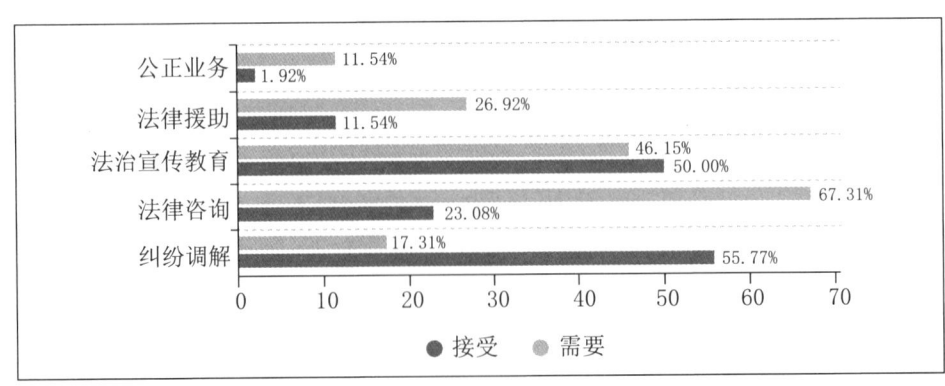

图2　接触最多与最需要公共法律服务项目对比

首先，公证业务与法律援助的接触熟悉度与现实需要度虽然较低，但对比明显。农村经济结构转型升级和农村居民法治意识提升使相关业务需求不断增长。其次，农村居民对于法治宣传教育的接触度与需求度基本匹配，但对于实际性、针对性、接受性的有效宣传进一步加强的呼声仍较高（参见表4）。再次，随着农村居民的法治意识和维权观念不断增强，运用法律手段解决矛盾纠纷逐渐成为首要选择。对法律咨询服务接触程度与需求程度的显著对比同样验证了供不应求的现状。最后，接触纠纷调解的受访者所占比例较多，但相应需求仅占17.31%。可见在农村长期"无讼"的社会氛围中，人民调解发挥着化解矛盾纠纷的巨大作用。

二、乡村振兴背景下乡村公共法律服务体系的发展现状

（一）法律服务体系建设的既有成效

1. 涉农立法工作不断推进

据统计，改革开放以来，我国共制定和颁布了20多部农业法律、60多部农业行政法规、460多部部门规章以及大量地方性法规和规章。[1]几十年来不断推进的立法工作是我国推进法治国家建设的成果之一，体现了法治文化建设的目标与决心，更是建设法治乡村的一个巨大飞跃。

2. 村民的法治观念有所增强

过去的乡村，既"无法可依"，又"有法难依"，村民们难以理解什么是法，更难相信法律可以解决纠纷、维护权益。改革开放以来，涉农立法工作不断推进，普法宣传和法律援助活动持续开展，村民们开始知法、学法，理解、尊重法律，很多村民已经可以依法维权，这是法治建设的成果，也是乡村公共法律服务体系建设的初步成效。

3. 乡村公共法律服务体系整体提升

十八大以来，全国公共法律服务体系迅速提升，乡村公共法律服务体系建设进步飞速。一方面体现在服务载体的丰富度上，另一方面体现在服务体系的质效上。随着多样化的普法宣传教育方式带来的影响，乡村公共法律服务基本实现全覆盖，城乡法律服务差距不断缩小，整体质效得以提升。

---

[1] 参见高尔旆：《乡村治理背景下农村法治文化建设研究》，载《许昌学院学报》2019年第4期。

(二) 基层公共法律服务的需求攀升

1. 农村社会转型时期的纠纷状况

随着改革开放进行，乡村社会转型时期的矛盾与纠纷不断攀升，根据纠纷的内容、性质与主体有不同的划分，但是有一个共同特征，即呈现出纷繁复杂的特征。乡村社会的纠纷类型能反映出法治在乡村的运行状况，在乡村振兴的背景下，乡村社会转型时期的纠纷状况体现出了基层公共法律服务的需求在不断攀升。

2. 送法下乡与农村法律服务需求增长

通过送法下乡活动，乡村法律服务需求逐渐增长，村民多渠道地认识了解、法律，在生活中运用法律，进而逐渐认识法治，了解法治的深层含义，理解法治的多重内涵。"送法下乡"活动在全乡村营造出法治氛围，使村民形成对法治的敬畏和亲切感。法治精神正在逐步深入人心，法治信仰正在立足于乡村，法治共识正在广泛形成。

(三) 法律服务资源配置的区域差异

当前国家在努力推进构建"覆盖城乡、便捷高效、均等普惠"的现代公共法律服务体系，为全面推进乡村振兴提供有力的法治保障。在法律服务资源配置的区域差异中，城乡区域差异是目前的难点与重点，究其原因，主要是由于城乡二元化结构不平衡和区域经济发展不均衡。

1. 城乡二元化结构不平衡

我国城乡发展呈现二元化结构，表现为城市和乡村各个方面的差距较大，城乡资源的分配不均衡，在法律资源方面，比较完备的法律资源大多分配在城市和县区，乡村的法律资源相对匮乏。[1]

2. 区域经济发展不均衡

经济基础决定上层建筑，在乡村公共法律服务体系建设中，大多数乡村经济状况并不乐观，乡村公共法律服务体系的构建也不理想。[2]同时，城市

---

[1] 参见张欢欢：《城乡协调发展视域下农村公共法律服务体系的定位与总体构建》，载《智库时代》2019年第10期。

[2] 参见徐和平：《区域司法资源均等化配置问题研究——以法官资源为主要对象》，载《甘肃社会科学》2014年第3期。

地区的经济发展态势较好,而在乡村振兴的大背景下,区域经济发展不均衡导致法律服务资源配置的区域差异较大。

三、乡村公共法律服务体系建设的困境剖析

(一) 历史文化传统局限性影响

在乡村社会中,根深蒂固的"人治"和"熟人社会"思想限制了法律的重要性,导致在纠纷解决时法律途径并非首选,阻碍乡村社会朝向法治社会转型的努力。此外,传统的"义务本位"观念使人们倾向于消极守法,强调服从和避免违法行为,削弱了公民的法律意识,不利于法治秩序的巩固和发展。[1]另外,"无讼思想"造成民众对诉讼方式的厌恶和畏惧,抑制了人们维护正当权益的动力,导致法律意识的淡化,进一步加剧了乡村社会的法治困境。

(二) 乡村治理法治化程度薄弱

由于我国传统和权力本位思想的长期影响,很多乡镇政府仍然尚未树立法治政府理念和法治思维,没有很好地将党的领导和法治乡村建设结合起来,在乡村治理中有时会出现行政权力越位的现象,乡镇政府直接参与本属于村民委员会管理的事务中,对村民自治制度进行干预,挤压了乡村自治组织的自治空间。

此外,我国乡村仍然属于"熟人社会",村民因为不愿意得罪人、担心报复等因素,缺乏积极进行民主监督的主观意愿,且个人自身力量相对较为弱小,难以与村委会抗衡,缺乏有效的监督途径。

(三) 公共法律服务供给侧结构失调

在现有体系下,政府负责公共法律服务的供给、组织、监督等,存在自我监督的问题,不仅会减损监督者的权威性,且因缺乏良性竞争机制,供给质量和效率相对较低。目前我国法律行业从业人员数量不足,法律服务资源十分稀缺,在边远地区尤其农村地区尤为如是,公共法律服务难以做到全覆盖,限制了我国乡村公共法律服务体系建设的进程。

---

[1] 参见王超烨:《功利主义守法理论研究》,南京师范大学2017年硕士学位论文。

(四) 乡村法律服务配套机制待优化

法律服务提供主体与乡村民众间的互动也是一个双向过程[1],然而目前我国缺少有效的需求表达机制,政府难以及时了解到民众对于法律服务的实际需求,也就无法根据需求做出相应准备、调整,造成了法律服务的供需失衡,导致民众主动寻求法律服务的意愿较低,直接影响到乡村公共法律服务体系的建设和完善。质量评价机制、考核机制和监督机制的缺乏也同样影响服务体系健全程度。

四、乡村公共法律服务体系建设的优化路径

(一) 根植环境:五治融合激活内生力量

重视基层公共法律服务内生力量持续有效供给。通过发掘内生力量,选用人才、把握资源,形成多主体参与、互联互动的基层公共法律服务格局。[2]引导社会主体积极参与基层公共法律服务建设,如建设高校法律志愿服务基地,借助党建"友好支部"和合作单位的力量推动发展。

推动公共法律服务助力乡风文明建设。通过普法宣讲、法治文化讲座、播放法治电视节目等形式,促进民主法治、公平正义的法治文化扎根乡村、深入人心,引导民众崇尚法治,塑造文明向上的乡村风貌。

尊重地方性知识与传统本土资源相结合。除争取外部支持,也要充分借助本土资源,有效解决地方性问题,使法律服务更贴近乡村需求。同时,保障"三农"、民营企业和地方产业在法治轨道上健康发展,使当地企业和人民成为公共法律服务的受益者,促进民生发展。

(二) 完善制度:良性机制保障政府提供法律服务质效

首先,随着供需要求的不断升级,传统考核指标难以满足现实需要。[3]

---

[1] 参见王亚丰、黄春蕾:《乡村公共法律服务体系建设的价值、困境与优化——基于社会治理视角》,载《安徽行政学院学报》2021年第1期。

[2] 参见广东省司法厅课题组、梁震:《推进覆盖城乡居民的公共法律服务体系建设研究》,载《中国司法》2016年第8期。

[3] 参见安宁、潘越:《乡村振兴视域下政府提供公共法律服务的现代化治理路径》,载《河北法学》2023年第3期。

为提高政府的重视程度，可以将公共法律服务建设纳入政府政绩考核体系，以群众满意度和运行效果作为评价指标，将政府供给的量化指标与居民反馈相结合，从多主体视角出发建立全过程评估机制。其次，政府可通过购买服务弥补自身供给能力的短板，但购买程序和审查机制亟待规范。应积极引入第三方评估机制，建立健全法律服务标准、质量评价监督机制及失信惩戒机制，对已购服务进行量化评估以决定是否继续购买。最后，确立公共法律服务市场完善后的政府退出机制，当市场能够较好地满足多层次多元化服务需求时，政府可以在符合法治可预期性的前提下退出。

（三）平衡供给：推进乡村公共法律服务供给侧结构性改革

《国家基本公共法律服务指导标准》（2023年版）明确了基本公共法律服务的7项服务内容[1]，各地可在此基础上进行拓展。一方面，应丰富基本公共法律服务供给资源。坚持以政府为主导，社会和市场有效补充，实现多元主体合作模式。市场主体的参与能有效识别需求，丰富参与渠道，实现成本控制，优化资源配置。另一方面，要均衡基本公共法律服务供给配置。挖掘欠发达地区居民的有效法律需求，倾斜性关注与保护易被忽视的社会弱势群体权益，不断推进公民平等高效地受益，实现发展成果由人民共享。

（四）革新途径：以现代化治理支撑法律服务优化

以现代化治理支撑法律服务优化，应坚持协商式治理、秉持合作式治理、践行简约式治理、纳入智慧型治理。其一，要大力加强乡村人民调解组织队伍建设，开展乡村矛盾纠纷排查化解的活动。推进村（居）法律顾问工作，着力发挥村（居）法律顾问职能作用，贯彻落实法律援助法，提高乡村法律援助服务质效。其二，坚持以政府为主导，鼓励社会多元主体参与，整合不同领域社会力量。例如有些地方联合文体中心、书画市场等创作法治文化作品，或招募退休法律从业人员对法律服务供给提供有力补充。其三，加强组织体系的精确性和灵活性，实现化繁为简、简而高效的治理目标。树立问题意识，坚持"一地一特色理念"，有针对性地应对区域法律服务问题。其四，

---

[1] 参见宋方青、邱子健：《论基本公共法律服务的供给侧结构性改革》，载《东南学术》2023年第1期。

推进公共法律服务网络全覆盖,持续加强基层公共法律服务实体平台建设。[1]以山东日照"掌上12348"为例[2],建设一站式网上公共法律服务平台,打破时空发展隔阂,深入推进线上线下融合发展。

五、结语

习近平总书记指出,要紧紧围绕经济社会发展的实际需要,努力做好公共法律服务体系建设。公共法律服务体系建设对全面推进乡村振兴战略具有毋庸置疑的重要意义,想解决建设中的难题,就要建立健全机制体制,充分发挥乡村公共法律服务主体的带动作用,充实创新公共法律服务产品体系,为乡村振兴战略注入强劲法治动力,为乡村振兴战略构筑坚强法治保障。

---

[1] 参见刘益良等:《新时代智慧公共法律服务体系建设的实践与思考》,载《中国司法》2019年第3期。

[2] 参见安臻:《健全服务网络,完善服务机制!日照构建全方位公共法律服务体系》,载 https://k.sina.com.cn/article_ 5328858693_ 13d9fee4502001lb8v.html,最后访问日期:2024年3月1日。

第四章

培育致公精神

"奏响新征程的青春之歌"

> 本章节为"ZHI 行中国"社会实践大思政课中"致公法大"社会融入课组课程成果，共摘编 13 篇实践成果转化报告。
>
> "致公法大"社会融入课组开设"青年红色筑梦之旅""社会实践创新创业成果转化""'法创杯'系列竞赛"等思政课程，引导实践成员结合社会实践经历，以创新思维分析现实困境，以创业项目解决现实问题。

举时代之炬，燃法治之火

项目负责人： 王婧祺

项目名称：We Media legal guardian——自媒体从业人员法律服务平台

新时代，新行业，新问题——发现问题之始

随着自媒体经济的蓬勃发展，自媒体乱象频出，从而导致大量自媒体小微案件的维权困境。这些案件往往规模较小、纠纷相对简单、涉案金额较少，却给当事人带来了实实在在的困扰。在这个背景下，我们开始思考如何为这一群体提供更有效的法律支持。

我们项目的诞生源于对这一问题的深刻认识。我们意识到，虽然这些案件在法律上看似微不足道，但对当事人的生活影响不容忽视。同时，我们也看到了另一个问题，即许多法律专业的大学生虽然具备一定的法律知识和解决问题的能力，却缺乏服务社会和实现自身价值的途径。因此，我们将目光投向了这个群体，希望能够通过他们的力量来解决自媒体小微案件维权的难题。

由此我们开始思考可不可以建立一个平台，将自媒体小微案件当事人和法律专业大学生联系起来。这个平台不仅提供法律援助，还能为大学生提供实践机会，让他们在解决实际问题的过程中不断成长。通过这种方式，我们既能帮助解决自媒体小微案件维权的问题，也能为法律专业大学生搭建一个施展才华的舞台，实现双方社会价值的共赢。

多主体，多方式，多角度——攀爬调研之墙

我们的团队在进行社会考察和市场调研时采取了多种方式，既有线上调查，也有线下实地走访，以确保我们能够全面深入地了解问题的本质和复杂性。我们不仅与自媒体从业者、律师、法学生和电商从业者等各类主体展开了交流，而且还从多个角度对问题进行了多维度的调研。

我们通过问卷调研以及相关数据库的情况，发现这类侵权案件呈现出越来越多的趋势，并且已经泛滥成灾，已经成为一个普遍性的社会问题。许多当事人面对侵权问题时往往依赖交易平台的纠纷解决机制，但发现这种方式相当困难。由于涉及知识产权和人格权等相关侵权，却缺乏类似12315的官方投诉解决平台，因此当事人需要法律咨询等相关服务。

但是当事人在寻找律师代理维权时面临着很多挑战，例如高昂的律师费用、繁琐的流程以及代理律师考虑到涉案金额较低带来的低收益而不愿接受此类案件的情况。

与此同时，我们发现在校法律专业大学生数量庞大，他们具备胜任该类型维权过程的能力，在读大学生提供的服务费用相对较低，具有较强的竞争性并且需要司法实践来提升个人前途发展。针对该类型维权索赔案件，网络开庭并且在诉讼调解阶段即可维权成功的情况相对较多。

我们通过与各方主体的交流和调研，深入了解了自媒体小微案件维权领域的种种问题和挑战，为后续项目的设计和实施提供了宝贵的参考和基础。

创新性，实用性，操作性——探寻解决之途

在解决问题上，我们团队秉持创新性、实用性和操作性的原则，采取了一系列切实可行的措施。

实践方面，我们与多名相关盗图案件当事人交流，完善了证据链环节，撰写了相关的诉讼文书，为案件处理提供了实质性支持。针对市场需求和用户反馈，我们进行了深度调研，明确定义了受众群体，并设计了多种类型的问题，收集并分析了有效的数据。同时，我们还实地走访律所，进行采访调查，撰写采访稿，并收集分析了自媒体小微案件司法实践中的相关信息，为平台运营提供了实质性参考。

市场拓展方面，我们专门针对自媒体小微案件维权困境，开辟了市场蓝海，为用户提供了专业的法律服务平台。我们以当事人未授权图片被商用为切入点，与当事人建立联系，形成合作，降低了平台的宣传成本，推广了我们的服务平台。

客户需求方面，我们通过司法实践调研，总结处理此类案件所需的必要信息，为当事人提供个性化推单，以更好地满足用户需求。我们建立了以法学生兼职为主的法律服务平台，通过能力培训考核，帮助法学生提升实务能力，缓解了法学生的就业困境。

除此之外，我们依据法院线上立案，运用相关技术设计微信小程序和电脑网站，已经建立了法律服务平台的雏形，为用户提供了便捷的服务渠道，节省了当事人与法律服务者的成本，同时打破了时间和空间的限制。为了降低交易风险，我们具有完全的独立性，通过对法律服务者和当事人的监督，建立了资格考核和投诉评分机制。

通过这些切实可行的措施，我们致力于为用户提供更优质、更便捷的法律服务，解决他们在自媒体小微案件维权过程中面临的各种困境和挑战。

且将新火试新茶，诗酒趁年华

在我们的项目中，我们深刻领悟了这句古语的意义，青年人要有青年人应有的干劲。不仅要勇敢尝试新事物，更要紧密追随时代。我们心怀创新，时刻以积极的态度去直面挑战，并从中汲取经验教训。我们不满足于理论上的探讨，而是将想法付诸实践，在实践中不断探索，寻找最有效的解决之道。

我们的工作不仅是为了自身的发展，更是为了社会的进步与繁荣。心中不仅要有眼前的苟且，更应有望不尽的远方和远方的人。以认真、务实的态度投入工作中，与广大的世界中的人们密切联系，深入了解他们的需求与问题。通过与他们的沟通交流，我们期待真正解决切实存在的问题，为社会提供有益的服务。

在这个过程中，我们不断成长、不断进步。每一次挑战都是一次历练，每一次困难都是一次锻炼。我们与队友们紧密合作，相互鼓励，共同前行。在团结的力量下，我们不仅完成了项目目标，更收获了成长和进步的喜悦。

最后，我们要衷心感谢所有参与者的付出与支持。感谢你们的信任和鼓励,正是有了你们的支持,我们才能勇往直前,克服重重困难,取得了今天的成就。同时,也要感谢那些为我们提供建议和指导的人,你们的智慧与经验为我们指明了前进的方向。愿我们在未来的道路上继续携手前行,共同创造更加美好的明天。

言律检析

滕梓棋　林嘉慧　王秀宁　徐熙蕾

一、发现问题

在前期调研中，我们发现律师案件咨询工作流中的早期环节中缺乏全工作流辅助，即从当事人收集完案件大致诉求后开始。

AI 帮助律师全面地从分析角度、法条支持、类案支持三个方面梳理案件，并提供详细的分析结果。现有的"法律+生成式大语言"模型服务商提供的方案为法律条款询问、法律问题问答场景，并不涉及具体的工作流效率提升。

因此，言律旨在将 AI 模型能力深化到律师的工作流当中，将 AI 的能力全面发挥出来提升效率，全面地从案件录入模块开始，一直到具体案例分析全周期辅助案件分析的流程，为律师的法律咨询工作提供完整的信息归纳和整理分析。

随着大语言模型的出现，法律行业也面临着一系列的变革，我们希望能利用新兴科技助力法律行业的进步。与现存法律大模型产品面临不实用、欠缺法律思维、大模型幻觉、合规风险等种种困境相比，言律致力于采用精准对接需求端定制化产品、专业的法律技术工程师编写提示词、调用大量数据库等方式，实现将智能检索嵌入律师工作流，全面提高效率的目的。言律检析通过"快速检索+智能分析"，为律师省去大量文字校对的时间，高效准确地帮助律师进行早期的案件研究，在全周期内辅助律师完成工作。

二、调研情况

（一）行业现状

我们的目标市场是中国的大小律师事务所。这些律所需要复杂的人工智能工具来处理文本内容分析、合同分析和经验分析，以加快他们的法律业务。

市场规模方面，2023年中国法官的年均办案量在过去5年中的复合增长率达到了17.6%。[1] 此外，传统法律信息学市场增长率保持在20%左右。在案件管理和大数据分析等法律技术应用市场高速增长的背景下，能够直接、高效地分析文本内容的法律辅助分析工具在中国市场却存在巨大缺口。

截至2022年年底，中国执业律师约有65万人，较上年增长约15%。中国法律服务市场和律师队伍快速增长，2022年律师事务所总收入约为919亿元，另外，全球法律人工智能软件市场规模预计从2023年的9.4亿美元增长至2028年的32.9亿美元。该领域正以高速增长趋势，表明市场的巨大潜力。[2]

可以说，法律技术在案件管理和大数据分析方面的应用市场正在快速增长。在中国市场，能够直接有效分析文本内容的法律辅助工具的缺口很大，这为我们的产品创造了绝佳的机会。我们总结，目前市场上对于"法律+AI"产品呈现高需求、弱供给的态势。

挑战和机遇一体两面。国内同类产品涌现，国际竞争对手进入中国市场。为此，言律必须抓紧开发和推广融资进度，并时刻保持技术的更新。

另外使用ChatGPT会涉及数据出境、个人信息泄露等合规风险。我们计划通过持续的产品开发和本地化来缓解这些威胁。为避免OpenAI的服务受到国家限制，言律采用Azure监管的OpenAI接口服务，并在合适的时机实现国内大模型基础的转换，使其完全合法合规，同时又不损失任何性能。

（二）目标客户及调研

我们面向中国政法大学校友小范围发放了问卷，对目标客户进行访谈调

---

[1] 参见最高人民法院：《最高法发布2023年人民法院审判执行工作主要数据》，发布于微信公众平台，最后访问日期：2024年3月9日。

[2] 山东省律师协会新闻发布会，最后访问日期：2024年4月5日。

研。受访者执业范围包括诉讼和非诉领域，职级从律所实习生至高级合伙人，受访者对于法律 AI 产品的看法富有建树。66.7%的人都认为 AI 欠缺法律思维，61.1%的人苦于大模型幻觉，除此之外，还有近四成的人担忧 AI 产品的安全风险、数据出境以及合规问题，还有三成的人认为现在 AI 产品的设计不科学，交互不顺畅。

图 受访者基本信息

三、解决方案

在法学与计算机科学的融合探索中，我们开发了"言律检析"——一个 AI 驱动的法律研究和分析系统。作为一群来自中国政法大学、华东政法大学及加州大学伯克利分校的学生，我们秉持着对法律和技术结合的浓厚兴趣，共同投身于这个项目。我们的目标是简化律师的日常工作，提升他们在案件研究、证据准备和文书撰写方面的效率。

在项目的初期，我们通过深入分析律师在实际工作中的痛点，发现了他们在案件处理过程中需要投入大量时间进行资料检索和分析的问题。为此，我们构想了"言律检析"，使其能够通过动态问答交互快速完成案件信息的录入，再结合智能分析技术，为律师提供精确匹配的法律法规和相关案例。

在解决模式上，我们布局了以下几方面：

1. 案件信息快速录入：我们设计了一个基于动态问答交互的系统，允许律师快速输入或上传案件文档，系统能自动提取和整理关键信息。这一步骤减少了律师在案件准备阶段需要投入的时间和精力。

2. 智能法律信息检索：利用 GPT 模型和我们自研的法律专业数据库，我们的系统能够根据案件信息智能推荐相关的法律法规和先例案例，不仅提高了检索的准确性，也节省了律师在传统搜索引擎上筛选相关信息的时间。

3. 深度案件分析：我们集成了 NLP 技术，包括 Transformer 和 Embedding 向量检索，使得系统能够对案件文档进行深入分析，提出潜在的法律争议点、证据要求和诉讼策略，为律师提供有价值的见解和建议。

4. 案件报告生成：基于我们的提示词，系统能够根据分析结果自动生成案件报告，包括案件概况、相关法律法规、推荐案例以及法律分析等，使律师能够更系统地理解案件情况，高效地准备诉讼材料。

我们的项目经历了从概念到原型的发展过程，在验证了我们的想法之后，我们以未成年人保护领域为切入点，逐步扩展了言律检析的应用场景。通过演示和反馈，我们不断优化产品，以满足更广泛的实际需求。

四、双创感悟

因项目前期孵化时间较长，"法创杯" 1 个月左右的备赛时间较为充足。我们团队根据现有项目进展，模块化分工，完成相关文书的撰写工作。但在整个备赛周期中，我们遇到最大的问题是如何有效针对目标人群进行市场调研并明确需求。

考虑到"言律"针对的客户群为职业律师，是以，在实务中律师们对于 AI 产品的具体需求，以及如何更好地改进产品工作流以服务律师们的日常工作，成为我们团队在撰写 BP（商业计划书）时最棘手且重要的问题。针对这一困境，我们一方面制作问卷并向合作律所等发放；另一方面我们与实务经验丰富的老师不断沟通，完善产品。在此，特别感谢管晓立老师对于我们产品的帮助和指导，通过和老师的交流，我们对于产品的发展方向和现存缺陷产生了全新的思考。

我们想，这就是"法创杯"带给我们小组最大的收获。精益求精固然是不可或缺的，但其中更重要的是不断转换思路，寻求新的思考方向。在整个备赛过程中，我们遇到过数次卡壳的情况，往往这个时候，如果我们从另一个角度切入问题，不再执着于已有的成果而是另辟蹊径，原有的问题反而迎刃而解了。

　　从无到有，孵化一个产品并不容易，搭建产品架构、明确市场需求、对接资方，每一步都充满了不确定性和挑战。但我们从未有过自我怀疑，始终相信自己、相信团队，能够克服万难，做好这个产品。我们团队心中每个人的信念感，将带领我们一直走下去，直至产品完全成熟并投入市场使用！

维护旅客权益，疏解航客矛盾

航赔助手——一站式航空旅客权益保障平台

项目负责人　李沼成

一、问题现状与项目缘起

如今，我国经济市场改革取得显著效果，人民收入水平正在不断提高，对美好生活、舒适生活的向往已经在航空科技领域的赋能下逐渐转变为现实。不论是国内产业复苏、旅游兴旺，还是国际交互重启、往来增多，都直接推动着航空消费市场的壮大。尽管航空运输整体上仍然是方便快捷的代名词，但受限于技术、管理和气候等因素的影响，诸如行李丢失、航班延误、拒载甚至取消等情况依旧时有发生，往往成为阻碍旅客们顺利出行的痛点。

我们小组成员在亲身参与航空运输实践的过程中更是发现，这些给每位旅客带来潜在问题的情况，不仅存在于问题的实体层面，更发生于解决问题的程序之中。繁重的文书工作、单薄的法律知识、较长的诉讼周期使得旅客难以维护自身合法权益，也变相削减了既定法规的实行力，在部分沟通不畅、维权艰难的情况下还可能产生机闹等恶性群体事件，浪费公共资源，严重影响整个产业的健康发展。因此，我们的项目便选择着眼于这样一种现实困境，致力于搭建面向国内外航空旅客的信息服务平台，主要通过帮助解决航客纠纷来达到保障民生权利、维护法治秩序的目标。

二、深入调研与分析

为了进一步弄清作为服务提供方的航空产业与受益方的社会大众存在矛盾的性质，项目团队首先搜集了有关我国民航业运输量的具体数据。根据中国民用航空局 2023 年 5 月发布的《2022 年民航行业发展统计公报》，2022 年全行业完成旅客运输量为 25 171.32 万人次，其中国内航线完成旅客运输量为 24 985.25 万人次，国际航线完成旅客运输量为 186.08 万人次，比 2021 年增长 26%。同时，我国航班总体不正常率大概在 5%，约 12 万班次，而全年旅客运输量约为 2.5 亿人次。粗略估算，仅 2022 年国内受航班不正常影响的人数就高达 2400 万人次。此外，也有数据表明，我国航空旅客以青壮年旅客为主，年轻旅客成为新旅客数量增长的主力军，36 岁以上人群则呈逐年降低趋势。青壮年旅客对新兴航空理赔产品的接受度较高，上手难度也相对较低。

基于上述数据支撑，团队将项目的目标受众集中在高校师生、出境游旅客、旅行团以及国内一般往返人群上。为了兼顾调研区域的均衡性，我们分小组前往北京市、陕西省、湖北省、广东省等地的主要机场、高校，通过设计问卷、预约访谈和随机走访等形式，深入了解未来产品的市场意愿、服务方向和定价区间等主要内容。在这个过程中，我们更加清晰地接触到了现实痛点的其他表现形式，例如，有关规定不清晰、相关法律检索繁杂困难、受影响旅客取证意识的欠缺。其中，有不少接受问卷调查的旅客都主动转化为访谈对象，愿意为我们提供具体经历上的补充，期待相关平台能够在注重效率的同时考虑经济因素，优化航空纠纷的解决过程。

项目调研不仅关注线下层面，还充分发挥互联网时代的线上特性。我们上线官方微信公众号，定期发布航空理赔知识及符合理赔资质的航班案例，收集旅客留言，获取线下难以触及的网络反馈。除此之外，在未来计划上，我们还将通过浏览量大、航空服务潜在用户浓度高的社交媒体进行宣传，如知乎、微博和小红书等。

三、方案的形成与落实

在市场背景调研后，我们决定抓住用户缺乏相关专业知识的痛点，针对性地提供航班动态查询服务和具有国内独创性的航班理赔法律服务。在开发航班理赔服务时，一方面抓住交通运输部透露出的政策倾向，另一方面依据我们团队独立翻译的欧盟相关条例中的赔偿规则，综合国内国际双重条件来明晰航班理赔的范围，进而提高项目实施的可能性。

现阶段产品主要针对国际航线航班（特别是欧盟航班）的不正常航班理

赔服务，今后业务目标市场扩大的同时，我们也会针对旅客的特点，开发不同的服务模式，带给本土司法机制良好的回馈。

在项目的落实中，我们总体坚持以市场为中心，围绕法律服务推广与网络平台建设展开具体规划。在将专业的法律知识塑造为切合旅客实际需要的服务内容后，通过自身开发的数字平台进行再次赋能，建构良好的民航追踪生态，实现项目产品的自循环，以期为有跟进需求的旅客们带来更加优质的品牌服务链。这种平台发展方式，从社会上讲，也会为航空产业体系吸纳大量的社会关注，以提供普法帮助的形式培育旅客作为潜在消费者的黏性。而消费者在这一环节与项目本身深入互动后，又能经由我们精心建立的产品生态了解到更多的航空业现状，变相实现对该产业的引流，壮大消费群体，并通过提升就业岗位数量，增加行业缴税额度等形式再次反哺于社会面。同时，发挥法学生的专业素养，在探索多元纠纷解决机制实践后，总结出一套切实可行的方案，为我国学术研究、司法实践、立法建议做出积极的贡献。

四、参赛感想

从我国大学生创新、创业水平现状考虑，提高项目实践能力已然成为一种趋势和必要。因为它直接回应了不断变化的就业形势，并对我国的长期发展起到举足轻重的作用。我们常说，在生活中缺少的往往不是解决问题的能力，而是发现问题的眼睛。而"法创杯"比赛推动我们反思因与日常生活紧密联系而常常被忽视的领域，正是法大针对实际问题、鼓励创新创业的优秀举措，给予了我们更高的创新平台和更好的发展契机。

在准备比赛的过程中，一次次的调研摸索，一遍遍的总结回顾，一场场的挫折教训早已使我们不再惧怕任何挑战。我们深知创新创业也是培育优势并发挥优势的体现，找寻项目的差异化优势也是提高自我核心竞争力的表现。与项目同成长，在竞赛中传递拼搏精神同样是"法创杯"所传达的理念。航培助手项目团队定会在一次次比赛的磨炼中，一次次实践的引领下，把大学生创业项目推向新的高度！

一个法学生的实习之路

薛键民

项目名称:"法习生":全方位一站式法学实习服务平台
——以中国政法大学为试点

一、发现问题

对于法学生而言,实践经验和理论学习对其法律素养的提升和职业理想的培养具有同等重要的地位。在学习法学理论知识的同时,学会如何在法律实践中运用理论知识,同样也是法学生需要跨过的一道门槛与难关。经过前期的调研,我们发现法学生普遍存在短期或长期的实习需求。同时,调查表明,大部分高校具有实习资源存在严重不足与不均的问题,不能满足在校法学生多样化的乃至基本的实习需求,同时在各招聘平台上入驻的用人单位中,基本上都没有对用人单位进行体系化的介绍,用人单位与实习生存在较大的信息差。这就导致后期在与招聘 HR 的沟通协商、实地考察中实习生才会发现用人单位存在自身无法接受的问题,从而耗费巨大的时间和精力成本;而且,招聘 HR 与招聘单位由于存在从属关系,无法进行真实客观的介绍,实习者无法确保信息的真实性。另外,我们还发现,目前针对国际组织的实习信息十分匮乏、获取渠道少。基于对以上问题的调研与后续的数据调查和分析,我们发现,建立一个法学生实习信息平台具有必要性,对于解决法学生实践实习问题具有重要意义,且市场前景十分广阔,受众群体庞大。在团队与指导老师讨论后,我们确定了该选题——建立一个以经验分享、双向评价、国际组织实习为特色与优势的法学实习信息平台。

二、调查情况

为了解法学招聘行业的市场状况以及有实习需求的大学生对实习岗位及其相关信息的看法、需求及心理，并由此对法学专业大学生实习市场的发展趋势进行预测，从而制定项目短期与长期发展目标、发展规划，寻找产品市场定位，项目成员选取了中国政法大学的法学专业学生、法学双学位学生、法学辅修学生等与法学专业相关的学生作为调研对象，采取以调查问卷（线上）为主，访谈、二手资料调研法为辅的调研方案，进行市场调研。

市场调研的内容主要根据 4P 策略，即产品（product）、价格（price）、地点（place）、促销（promote）确定。包含竞争对手情况的调查，研究竞争对手在市场上的占有率和行业中的地位；消费者产品使用情况的调查，针对价格、人均月消费、满意度和使用习惯等；消费者需求调查，了解需要获取的实习相关信息及服务等；消费者信息获得渠道调查，从电视、广播、网络、杂志等方面入手；价格接受度调查，了解消费者对各种相关服务的付费意愿以及可接受的价格区间等。

在具体的调研活动中，项目成员主要对市场需求、同类产品竞争、用人单位、产品定位、品牌设计等方面展开调研：重点考察了小红书、微信公众号、微信小程序、58 同城、法大"小石桥"、法大"千帆计划"、BOSS 直聘、北京实习信息交流群、各个省份老乡群等渠道的实习信息内容和展现形式；发布《法学生专业实习相关问题调研》问卷，共收回 254 份，其中有实习需求的有效回答 168 份；对潜在用户进行需求深入调研访谈 20 次，分析访谈稿 10 万余字。问卷及访谈结果反映了目前大部分法学生实习需求未能充分满足，信息来源存在渠道分散、信息良莠不齐、更新不及时等现状，项目发展存在充分空间；设计访谈提纲，针对有实习经验的同学进行经验专访 8 次，为项目提供的产品服务精度、深度和广度提供参考，精准确定用户画像，确定分层营销策略和产品策略。

三、解决方案

本项目的产品是中国首个针对法学生实习的信息提供平台，服务涉及实习岗位的实时提供、已经完成实习的成功经验展示以及实习简历的 AI 定制化服务。同时，作为一个创业项目，脱离现实问题定然不会成功，本项目也在此方面下足了功夫，从主客观两个方面展开积极探讨。客观上，本项目分析了目前已经存在的上述三类信息获取来源的缺点，横向对比，取长补短；主观上，除了利用调查问卷，我们还随机进行了深度采访，对一些同学的需求与期望进行了更加详尽的了解与研究，在宽度上和深度上探究了目前法学生们对于这一平台的需求及要求，完成了较为具体和专业的创业计划，解决了现实难题。在项目初期，我们遇到的最大问题便是盈利点的问题，为了解决这个问题，我们开了不下三次会，最终我们拓展了软件功能，设计个性化服务，提出会员制模式，积极探索更多的盈利可能性。其次，我们重点研究了如何体现出自身的优势与特色。想要在众多项目中脱颖而出必须有自己的新颖之处，可以结合各个同学的教育背景，针对性思考能为创业项目提供什么优势，比如我们团队有两位来自北京外国语大学的同学，我们就通过自己在外语翻译上的优势，推出了针对国际组织实习方面的板块。

四、所思所想

我们数月的旅途终于要迎来终点。那个终点，或许朱甍碧瓦、玉砌雕阑，还回荡着杯酒言欢的声声震喝；也或许万籁俱寂，只是月夕花朝、独吊琼台之余的一缕惆怅。

我们在想，或许人类做的每一件事都有它自身的意义，又或许只是人类赋予其意义。"法创杯"之旅行过数月，路上风景万千，我们也从恰好同行的旅人成长为始终相伴的挚友。

项目启动那天分享的蛋糕，甜味一直弥漫至今。从理论文献搜集到市场实地考察、从项目计划制订到具体方案落实，大家始终同心共策，协力互助。犹记得排练演讲项目计划书、准备应题时的紧张、尴尬和担忧，生怕因为自己的失误影响了大家，但更忘不了的是计划落实遇到困难时的那一份理解和鼓励。

我们想说，此行的意义也就是其本身：加入"法创杯"给我们带来了太多惊喜和感动，能和大家相遇就已不虚此行。

我和旅居养老有个约

"老游记"项目的创建与创变

韩张蕊　程嘉一　李懿城　刘春晖　罗士翔

项目名称："老游记"
——积极老龄化视角下旅居养老服务资源合法化筛选与数字化整合

"老游记"是一个有温度的项目。故事的开头,是一群人想要创新、创业、创变的决心。

发现问题:我们对时代的追问

在讨论"法创"项目时,我们团队主要聚焦在未成年人方向和老年群体方向上。我们最初确定了三个选题方向,分别是旅居养老、社群养老以及未成年人心理创伤修复。这三个选题各有特色,都具有深入研究的价值。

然而,经过我们小组成员的深入讨论和细致分析,我们逐渐形成了共识。社群养老虽然是一个重要的养老方式,但现有的研究已经相对成熟,且市场竞争激烈,难以再有所突破。而未成年人心理创伤修复虽然是一个紧迫且重要的议题,但与我们专业的相关性以及研究领域的契合度不高,实施起来难度较大。

因此,我们一致决定选择老年人的旅居养老项目作为我们的研究重点。旅居养老作为一种新兴的养老方式,既符合老年人追求生活品质的需求,也符合社会发展的趋势。然而,我们也发现了目前市场上的旅居养老服务平台在老年人权益保障方面存在诸多不足,这让我们看到了改进和创新的空间。

于是,我们决定打造一个专门为老年人量身定做的旅居养老服务平台——"老游记"。这个平台将致力于提供全方位的旅居养老服务,包括旅游线路规划、住宿安排、医疗保障等，旨在保障老年人的各项权益，让他们在享受旅居生活的同时，也能感受到社会的关爱和温暖。

调研情况：我们对现状的找寻

选题和前期想法初步确定后，我们就开始深入市场与社会，去找寻"旅居养老"的现状与未来。

目前，我国进入加速老龄化阶段，"十四五"规划纲要提出我国实行应对人口老龄化的积极战略，推动培育养老新业态，银发经济市场广阔。但仍存在供给与需求不匹配的现状，尤其在养老行业，老年人对养老的需求日益增加，如何满足高质量养老生活成为一大难题。旅居养老作为一种集旅游与老年服务为一体的新兴养老产业，具有广阔的发展前景。

根据中国老龄产业协会老年宜居养生委员会发布的《旅居养老服务机构评价准则》，旅居养老的主体是年龄 55 周岁至 80 周岁的生活能基本自理的活力老人。同时，本项目的平台还面向 40 周岁至 55 周岁愿意为家中长辈购买旅居养老服务及有意愿将来购买旅居养老服务的中年人群体。我们的目标市场高质量、多样化、独立化。

当今旅游市场正蓬勃发展，旅游模式多样，用户规模不断增大，养老保障体系逐步完善，养老服务高质量开展，旅居养老市场有着比以前更大的消费潜力。

同时，我们还进行了社会实践，采用了问卷调研法、实地考察法和访谈调查法。我们收集整理了 306 份调查问卷，来自北京市、江苏省、山西省等多个省市，由此建立对旅居养老市场的初步认识，同时较好地了解了用户需求与意向路线。我们考察了北京首开寸草回龙观养老院、万达新航线国际旅行社等多方向的合作伙伴，追踪记录 15 名老年人的生活起居，考察卫生、餐饮、娱乐、医疗等方面的情况，对当下的养老痛点建立清晰认识。我们融入学校周围的亢山广场、昌平公园等多个休闲空间，在访谈中感受 40 余名老年人的生活热情，对主要客户群体的需求与忧虑建立深刻认识。

解决方案：我们对可能性的探索

本项目以"老游记，为您的旅居养老保驾护航"为核心宗旨，针对当前旅游市场中旅居养老项目质量良莠不齐、旅居养老的专业程度不高等突出问题，主要推出了旅居养老法律筛选、资源整合、法律维权和服务监管功能，为老年人旅居养老生活保驾护航。

首先，针对当前旅居养老市场项目质量良莠不齐的问题，本项目开发了旅居养老法律筛选功能——按照一定的法律标准和质量要求筛选各类旅居养老项目与相关资源，筛选过程透明公开，吸引用户通过该平台了解旅居项目并选择适合自己的旅居方案。

其次，作为专门为老年人打造的旅游软件，本项目研发了旅居养老资源整合功能——通过数据采集和整合技术，将来自不同渠道的旅居养老资源进行汇总和分类，包括旅游景点、酒店、养老机构、医疗资源、文化活动等，并提供详细介绍、评价和价格等信息，建立丰富的资源数据库。

再其次，针对当前老年人旅居维权困难的问题，本项目研发了旅居养老权益维护系统——本平台提供优质的法律咨询服务，为保证旅居养老服务合同的合法性和有效性，我们会为消费者提供完整的合同条款样例，并对易产生法律纠纷的条款进行细致标注，此外我们还关注养老机构的资质和监管、提供法律纠纷解决途径等。

最后，为了能够持续提供优质的服务，本项目开发了旅居养老服务监管系统——旨在通过数字化手段，对旅居养老服务进行全面持续的监管。本项目实时监控和评估旅居养老服务的过程和质量，建立完善的投诉和反馈处理机制，及时发现和解决问题；定期对旅居养老服务机构进行审计和检查，确保服务机构符合相关法律法规和行业标准，服务质量达到预期水平；并将所有旅居养老服务的质量信息进行公示和公开。

双创感悟：我们何以为我们

参加"法创杯"，一次充实而具有挑战性的旅程。

我们从生活中、社会里的问题出发，用自己的力量逐步落实了看似遥不可及的一个个构想。"法创杯"让我们从5个陌生的同学凝聚成一个相互扶持的团队，一步步走出舒适圈，终于让我们的"老游记"落地生花。

我仍记得我们的第一次实地调研，站在公园的人潮中，我们手里攥着问卷，不知道该拦住谁，不知道怎么开始我们的调研，被拒绝的我们固然失落，但未曾有过灰心丧气，仍然鼓起勇气，寻找下一个访谈目标。我仍然记得我们的第一次小组讨论，那时我们还不熟悉，我们谈天说地，我们针砭时弊，言语中迸发着创意的火花，我们终于决定要为社会老龄化作出自己的贡献，于是有了"老游记"。

在项目的实践过程中，我们不断调整，勇于挑战。我们深知创新创业的道路充满坎坷，但正是这种坎坷让我们更加坚定地走下去。我们深信青年可以用自己的知识赋能社会，正是这种信念激励我们不断创变。

2023年12月，经历了两次答辩，我们的项目获得了二等奖的成绩。但我们深知，这不是"老游记"的终点，我们愿它不是困于书面文稿，而是能真真切切地落地，我们愿它更具有普适性，在寒假也没有停止调研与访谈的步伐。

参与"法创杯"的过程让我们收获颇丰，我们深刻体会到，创新创业不仅是一种能力，更是一种精神，一种对社会责任的担当。我们将继续努力，不断探索。

"老游记"相信，在创新创业的道路上，往哪走，都是向前走。

与所有朋友共勉。

打捞时光深处的非遗之美

李 豪

项目名称：流风遗韵

曾看过一则纪录片，名为《消失的扎染》。一群志愿者扛着相机，不慕青山，不恋绿水，只为大理周城的白族扎染而来。走街串巷，去倾听一段又一段关于扎染的往事。我们"法创杯"的故事由此展开。

一、发现问题

扎染古称扎缬、绞缬，是古代民间传统而独特的染色工艺。它是织物在染色时部分结扎起来使之不能着色的一种染色方法，是中国传统的手工染色技术之一。我们的小伙伴在去中国工艺美术馆参观时，发现馆内虽然设立有扎染非遗文化体验区，但是设施比较简陋，服务人员工作积极性不高，专业素质较差。当小朋友问工作人员相关问题时，他们的回复大多闪烁其词。而且馆内的体验资源有限，现场参与人员却很多，在展台附近排起长队，资源供给和需求存在较大矛盾。我们小组对这个现象展开了讨论，发现问题所在。首先，国内大部分工艺美术馆是公益性质，运转资金大多来自政府拨款，门票收入只占少数。除去日常开支和人员工资后，用于扎染等非遗文化宣传的资金少之又少，直接影响到宣传体验活动的质量。但近些年来人们对非遗文化的热情大大增加，国家也在大力宣传。参观者看到工艺美术馆相关活动，便想去尝试一下手工制作的乐趣。群众文化自信大幅增强和现实中文化产业供给不足的矛盾愈发严重。同时，在市场上虽然存在私营的非遗体验店，但是缺乏宣传，知名度不高。我们小组的想法由此而来，即建立联合非遗体验店的文化宣传平台。

二、调研情况

（一）相关市场资料调查

1. 部分营利性宣传平台的机制容易使非遗体验店埋没

当下年轻人出行之前会选择到美团、大众点评等 APP 查看攻略，制定出行计划。虽然一些非遗体验店的店主也在使用这些平台，但在实际走访中，我们发现，由于这些平台是以营利为目的的，所以平台一方面抬高商品的价格，赚取这部分差价；另一方面会优先推送那些人气高的店铺。这听起来很合理，但是我们从非遗体验店老板的视角来看并非如此。因为没人知道，所以来的顾客少；因为来的顾客少，所以平台不帮助宣传；因为不帮助宣传，所以知道的人少。这样就形成了一个闭环，非遗体验店被困于这样一个闭环内，最终逐渐被埋没，这是目前宣传平台存在的问题。

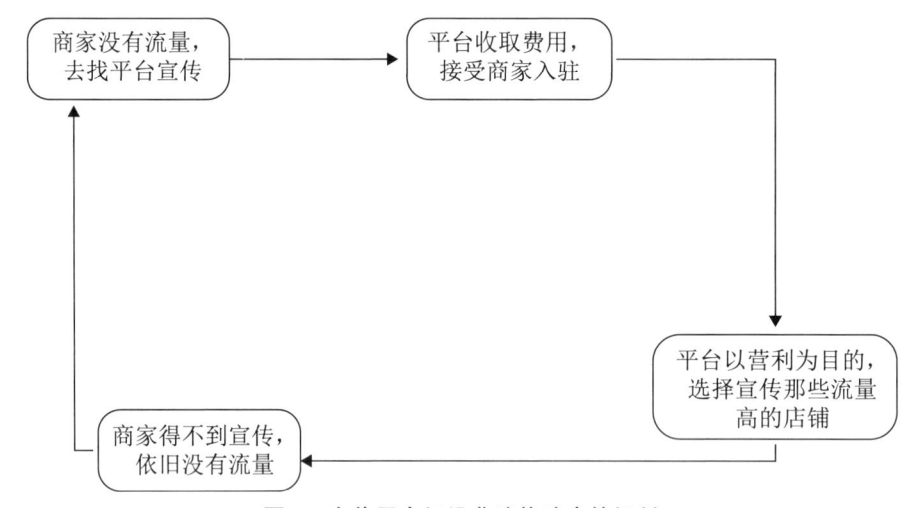

```
商家没有流量，    →    平台收取费用，
去找平台宣传          接受商家入驻
    ↑                      ↓
商家得不到宣传，   ←    平台以营利为目的，
依旧没有流量           选择宣传那些流量
                        高的店铺
```

图 1　宣传平台埋没非遗体验店的机制

2. 非遗体验店数量少，位置比较偏远

我们在携程旅行 APP 上搜索"非遗体验店"字样时，发现在北京的非遗体验场所寥寥无几，且仅有的几家体验店评分很低。我们小组经过长时间搜索最终发现在北京市怀柔区有一家非遗体验馆，距北京市中心大概 67 千米，驾车需要 1 小时 20 分钟，打车大约需要花费 200 元，乘公交车大约需要 3 小

时。这家非遗体验馆的地理位置尚且让我们这些以调研为目的的人感到为难，更何况那些有其他丰富休闲选择的游客。当市区游客发现距离如此之远，参与体验的意愿也会大打折扣。我们提出设想，把非遗体验店开设在商圈周围。但问题是，隆福寺等地段一间30平方米的店铺一年的租金都要30万元，而非遗体验项目的盈利有限，没有能力支付市区高昂的房租，所以更倾向于选择距离市中心较远的地方，但是这样客流量必然会减少，这是非遗体验店面临的现实困境之一。

3. 平台收取费用过高

以美团APP为例，店家注册需要缴纳较高的注册费用，如果店铺本身的利润就不大，那么就会对店铺的经营造成影响。此外，平台的定价往往比商家原定价高出10%。而较高的价格有可能降低游客的消费意愿，使其不愿意前往非遗体验店。所以，这些营利性平台一方面给商家的经营带来压力，另一方面可能减少潜在消费人群，不利于非遗体验店的发展。

4. 一些非营利性宣传平台上的内容过于单一

我们在微信中对非遗宣传公众号进行搜索，发现这些宣传平台的内容单一且同质。以某公众号为例，它输出的内容主要集中在非遗文化的介绍上，而且更像是一种百科全书式的普及。但是这种方式并不符合当下年轻人的喜好。泛娱乐化时代下，人们的注意力被大大分散，所以对这种百科全书式的教学并不感兴趣。而且，即使这种百科全书式的宣传可以吸引到读者，也没有为他们提供体验的平台，难以对年轻人产生持久影响力，不利于非遗文化的传承。

（二）实地调研

为了更好地了解非遗体验店的发展情况，我们小组前往北京市怀柔区56民族文化网手工体验基地进行了考察。小店的主人阳希老师是扎染技艺非遗传承人，她热情地接待了我们。我们与她交流后了解到：这家小店于2023年10月份正式营业，但是受到美团等平台算法推荐的限制，小店的人气在平台上并不高。但实际上，小店的环境和装饰做得很好，而且老师的专业素养也很高。在小店里，我们小组尝试了蜡染和扎染制作工艺，阳希老师也耐心地给予我们指导，制作过程体验很好。事后，阳希老师还亲自下厨，为我们一行人准备午饭。非遗体验店相对于博物馆等场所的优势在于更有人情味，指导老师会耐心指导，也会和参与者分享他们传承非遗的故事，这更有助于增强参与者体验感。下面是一些我们调查时的照片分享。

三、解决方案

为了帮助宣传非遗体验店，推进非遗文化的传播，我们小组提出打造一个集社交平台、文创产业、非遗体验于一体的非遗小程序，该小程序不仅是非遗传承人之间的交流平台，也是非遗传承人与文化企业之间的交流平台，还是非遗传承人与爱好者之间的交流平台。通过小程序，非遗传承人之间能够得到更充分的交流，传承人和企业能够开发出更优质的非遗文旅产品，而非遗爱好者也能获得与非遗文化更好的接触机会。我们也将在微信公众号、小红书、抖音等平台上推广非遗文化，宣传非遗传承人的故事，发布非遗旅游体验的信息，也会帮助推广传承人的作品以及文创产品。

小程序的底层逻辑是线上与线下、非遗传承人之间、非遗传承人和用户群体以及用户群体内部之间的四重维度交互机制。

第一重机制：非遗传承人之间的交流平台，非遗传承人相互交流技艺，改变一个手艺人死守一门技艺的情况。

第二重机制：非遗传承人和用户之间的交流平台，通过直播、短视频等方式记录非遗传承人的生活，把非遗文化用新的方式送到年轻人面前。

第三重机制：用户之间的交流平台，建立打卡攻略分享机制，鼓励用户上传自己的非遗文化体验，对非遗文化和非遗文化体验店进行评价，由被动宣传变为自发宣传，解决宣传难的问题。

第四重机制：线上与线下的交流平台，线上宣传，激发用户对非遗文化的兴趣，线下与非遗文化体验店合作（已经取得初步进展），举办一些小型的非遗文化展和体验活动，并且向用户推荐一些高质量的非遗文化体验店，把用户的兴趣转化为具体的实践，打造线上线下全方位体验平台，解决缺乏体验途径的问题。

四、双创感悟

我们小组"法创杯"项目起步较晚，意味着我们的工作压力更大。但是我们的小伙伴都没有抱怨，反而努力提高工作效率，积极配合团队。在调研的过程中，我们小组成员的关系也更加融洽，合作处理了许多突发状况。在查找相关资料时，我们综合使用了多种数据库，搜索整理文献的能力大大提高。在实地调研中，我们遇到了热衷于传播非遗文化的阳希老师，在我们的选题和材料准备上，她给予我们小组许多帮助。我们项目的名称叫作流风遗韵，希望更多的非遗文化能在我们平台的帮助下，如微风一样，抚慰现代化潮流裹挟下的柔软的心灵。

凛凛千秋意，晋华忆夙昔

李佳凝

项目名称："晋丨古筑拾遗"山西古建筑研究及保护

溯源探幽：发现

为什么会选择山西古建筑这个项目，实际上源于多重因素的交织与碰撞。

首先，古建筑对于我们来说，不仅仅是砖瓦石木的结合，更是一种历史的见证、文化的传承。在浩如烟海的中国文化瑰宝中，山西古建筑以其独特的地域特色、精湛的建筑技艺和深厚的文化内涵，深深地吸引了我们。从古朴的庙宇到宏伟的宫殿，从精巧的民居到壮观的城墙，每一座建筑都承载着一段历史，诉说着一个故事。它们不仅是山西的骄傲，更是中华文明的瑰宝。我们希望通过这个项目，深入挖掘这些古建筑背后的故事，让更多人了解、欣赏并珍惜它们。

其次，我们深刻认识到古建筑保护的重要性。近年来国家不断推行各种文物保护政策，传承中华文明是一个十分重要的话题。但是地方古建筑保护依旧困难重重。随着城市化进程的加速，许多古建筑面临着被破坏、被遗忘的命运。我们希望通过这个项目，将美轮美奂的山西古建筑呈现给公众，唤起人们对古建筑保护的重视，推动相关政策的制定和实施。同时，我们也希望能够探索出一种有效的古建筑保护模式，为其他地区的古建筑保护提供借鉴和参考。

最后，我们相信这个项目具有广阔的市场前景和巨大的社会价值。随着人们对文化旅游的热爱和对传统文化的重视，古建筑将成为越来越受欢迎的旅游胜地。我们希望通过这个项目，推动山西古建筑旅游的发展，带动当地经济的繁荣。行远自迩，笃行不息，我们致力于让更多人了解和传承山西的古建筑文化，为中华文明的传承和发展尽绵薄之力。

踏遍山川：调研

在项目的主题和方向确定后，为了深入了解山西省古建筑保护及文物收录的现状，我们团队进行了为期半个月的社会考察和市场调研。

在社会考察环节，我们主要对山西省古建筑和文物的保存状况、保护措施、管理制度等方面进行了深入了解。我们收集了所有山西省国家级和省级保护文物建筑名录，并通过官网一一整理信息，分类了山西省多个市县的古建筑，深入调查了数十处古建筑和文物遗址。通过图片观察和与当地文物保护工作者的交流，我们了解到古建筑和文物的保存状况总体良好，但也存在一些问题，如修缮不及时、管理不规范等。同时，我们还发现一些古建筑和文物的保护工作得到了当地政府和社区的重视和支持，形成了良好的保护氛围，但硬技术和资金扶持方面仍有缺口。

在市场调研环节，我们主要对山西省古建筑保护和市场开发的发展状况、需求特点、竞争格局等方面进行了调查分析。我们通过问卷调查、访谈、文献资料等多种方法收集数据，对古建筑保护与市场开发进行了深入的研究。结果显示，山西省古建筑市场具有较大的发展潜力，但目前市场需求尚未完全释放。同时，我们还发现市场上存在一些问题，如旅游古镇同质化严重、服务质量参差不齐等。针对这些问题，我们提出了相应的对策建议，如加强古建筑特色创新产业开发、提高服务质量等。

通过本次调研，我们获得了大量关于山西省古建筑保护及文物收录的第一手资料和数据。这些资料和数据不仅为我们后续的学术研究提供了有力支持，也为山西省古建筑和文物保护工作提供了有益参考。同时，我们还发现了一些值得关注和研究的问题，如古建筑和文物保护与开发利用之间的平衡、市场需求与产品供给之间的匹配等。这些问题成为我们后续研究的重点和方向。

匠心独运：实践

在项目前期，我们团队专注于收集山西国保级古建筑的数据信息，形成了 301 个山西古建筑名录。为了更系统地管理这些信息，我们按照年代、地市、县区、地址等要素进行了编号整理，确保数据的准确性和易检索性。此外，为了更直观地展示这些古建筑的独特魅力，我们还手绘了部分极具特色的古建筑图纸，这些图纸不仅用于新媒体平台的宣传，还可为公众提供直观、生动的古建筑视觉体验。

在新媒体宣传的过程中，我们团队开发了"晋丨古筑拾遗"微信小程序，建立了"晋丨古筑拾遗"小红书号，定期发布古建掠影等内容，注册了"法大er的古建筑小剧场"抖音号，定期发布古建剧场还原历史故事，来帮助大家了解山西古建筑的独特魅力和历史底蕴。

项目中期，为了更好地推动公众参与古建筑的保护与传承，团队还根据地市、县区编号制作了国保级古建筑旅游规划图。自制的导览手册旨在引导公众走近古建筑、了解古建筑，让更多人亲身感受到古建筑的魅力，从而增强公众对古建筑保护与传承的认同感和参与度。

在项目过程中，团队总耗时超 400 小时，实地探访 20 余个古建筑，与 10 余位村镇干部、古建守护者进行访谈，形成 4 万余字文字资料，近千张图片资料，形成了较为完善的调研报告和项目书。

在充分的实地调研的基础上，团队认识到了古建筑保护存在的难点，即资金严重不足。在与指导老师进行交流后，团队提出了推动中大型建筑群商业化进程，辐射状带动周边古建筑保护，逐步形成完善的古建筑保护网络的解决方案。以代表性建筑平遥古城为例，团队构思了"线上微利稳定运营，开发受益反哺保护，合作引入资金开源"三段式发展路径，并撰写了平遥古城开发策划书，与平遥古城官媒运营人员取得了联系，就平遥古城的未来发展进行了沟通交流。

砥砺前行：感思

最后，想简单分享一下我们参与"法创杯"的思考与感悟。我校第一届"法创杯"举办伊始，就引起了学生的广泛关注，"创新""创业""公益""新生赛道"等多元化、全面化、多维度的比赛模式和赛道适合每一位法大学子将自己的想法付诸实践。怀揣着创业的激情，本组成员也在经过多次商讨和查找相关资料之后确定了将古建筑文化通过大数据与数字媒体手段转化为可储蓄型图像的创业想法，同时，为了更加符合"创业赛道"的主题，我们咨询了相关从业者和政府机构人员，确定了具体的商业模式。

谈到感悟，不得不谈本组成员利用暑假期间来到山西省太原市、晋城市、长治市等地参观古建筑，与古建筑守护者进行访谈。在访谈中，我们听到了每一个建筑背后的故事、了解了每一块建筑浮雕图形的含义，更深深体会到了如今古建筑保护工作的艰难与不易。在调研过程中，我们到山西省平遥古城进行了实地调研，通过向商铺和园区管理员咨询，了解了平遥古城具体的经营情况与盈利方式等，从而为我们后续创业策划提供了思路和改进的方向。

在项目一点点完善的过程中，我们不仅深刻体会到了我国古建筑之美，更体会到了保护以及修复这些古建筑保护群的迫切。在后续平遥古城、乔家大院等著名古建筑的参观体验中，我们切实领略到了古文化的韵律，这更坚定了我们小组将古建筑的文化价值转化为商业价值、将商业价值转化为古建筑保护力量的决心。

月花公益

我们在法创中收获

吴奕霏　陈丹娜　柳浩然　姚欣言　陈伟嘉

项目名称：【月花计划】乡村振兴背景下组织多方力量共促月经贫困问题解决

一、发现问题[1]

读高中的时候，我注意到大多数学校普遍忽视了一个问题：女性学生在月经期间的困境。由于女性的生理特性，许多女生会因为突遇生理期忘记准备基本的卫生用品而感到尴尬和不便。于是我搜集网络资料，通过多次与学校沟通和调查民意，终于在学校范围内发起并成功落实了一项倡议——设立卫生巾互助盒。这个简单的行为得到了同学们的积极响应和支持，它不仅解决了同学们的燃眉之急，也让我深刻认识到，即使是小小的举措也能带来巨大的改变。

上大学后不久，我了解到学校组织了第一次"法创杯"创业竞赛。我想这是一个很好的机会，能让我在有关女性健康的议题上继续努力。所以我积极组队参与比赛，和组员们决定再次聚焦这个议题，但我们这次的目标是更广阔的农村地区。在农村，女性面临的月经贫困问题远比城市更为严峻。她们往往因为经济条件有限、教育资源不足以及对月经知识的缺乏，无法获得足够的卫生用品和正确的卫生知识。

因此，基于我个人早期的实践经历和对当前社会状况的了解，我们决定

---

[1] 由于选题主要灵感来源于组长，接下来将采用组长第一视角进行叙述。

发起月花计划。我们希望通过汇集多方力量，推动社会对这一议题的关注，提升农村女性对于月经健康的认识，为农村地区的女性提供必要的卫生用品和教育，打破沉默，消除污名，让每一位女性都能有尊严和自信面对自己的生理周期。

二、调研情况

月花公益团队在"法创杯"项目前期研究的基础上，首先进行线上问卷调查，针对月经贫困等问题在学校范围、团队熟人圈内进行调研，大致掌握了社会对月经贫困问题的了解程度和推进该问题解决的意愿。线上调研后，我们看到了高校群体对该议题的关注，这为我们后续开展活动，动员志愿者提供了可能。

在"法创杯"比赛获奖后，我们团队考虑到要将创业想法落到实处，并希望在市创中能将该项目进一步完善，便积极开展线下调研。月花公益团队最初选择四川省凉山彝族自治州昭觉县则普乡作为试点地区。当时选择这一地区是出于对经济困难地区和少数民族地区的双重考虑，认为艰难的环境更有利于发现问题，也能彰显我们团队促进月经贫困问题解决的决心。

不过团队在听取了老师提出的专业建议后，出于方便实地调研的考虑，我们选择在北京周边的河北省蔚县进行调研。在调研的准备阶段，又因为种种原因，团队难以获得蔚县政府的调研许可，无法进行实地调研。

最后，团队选择在寒假期间由我在家乡新疆阿勒泰地区哈巴河县阿克齐镇民主西路社区、长白山社区及当地妇联进行实地采访调研，其他组员在线上提供问卷设计、采访录音整理等支持。

2024年2月，月花公益团队实地走访，对来自不同民族的共10名青春期女生进行采访并赠送卫生巾。调查内容主要为乡村适龄女孩对于月经贫困问题的态度、对于线上科普平台的需求以及当地基层解决月经贫困问题的措施，等等。我们对访谈进行全程录音并提炼出了完整的访谈记录，从中反映出当下社会对月经话题包容度不高、科普信息碎片化等问题，为项目后期的开展指明了方向。团队在实地走访的同时发放线上问卷，调查问卷参与人数1385人，分别来自调研地区、团队熟人圈与互联网。调研数据反映了大众对正确科普月经知识的需要和现有月经科普平台不足之间的矛盾，充分体现了建立一个系统化的线上科普平台的必要性。

线上和线下两部分调研使月花公益项目的开展立足于社会现实，可行性和针对性更强，为项目的持续开展指明了方向。

三、解决问题

在"法创杯"比赛构思中，为了让月经贫困问题得到大众的关注，在政府指导、社会参与、多元共治的社会治理格局之下，我们认为月花公益应该结合政府方针政策、社会公众参与、互联网自媒体效应和高校志愿服务等多方力量，致力于为解决农村月经贫困问题贡献力量。

我们计划首先吸引投资，利用互联网扩大影响力和提高知名度，争取卫生巾公司的赞助。通过线上线下宣传，我们向社会公众筹集资金和卫生巾等相关物资。在政府帮助下，我们联系需要开展活动的学校，进而了解学校的具体情况。此外，我们还联系高校志愿者成立支教队为孩子们普及卫生知识，借助高校优质师资力量，邀请高校专业老师进行讲解和录制视频。这样就能够汇集社会、政府、互联网、高校志愿者的力量推进项目。

在互联网时代，利用自媒体APP和互联网平台进行宣传推广（如微信公众号、小红书等）显然是有效且高效的方式。于是我们在小红书APP上建立了"CUPL月花公益"的账号，在微信建立项目公众号。此后，我们定期在平台上发送推文，介绍月经贫困问题，实时反馈"月花公益计划"项目进度，宣传科普女性生理知识。目前，我们的帐号正顺利运行，也得到了很多社会关注。

在通过自媒体进行线上引资宣传的同时，月花公益组织也在学校范围进行了调研推广。

开学后，我们又在北京进行了线下推广和高校宣传。月花公益组织在中国政法大学校园内开展了妇女节"可以找我借卫生巾"特别企划，引发了高校学生对于月经贫困问题的关注，为月花公益后续活动的开展奠定了良好基础。

线下实践经历为月花公益的线下科普活动提供了宝贵经验。我们意识到，在与政府对接时要遵循政策指引，向当地政府详细介绍月花公益的项目规划和社会效益，以获得当地政府的支持；在与企业对接时，要以尽量完善的计划书等资料向相关企业清楚介绍本计划的有效性、可行性及其可以为企业带来的利益，以便得到企业的物资支持；在进行实地科普时要尊重当地群众心理，针对不同年龄段设计相应的科普内容。通过整合多方力量，促进多元主体联动，确保月花公益项目顺利推行。

四、双创感悟

回首过去，我们对"法创杯"取得的成果感到自豪；展望未来，我们对项目计划未来实施更有信心。在本次"法创杯"活动中，我们收获的不仅是取得一等奖的喜悦，更收获了进一步挑战自我的勇气，明白了团结的重要性，也对月经贫困问题和公益项目产生了更进一步的认识。

从最初的计划设想到上万字计划书的写成，从简单的想法到具体的实地调研，从紧张忐忑到从容不迫，项目前行的每一步都是团队的一次成长。在项目的进行过程中，虽然面对许多问题与挑战，但我们始终坚持不懈，从互联网上学习新的技术、了解新的知识，不断完善、充实项目内容。

团队的团结协作是我们能够取得成功的关键。在一次次的线上线下小组讨论中，我们通过激烈的思维碰撞，不断完善优化项目内容。众人拾柴火焰高，在计划书写作过程中，在我的组织下，每个团队成员都各司其职，发挥自己的特长，并和大家积极沟通，共同完善计划书。通过团队合作，我们不仅高效高质完成比赛，更建立了深厚的友谊和信任。

在项目的进行过程中，我们也对月经贫困和社会公益项目加深了理解。在项目准备过程中，我们查阅相关资料并阅读相关文献，了解到当今世界上深受月经贫困问题困扰的女性的生活现状，强化了帮助这些妇女的意愿。在实地调研过程中，新疆农村女学生的回答更点燃了我们推进项目实施的决心。在校内进行线下实地宣传的过程中，同学们在留言板上纷纷写下自己对女性的衷心祝愿，并将自己的卫生巾捐赠给月花公益项目，她们的举动激励我们不断前行。

其作始也简，其将毕也必巨。我相信我们的计划将进一步完善，我们的理想能够真正得以实现。我们真切地期盼月花计划不止停留于计划，更要真真切切地帮助到那些需要帮助的人。希望能够以我们的绵薄之力让那些受到月经贫困困扰的女性生活得更好，推动国家乡村医疗卫生水平的进一步提高。

"桉柠小屋"

从安宁疗护出发的指导性互动服务平台

罗晶晶

项目名称：安宁护航平台应用实践
——从安宁疗护及临终关怀服务体系构建出发

一、发现问题

在浩如烟海的问题与研究方向中选出自己心仪又有价值的选题并非易事。在项目的前期选题阶段，我们曾想方设法把选题与自己相对熟悉的领域——法学结合起来，但苦于无新意，抑或是太猎奇，屡屡失败，遂作罢。跳脱舒适圈的开始是一篇论文的启发：名为"安宁疗护"的新颖议题吸引了大家求知的好奇心。接下来便是更多信息的搜索与查阅，通过大量文献的阅读以及对比国内安宁疗护平台（如"安宁疗护中心小程序"）与国外平台（如"TapCloud"等），我们发现了国内安宁疗护在应用和实践方面还存在空白、欠缺的状况，发展潜力巨大——这便是我们产品的生发之处。

回望选题路上的波折，选题方向的确立少不了对当前社会问题、患者及家属需求、医疗资源配置、政策与伦理等方面的深刻把控。想做出一个成功的安宁疗护实践产品，也需要探究安宁疗护在社会发展中的必要性和紧迫性，深入了解患者及家属在疾病终末期的心理、生理和社会需求，分析当前安宁疗护资源的配置情况，更要研究国内外安宁疗护政策的发展历程、现状及其伦理问题，从而全面地思考、综合地把握。

再者，前期想法的形成，除了要阅读大量文献，也需要实地调研、向指导老师寻求建议，等等。最后，综合文献回顾、实地调研和专家咨询的结果，形成我们的初步设想，明确研究目的、研究内容、研究方法等。

总之，安宁疗护无疑是一个内涵丰富的议题。选题及初步构思的形成，需要我们全方位地审视社会问题、患者的实际需求、资源分配以及政策伦理等各个层面。通过系统性的文献综述、实地考察以及专家意见收集等手段，我们能够逐步理清研究的具体方向和内容，为后续的深入研究铺平道路，为确保研究的深度和广度打下坚实的基础。

二、调研情况

随着我国经济社会和医疗卫生事业的不断发展，人民群众对健康服务的需求越来越高，安宁疗护作为一项重要的健康服务，在我国的发展前景广阔。随着我国中央政府和各级地方政府陆续颁布了一系列法律法规和经济激励政策，如2017年原国家卫计委颁布的《安宁疗护实践指南（试行）》和《安宁疗护中心基本标准和管理规范（试行）》，以及人口结构变化带来的老年群体消费潜力剧增的现象，安宁疗护的相关服务在国家大政策下可谓有相当大的发展空间。

为了进一步具体实践对于安宁疗护功能的理论体系，我们在线上和线下均进行了详实且具体的市场调研。

在线上，我们通过调查问卷和访谈记录的形式了解到了大众对于安宁疗护相关服务的态度和熟悉程度，同时也和拥有安宁疗护相关知识的人群取得了一定程度的联系，听取了他们对于产品功能的建议和需求。除此之外，我们也成立了"桉柠小屋"公众号，通过文字和图片来呈现关于安宁疗护的相关知识和发展的困境，努力用自己的力量让安宁疗护被更多的人了解。

在线下部分，我们的组员实地走访了北京大学首钢医院安宁疗护中心、北京昌平砂石厂养老服务驿站和中国政法大学校医院，通过与患者及其家属面对面接触，我们也在更大程度上听到了患者和家属关于安宁疗护的心声，对自己的产品也进行了进一步的修改和完善。

三、解决方案

"桉柠小屋"以"安宁疗护"为服务宗旨，将线上线下服务巧妙融合，形成互为补充、相得益彰的服务体系。线下方面，我们致力于普及安宁疗护知识，积极与专业的安宁疗护机构、心理咨询机构进行深度交流，推动多方合作，共同为病患及其家属提供贴心服务。线上平台作为项目的核心组成部分，主要以微信小程序和公众号为载体，集互动聊天、法律及心理咨询、健康知识普及、患者心情疏导、安宁疗护机构中介引导等多项功能于一体。我们精心打造患者和家属两个服务端口，旨在满足不同用户群体的个性化需求。

患者端口专注于为患者提供心灵慰藉和全方位的服务支持。在这里，患者可以轻松获取最新的医疗资讯、诊疗方案，以及疗护中介机构的详细信息。同时，平台还设有患者交流区，让患者之间能够分享经验、交流感受、相互支持、共同面对疾病的挑战。此外，我们提供专业的在线心理服务，帮助患者缓解病情带来的心理压力，让他们感受到来自社会的温暖与关怀。

家属端口则主要为患者的家属和亲友提供便捷的信息服务。家属可以通过平台获取法律援助、心理咨询等资源，为患者的治疗和康复提供有力支持。同时，家属还可以与其他患者家属进行沟通交流，分享经验、互相鼓励，共同度过这段艰难时期。

在老龄化趋势日益加剧、养老理念不断更新的背景下，养老服务需求持续攀升。然而，当前安宁疗护领域仍面临着信息不畅、资源不足等问题，现有的相关平台也存在推广不力、实践应用不足等局限性。正是在这样的背景下，"桉柠小屋"应运而生，它以信息整合为核心，为临终病人提供一站式服务，展现出强大的互动性、心理关怀性和针对性。借助先进的信息技术，"桉柠小屋"为用户提供了知识普及、信息推送、患者交流、社工招募、中介推荐、心理抚慰等多方面的服务，顺应了全球安宁疗护平台和养老产业的发展趋势，为当今社会安宁疗护平台缺失的问题提供了不错的解决方案。

展望未来，"桉柠小屋"将继续致力于提升服务质量，拓宽服务领域，为更多临终病人及其家属提供温暖与抚慰。我们相信，通过我们的努力，"桉柠小屋"将成为推动安宁疗护事业进步的重要力量。

四、双创感悟

"桉柠小屋"团队作为在"法创杯"中成立的创业团队，在比赛中迅速成长，团队队员十分珍惜这次宝贵的机会。在参赛过程中，从最初的选题到中期完成计划书到答辩，在一次次于逸夫楼的讨论、一遍遍对计划书的修改、一点点提出更好的创意想法中，我们有了更多的感触与成长。

经过了长时间的讨论，我们最终确定了以安宁疗护为中心的项目选题，把自己放入国家社会，放入时代中，考虑现实生活中人民的真正需求，并与国家政策相结合。在调研采访过程中，我们发现了一系列问题，也真正领悟到，作为学生应把自己的理想、规划与国家现实相结合。在国家的发展过程中，有许多需要我们去做去努力的地方，我们绝不应该是过客或者看客，而是应尽自己之力，真正以小我融入大我。同时，我们也明白了理论与实践结合的重要性。我们在校学习了大量的理论知识，但往往缺少将这些知识应用到实际问题中的经验。通过"法创杯"创业比赛，我们有机会将课堂上学到的理论知识应用于解决实际问题，帮助我们更好地理解所学知识的应用价值，大大提升了我们创新和解决问题的能力。

同时，在为期将近一学期的比赛中，我们也明白了团队协作的重要性，每个成员都有其独特的技能和知识积累，有效的沟通和协作可以让团队的整体表现超过各自的能力之和，通过一起探讨、互相学习、分享经验，团队短时间迅速成长，共同克服比赛中遇到的各种挑战。无论是准备阶段的紧张，还是面对评委的提问和批评建议，一次次的挑战与困难都是对团队成员心理素质的考验。通过这样的经历，我们学会如何在压力下保持冷静和乐观，如何从失败中吸取教训持续改进，这些对于我们未来的创业之路极其重要。

对于大学生团队，参加创业比赛是一次全面学习和成长的历程，在此过程中的收获将会伴随我们在未来道路上勇往直前。

关于"法小询"项目的开发历程及感想

伍悠祉

项目名称:"法小询"——基于生成式 AI 的公共法律服务云平台

一、发现问题以及项目方向的构思

2023年9月,差不多刚开学的时候,刚上大一的徐麟瑞师弟找到了我,一上来就表现出了对"法创杯"和市创的热情与渴望。一开始我内心是拒绝的,因为我认为我的能力不足以参加这样的比赛并完成一件作品。但师弟非常乐观,对团队的工作充满信心,说大不了我们一起边学习边完成项目,师弟的信心和热情打动了我,于是我便加入了徐师弟的团队,成为备战"法创杯"的一员。

我们团队一共10名同学,因为走的是"新生赛道",整个团队里只有我和我舍友是大二的学生。团队成员里有两位学法学的,一位在北大环境学院,一位学德语的,剩下六位都是法治信息管理学院的。鉴于这样的构成,师弟当时作为负责人,第一次开会便和我们说了大致的研究方向——往人工智能方向上走。人工智能发展到如今,无非两个方向,一个是视觉方面,如人脸识别;另一个就是语言方面,如2023年大热的"ChatGPT"。经过我们的小组讨论,我们决定走人工智能语言方向,尝试构建一个属于我们自己的"Chat-GPT",解决生活中的一些问题。

师弟在网上进行了简单的调查,也咨询了上几届师兄有关研究的大体方向,发现我们的项目很适合去开发一个向社会各界提供法律服务的公益性平台。在同一周第二次会议上我们便确定了开发目标,后来将项目命名为"法小询",并开始了为期近1个月的文献搜索与调研实践。

二、调研情况

我们最开始进行的是文献搜索，小组成员平均分成两组，其中一组进行文献资料的搜集和整理工作，另一组开始学习项目的开发技术。我既参加了文献搜集工作，又参加了开发组的工作。因为是创业项目，最后结项时需要拿出一个成果，所以我们首先就研究了市场上做得最好的人工智能。师弟办了一张国外银行卡，我们组内成员合资买了1个月的ChatGPT4.0进行试用。我们对ChatGPT进行了一定数量的、不同问题的测试，使用后感觉ChatGPT4.0开发得很好，面对不同方面的问题都能提供较为准确、完整的答复。于是我们尝试先获得ChatGPT的应用程序编程接口（API），自己构建网站前端形成我们的初代产品。后来，这个初代产品在我的开发下已经成功实现了。

与此同时，我们还做了许多前期的辅助工作，如联系各方询问有没有能为我们项目提供专线API的可能、与湖北一家律所签约，让其试用我们项目组的产品。此外，为了更好地向各位展示我们开发成果的构想，我们绘制了许多原型图。

文献资料搜集组的成员在这段日子里也没有闲着，他们首先在大量文献中搜索跟我们项目有关的"关键词"，然后再在这些文献中筛选关键词、数据和有用的语句。做完以上工作，每人还需要总结出阅读文献的一些感想，并且在线下会议中向小组成员汇报读后感。随后我们便开始写项目申报书了。

三、解决方案

项目申报书的撰写，回答了"我们要如何开发这样一个产品"的关键问题。我们想要通过prompt提示词，自己打造出一个能回答专业法律问题的人工智能服务平台。

不只是给出了开发方案，我们根据前期获得的数据也在项目书里阐述了我们想要成立怎样的公司这个问题，并进行了很多的政策和市场分析，把我们项目的全貌、竞争对手、开发、盈利以及最后用于公益等部分都做了分析。比如在分析竞争对手时，我知晓华宇元典和北大法宝这两个竞争对手在市场上做得不错，但也发现了他们的不足之处，并在计划书里写了改进意见。完成项目书确实是一项大工程，我们整个团队耗费了很多精力才写完并修改完毕，随后便参加了"法创杯"的初赛和决赛答辩。

初赛阶段，有两位评委老师给我们项目提了几点意见，我们在改进不足后参加了决赛答辩，顺利拿到了二等奖。随后徐师弟在寒假将"法小询"项目转交给我，让我作为这个项目的负责人带领团队部分成员参加市创的创业赛道，徐师弟则带领其他成员参加市创的创新赛道。

一开始接手这个项目，我非常担心自己是否能完成。"这个项目结束了吗？"我在假期反复问自己。其实我也知道这个项目还远远没到结束的程度。作为负责人，我也有过不安，不知道怎样做才能带领我的项目成员顺利结项。我在假期参加了TCL公司的实习，在公司的人力资源部当实习生，同时也参与了公司其中一个项目整个的运营过程。我在实习中看到了上级优秀的统筹规划能力，即在短短的时间里将事情安排得井井有条。同样作为领导者，他拥有明确的思路、积极的心态和良好的执行力，这是我在实习中感触最深的地方。TCL的实习结束后，我在"成为一名合格的领导者"这条路上更进一步，我在记事本上列出了我的计划和想法，并四处询问建立我们项目中这样的平台需要怎样的努力，询问对象中包括曾在微软工作的高级工程师。当然，不只是项目本身，在询问的过程中我在计算机领域的知识也在不断丰富。在假期的后半段，我开始在网上学习JavaScript和HTML5两种编程语言，在开学初成功制作出了我们项目的网页，虽然在ChatGPT方面还没有进行过多的训练，没能实现用我们自己的"ChatGPT"，但我觉得这也算是对项目有一个初步的交代了。

四、"双创"感悟

对于我来说，"法创杯"和市创两个比赛对我个人能力成长的帮助是很大的，我从一个不愿面对困难、拒绝团队合作的人变成了一个需要带领组员走向成功的"小领导者"，其中有不小的变化。同时，这两个项目也培养了我对计算机领域更为浓厚的兴趣，掌握了许多我以前没掌握的学习思路和方法，这些成长与提升比获奖本身更加珍贵。

我的组员在这次项目中也有不小的提升，尤其是那几个非计算机专业的组员，我能看到他们在自己不擅长的领域克服困难后的变化，相信他们通过这个项目或多或少地了解到了计算机的魅力，同时也提升了自己的个人能力，增进了彼此间的友谊。

"古彝新韵"创业之路：
探索、挑战与成长

李紫薇

项目名称："古彝新韵"——一款致力于
传播彝族非遗文化的综合性小程序

一、发现问题

团队选题阶段正逢《保护非物质文化遗产公约》通过19周年，因此我们关注到了许多与非遗保护相关的研究与实践成果，在国家政策的大力支持下，团队成员看到了许多非遗保护的胜利成果，大众也渐渐意识到了非物质文化遗产是文化多样性中最富有活力的部分，也是人类文明中极为宝贵的精神财富和智慧结晶。但是团队成员经过分析发现，当下，在西方外来文化的不断冲击下，在全球文化多元化迅速发展的背景下，我国部分优秀的传统非遗文化仍不断受到压迫，这导致其不但没有得到应有的保护，反而逐渐淡出了大众的视野。而这一点极其不利于我国文化多样性的健康发展以及文化软实力的提升。

于是团队成员经过多次讨论，最终选择了以云南省红河哈尼族彝族自治州为研究对象及实际调研对象，展开了针对彝族非遗文化保护与传承的研究。团队成员广泛搜集资料以及仔细分析后发现，当下针对非遗保护相对有效的解决方案便是将非遗文化与文创产品相结合，但这样的实际案例仍占少部分，受众范围较窄，大众市场呼应较弱，这些现有经验显然还不足以应对部分非遗文化保护的难题。因此，团队认为，在现有基础上，非遗保护离不开持续的创新发展。同时，团队成员在分析前瞻产业研究院于2023年发布的《非物质文化遗产行业分析——前瞻产业研究院》以及光明网于2023年5月发布的《数字化技术为非遗创新发展赋能》这两篇文章后得出合理结论，发现我国非物质文化遗产保护的产业化发展趋势是十分明显的。并且在搜索相关前瞻性文章后，团队还找到了"非遗电商"这一概念，成员们一致认为这在很大程度上意味着非遗保护已进入数字化阶段，"非遗电商"拥有十分广阔的发展前景和巨大的发展潜力。

在确定了这一大方向后，团队成员又分析了现有非遗文化传播平台的发展状况，发现其发展过程中仍然存在许多痛点和问题。

二、调研情况

在整个项目的研究与实施过程中，团队主要采用线上调研的方式，了解更多文字、音像等资料。

自参加项目以来，团队组织了全体工作会议，着重讨论了项目的选题。在讨论中，我们明确了解到我国对于非遗文化传承与传播、对于创新的重视态度和重要要求，了解到国内学者对于非遗文化传播途径的研究与实践现状，并对文件进行整合和分析，在国家要求、现有经验与研究现状的对比分析中，提取当今中国非遗文化传承创新与传播发展的状况。

开始调研之后，我们通过发放问卷、线上访谈、视频会议等方式，调查了云南省红河哈尼族彝族自治州蒙自市彝族非遗文化传承基地的运行模式、运行状况、运行困境以及当地民众对彝族非遗文化的态度、对彝族非遗文化发展的期望等。通过接收他们更为具体的需求与反馈，并以此丰富和完善调研内容，为设计具体的项目计划、推动线上小程序发展奠定初步的实践基础。

在之后的小组会议上，成员们分别介绍了开展调研以来各自搜集的资料，包括红河哈尼族彝族自治州蒙自市非遗文化相关管理机构名单、相关社区和单位负责人电话、学界最新的学术论文、相关新闻报道等，同时我们还整合了前期搜集到的所有相关资料与信息，在确保能够合理利用的基础上，留下了对后续研究更有帮助的资料。

在项目研究的中后期，团队对市场环境、政策环境、行业现状等方面的调研趋于完善，我们发现非遗文化传播与非遗产品销售相结合的优势并没有被充分挖掘，同时，非遗文化传播过程中缺乏对多类消费者需求的挖掘。所以我们设计了集彝族非遗文化介绍、彝族非遗技艺展示、彝族非遗购物、彝族非遗旅游为一体的"古彝新韵"小程序，旨在通过线上媒体平台的方式为彝族非遗文化传播作出贡献，力求拓宽彝族非遗文化传播渠道。平台功能可大致涵盖各个年龄阶段人群的不同需求，增强彝族非遗文化吸引力。

三、解决方案

完成调研后，项目小组着手建立"古彝新韵"小程序。"古彝新韵"是一款致力于促进彝族非遗文化传承和传播的综合性小程序。小程序集彝族非遗文化介绍、彝族非遗技艺展示、彝族非遗购物、彝族非遗旅游为一体，致力于为大众提供一个接触与深入了解彝族非遗文化的渠道，在弘扬彝族非遗文化的同时，希望带动彝族当地经济的发展，促进文化振兴、乡村振兴。通过前期的走访调研和实地考察，本团队发现，目前彝族非遗文化传承传播所遇到的三个主要且暂无有效解决方案的问题是：大众接触了解途径少、推广成本高、推广形式单一。

首先，针对大众对彝族非遗文化接触了解途径少这一问题，团队在小程序中十分重视彝族非遗文化的输出和知识普及。一是科普彝族非遗文化知识。在第一个板块"非遗知识"中有大量有关彝族非遗文化相关资料的介绍，这些资料来源途径多样，包括从网上搜集到的文章介绍和团队实地走访调研搜集到的图文资料。小程序内资料的呈现方式多样，不仅有文字介绍，还包含图片、视频等多种呈现方式，内容丰富。二是着眼于向大众展示彝族非遗工艺。第二个板块"非遗工艺"向大众展示彝族非遗文化工艺，主要通过文字、图片、有声视频讲解的方式呈现，包括通过深入当地现场拍摄的彝族非遗工艺制作过程等内容，此板块也与第三个板块"非遗产品"相对应，我们会将第三个板块中售卖的非遗产品的制作过程在此呈现，让大众更好地了解彝族非遗技艺。

其次，针对彝族非遗文化推广成本高这一问题，本团队始终坚持项目的公益性，极力降低推广成本。在小程序的第三个板块"非遗产品"中，团队会通过平台连接买卖方，线上销售一些与彝族非遗文化相关的产品，旨在为彝族当地的农户、商户和众多消费者搭建桥梁。并且，由于此项目以公益为目的，所以我们不向农户与商户收取任何费用，通过销售方直接面对消费者的方式，可以减少当地农户商户销售产品的成本，从而大大降低产品售价，吸引更多消费者，例如消费能力有限但基数庞大的大学生群体。消费者只需在小程序上下单，农户、商户便会直接将产品邮寄给消费者，这样使得更多人能够通过购买心仪的非遗产品而近距离地接触和感受彝族非遗技艺，促进非遗文化的传承与传播，同时也能带动彝族当地的经济发展和文化振兴。

最后，针对彝族非遗文化推广形式单一这一问题，本团队结合当下文化旅游热潮，打造了彝族非遗文化旅游路线。小程序中第四个板块是"非遗旅游"，团队会在小程序内介绍彝族当地与非遗文化有关的景点，并且结合不同受众的旅游需求制定多种旅游路线，例如"大学生特种兵"非遗旅游路线、"夕阳红"老年人非遗参观旅游路线、"阳光亲子"非遗体验旅游路线等，从而吸引不同的人群深入彝族非遗传统文化所在地，亲身体验彝族非遗文化，用旅游促进非遗文化的弘扬与传播，用非遗文化带动旅游经济的发展。

四、双创感悟

具有创新意义与社会价值的项目不仅仅要贴合时代需求提出新想法、新思路，更要深入现实，保证项目切实可行。

在项目初期，小组成员结合当前国家倡导非遗传承的时代背景以及成员家乡的现实情况，创新性地提出了打造"古彝新韵"这一促进彝族非遗文化传承与带动地区发展的多功能小程序。随着项目的深入，我们接触到了更多的实际问题。如何将理论知识与实际相结合，将创意转化为实际的产品或服务，从而长久推动彝族非遗文化的传承与创新发展，成为我们面临的挑战。我们不断地进行调研、分析与实践探索，每一次的探索都让我们更加深入地认识到了问题的本质，也让我们认识到了项目所具有的社会价值。

本小组成员创新性地提出选题后，选取了红河哈尼族彝族自治州蒙自市进行实地调研，分析了当地非遗文化传承发展的现实困境与发展需求，力图弥补当前彝族非遗文化传播与发展上存在的不足之处，也希望通过本项目为其他非物质文化遗产的传承与发展提供一种模式借鉴，使中国的非物质文化遗产能够在当下同样熠熠生辉。在这一过程中，小组成员们深刻地认识到了理论与实践相结合的重要性，项目在对实践问题中出现的不足进行理论创新的同时，也要全面调研相关问题产生的原因，避免创新性理论难以落实的情况出现,确保创新内容具有现实价值。

除了提出选题、研究相关理论、进行实地调研外,团队成员也认识到,队友之间的分工合作也同样重要。只有团队成员之间紧密合作、相互支持,才能够克服种种困难,实现项目的成功。

凝创业之 ZHI，寻指尖正义

那仁托娅

项目名称："指尖正义"——聋哑人法律服务系统设计与应用

灵感初现·问题的发现

还记得这段创业旅程源于一个震撼人心的视频，一句坚定的"我不帮他，谁帮？"敲响了一个少年迷惘焦虑的心灵。故事的主人公叫唐帅，被称为"中国手语律师第一人"，因为个人的成长经历而决心为聋哑人提供法律服务，9年时间持续为近10万聋哑人维权。然而在与聋哑群体交流的过程中，他发现了国家通用手语与不同地区聋哑群体自发形成的方言手语存在巨大差异的现象，为了解决这一问题，他在全国各地跑了6年，力图完善手语系统，弥合两者间的差距，达到无障碍交流的目的。这期间，他帮助很多聋哑群体成功翻案、开展聋哑人普法讲座、提供手语咨询服务、培养聋哑人律师，直到现在仍然步履不停，用翻飞的十指传递着公平正义、践行着初心使命。几乎是在看完视频的同时，我立刻萌生了搭建一套聋哑人法律服务系统的想法，这个系统不仅要有效解决聋哑群体面临的现实法律困境，更要将社会公众与边缘群体紧密相连，使公益力量得到更大程度的发挥。

就这样，在征求了校公益社团"灵心手语协会"成员的意见之后，我们组建起了一个团队，一起开始了靠近光、追随光的项目历程。

思路汇聚·项目的调研

说来惭愧，在此之前，我从未想到聋哑群体在当下法治环境中竟然面临如此大的困境。经过相关数据的检索，我们发现：截至目前，我国听障人士约有2173.2万人，占我国总人口数的1.67%，其中7岁以下儿童约为80万人，每2000万新生儿中就会有约3万名听力或语言受损。但与此相对，我国目前登记在册的律师人数已达67.7万人，其中兼具法律与手语翻译知识的人才却寥寥无几，活跃在公众视野中的仅限于唐帅、谭婷等律师，况且这部分综合人才培养难度较大，很难想象如此数量庞大的聋哑群体在面临法律问题时该何去何从。其中的困难不仅在于语言交流的障碍、求助渠道的狭窄，更在于获取知识的不便与对专业法律知识的理解。而在当前以普通群体为导向的法律服务市场中，即便存在专业的手语翻译工作室，但由于广泛存在的方言手语现象以及翻译人士法律专业知识的欠缺，还是导致了供需错配、市场痛点难以有效解决的问题。

通过对相关数据的掌握，我们团队有针对性地进行了相关问卷的设计，通过团队中"灵心手语协会"成员的努力，我们与特殊教育学校的老师以及相关聋哑人士取得了联系并获得了他们的大力支持，取得了项目的初步数据。与此同时，我们也积极开展了对残联、聋协、听力语言康复中心的线下走访，通过与相关群体的深入沟通，进一步加强了对聋哑人士以及项目自身的了解。经过线上与线下的协调联动以及对数据与访谈的科学分析，我们项目的宏观图景初步勾勒成型，具体的实施方案呼之欲出，即将为后续图景的完善增添浓墨重彩的一笔。

笃行致远·方案的建构

既然作为以聋哑群体为核心的法律服务系统，其内容的设计必然直面相关群体最客观的现实处境以及最迫切的市场需求。基于对2023年6月颁布的《中华人民共和国无障碍环境建设法》、2019年印发的《关于加快推进公共法律服务体系建设的意见》以及2020年印发的《法治社会建设实施纲要（2020-2025年）》等相关政策文件的思考，我们的平台旨在响应国家对于加快面向特殊群体的公共法律服务体系建设事业的号召，利用互联网、大数据等现代信息技术为残障人士构建起全面便捷的法律服务体系，保障其平等充分地参与并融入社会生活，共享法治社会发展成果。

首先在适用对象上，"指尖正义"平台以聋哑朋友为中心，同时涵盖公共法律服务工作人员、专业手语翻译工作室、法学教育人才以及社会公众等多元主体;其次在平台内容上,平台集"手语普法宣传""法律手语培训""公益事业聚焦"模块于一体。其中"手语普法宣传"模块依托于智慧普法平台以及国家通用手语词典,旨在以资源库与视频集的形式为聋哑群体提供科学权威的法律术语与法律知识,从而有效解决手语间差异显著、难以协调的问题,进而起到前置法律知识教育的作用。"法律手语培训"模块进行了相关法律手语基础与进阶培训课程的设置,通过手语逻辑搭建、翻译经验传授以及法律术语教学栏目培养更多"手语+法学"复合型专业人才,进而提升公共法律服务水平,健全公共法律服务体系。而"公益事业聚焦"模块则是受到了"灵心手语协会"通过公益募捐为听障儿童提供助听器系列活动的启示,旨在集中发挥平台的公益性,面向线上及线下进行公益活动的策划与开展,从而调动起全社会的广泛热情。

在微观层面,"指尖正义"——聋哑人法律服务系统以聋哑朋友为主体,旨在为聋哑朋友提供集普法、法律援助、法律信息交流等功能于一体的综合性服务,提升聋哑朋友的法律意识与知识水平,解决其所面临的求助渠道狭窄、维权过程困难等实际问题。

在宏观层面,平台积极响应国家政策,着力培养"手语+法学"的复合型专业人才,提升公共法律服务队伍的专业化水平,加快面向特殊群体的公共法律服务体系建设。通过积极促进无障碍环境的建设,使以聋哑人为代表的残障人士更加充分地参与到社会生活中来,共享法治发展成果。同时也希望能够进一步扩大主体面向,引领社会公众提高对包括聋哑人士在内的社会特殊群体的关注,积极投身于社会公益事业,凝聚起和谐互助、共治共享的社会力量,构建起多元主体参与的社会治理新格局。

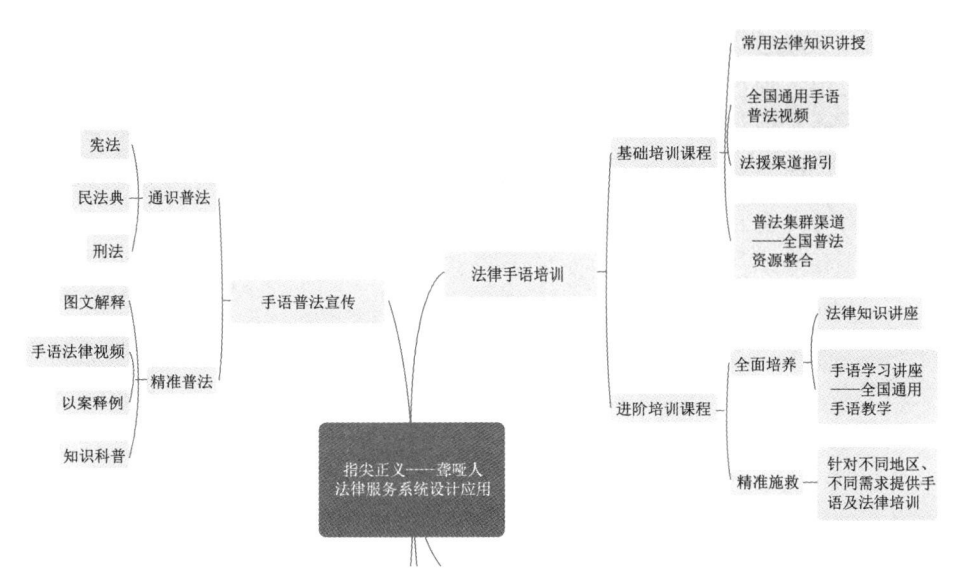

图　"指尖正义——聋哑人法律服务系统"的部分内容设计

拨云睹日·创业感悟

回望来时路，心中充满的是无限感动。其中不仅包含了来自团队成员一路相互鼓励、砥砺前行的深厚情谊，更包含了师长与前辈们在"法创杯"举办过程中的悉心指导与不吝赐教。

还记得第一次作为负责人进行答辩前的忐忑不安，但那些莫名的恐惧与自我怀疑很快便在老师们的耐心倾听中烟消云散。那些宝贵的意见与独到的建议化作时雨春风，催化着潜藏在少年们心中的种子，使之慢慢生根发芽；这些方案和想法不再是闪烁着虚幻泡影的空中楼阁，而是可以得到逐步落实、具有着无限可能的切实项目。原来灵感可以不再是想象，创业也可以不再遥不可及。

在项目得到肯定与确认的一瞬间，灵感初步落实时的苦思冥想、项目起步阶段的艰难行进、无数方案细节的推倒重来……这些前行途中的荆棘与坎坷都被逐渐忘却，随之而来的是少年愈加坚定的步伐与笃定前行的信念。支撑大家前进的不仅是来自团队的那份独有的温暖和凝聚力，更是通过发挥青年优势，进而热心公益、奉献社会的殷切心情与宏伟愿景。

怀有赤诚之心，保持公益之爱，"'指尖正义'——聋哑人法律服务系统设计与应用"项目将会继续前行，为城市治理的优化、法治服务的提供作出法治青年的有为贡献。道阻且长，行则将至。不啬微茫，造炬成阳。故事的开始，是一群青年靠近光、追随光。而故事远没有结束，在不远的将来，青年们定将努力成为光、发散光。

"桑榆行"公益创业项目"法创"有感

秦思涵

项目名称：桑榆行——乡村旅居养老公益信息平台

一、发现问题

《中共中央 国务院关于做好 2023 年全面推进乡村振兴重点工作意见》中提出，党的二十大擘画了以中国式现代化全面推进中华民族伟大复兴的宏伟蓝图。提出必须举全党全社会之力全面推进乡村振兴，加快农业农村现代化。本项目主要依托三个现实背景应运而生：第一，我国乡村旅游资源丰富，部分还拥有特色地域或民族文化，却并没有得到充分挖掘。第二，我国老年人口持续增加，在全国经济不断增长的背景下，老年群体可支配收入同步增长，其消费意愿也不断增强，"银发经济"得到快速发展。第三，近年来，乡村振兴战略实施，政府支持乡村旅游产业发展的各类优惠政策相继颁布，催生出乡村旅游新业态，旅居产业作为新兴中长期旅游特色项目，也在迅猛发展。

我国目前老龄化形势严峻，项目组成员想到了自己长辈面临的种种困境，于是萌生建立乡村旅居养老公益信息平台的想法，希望这个项目可以帮助像他们一样的中国老人。老龄事业，处理妥善是产业机遇，处理不当是社会经济问题，这一公益平台社会意义重大。

中国乡村和中国老人一样，都曾在社会主义工业化时代为国家建设奉献一切。老人幸福，社会和谐；乡村振兴，民族复兴。本项目意义深远。

二、调研情况

本项目的前期调研是一大突出优势，为后期落地的可行性打下了实践基础。第一，本项目在想法雏形产生后，形成文书载体，寻找互联网数据和文献支撑，并将初步成果汇总整理，参加了校内的"法创杯"创业竞赛公益赛道，取得了三等奖。

第二，利用"法创杯"的初审、终审两次答辩，我们针对评委老师指出的问题优化项目，调整计划，如老师提出的如何获取市场具体数据、如何向城市老人宣传平台、如何发挥法学优势的问题，以及老师"要凸显可行性，不急于扩展范围""要努力实现项目在资金上的可持续性"的项目建议，都为我们项目在理论支撑层面的优化指明方向。

第三，我们充分利用了"法创杯"的培育资源，在寒假期间，分组多次前往北京市北白岩村和江苏省黄沙陀社区实地考察乡村发展养老旅居产业的资源优势和需求痛点，与村委领导和村集体股份经济合作社工作人员座谈，形成访谈记录资料和实地考察报告，并达成合作意向，还尝试为黄沙坨社区撰写《乡村养老旅居产业适老化改造初步意见》，供其参考。

第四，我们利用寒假契机，回到家乡，走进低龄健康老年人较多的城市社区、老年活动中心、公园等，实地发放问卷，进行采访，了解老年群体在旅居中的需要和顾虑，如结合山西省团委的"青春兴晋·大学生寒假返家乡社会实践"在太原市的太航社区、太原钢铁集团离退休职工中心、中北大学工会老年活动中心等地与城市低龄健康老年群体交流。

第五，我们持续运营微信公众号、抖音、小红书三大自媒体平台，目前取得了累计关注量300+、累计阅读量3500+的宣传效果，并打造了"小桑榆话旅居""老年健康指南""百村推介"系列内容。自2023年12月以来三大平台累计发布40余篇紧紧围绕乡村旅居养老的图文、视频内容。

第六，我们寻求专业人员帮助，开发了桑榆行乡村旅居养老信息平台的试运行小程序，并征集老年群体反馈意见进行修改，进一步推动操作适老化，进行界面简洁化改造。我们将在立项后利用项目资金将小程序由内测服务器挂靠到正式服务器，为信息平台运行提供可靠载体。

第七，我们准备了公司注册资料，申请注册太原市小店区桑榆行信息咨询有限公司，已经进行到一定阶段，预计立项后取得营业执照，保障项目平台合规运营。

第八，项目负责人利用寒假期间，前往云南省保山市10余个村落进行实地调研，如司莫拉佤族村、和睦茶花村、腾冲董官村、和顺古镇、绮罗古镇、高黎贡山五合乡等，考察有特色资源的乡村，虽然出于控制规模、提高项目可行性等原因，暂时未能达成试点合作意向，但是达成了初步宣传合作意向，也为我们的前期调研增加了样本类型丰富性，了解了云南特色乡村在发展养老旅居产业中的意愿、成本、困难、优势、需求等。项目成员还前往了北京市昌平区真顺村、香堂村，太原市呼延村，柳州市良力村等地，虽经历多次碰壁，但是也收获了宝贵的调研成果。以上内容是对我们项目从2023年12月至2024年3月前期准备的总结，由此可见我们的创业训练项目绝非假大空，而是一个可大可小、能真正落地、实践性强的项目，我们想利用大学的平台资源和自身能力，为中国老人和农村作出力所能及的贡献。

三、解决方案

理念上，本项目突出公益性、适老化和专业性。公益性是指与以往资本运作模式显著不同，不以营利为目的，主要追求其带来的社会效益。适老化既体现在跨越数字鸿沟，更体现在重视老年群体的消费需求，切实满足老年群体的物质与精神需要。专业性是指更有针对性地提供乡村旅居地的信息，直击乡村振兴和农业农村现代化的社会热点问题，更有深度地挖掘乡村（或发展受困地区）的经济与文化资源。

模式上，本项目提供"乡村组织省心，消费群体安心，子女亲友放心"的"三心"服务。本项目直接对接村委会（或发展受困的社区居委会），减少中间环节，打破信息壁垒，集中探索乡村旅居养老模式的可行性和可推广性。通过实地认证，本项目在客观上可以为老年群体提供全方位、全透明、真实化、动态化的旅居信息。本项目积极建立老年群体与其亲友的联系，相较传统旅游、旅居养老，增加三方互动交流，营造和谐氛围。

措施上，本项目的页面设计、字体大小、检索用语等方便老年群体选择合适的旅居地，且前期策划建议乡村组织建设网球场地、棋牌室等老年群体喜闻乐见的场所设施，并结合法学专业知识，提供全新的、协助法律纠纷解决的服务功能，等等。

四、双创感悟

参加中国政法大学"法创杯"创业竞赛公益组让我们收获良多，比赛的过程是在艰难中历练。在准备项目的过程中,我们学习了文献检索技能,学会了信息收集,汇总整理了官方政策和党政文件。我们克服内向,走出法大的"象牙塔",在乡村、市区调研走访,历经多次碰壁找到了两大试点合作对象。

参加法大双创,我感到了作为青年学生的价值,用自己的所学和所爱,知识与热忱,为老人、为乡村、为社会、为人民作出自己的贡献。